バブル後25年の検証

竹中平蔵●編著
慶應義塾大学総合政策学部教授
グローバルセキュリティ研究所所長

東京書籍

バブル後25年の検証

はじめに

日本経済は１９８０年代後半、資産価格が膨張するいわゆる「バブル」現象を経験した。しかし株価は１９８９年、不動産価格は１９９２年にピークを打った後急激に低下し、その後は長く経済が低迷する状況が続いてきた。そのなかで、日本経済の失われた10年、失われた20年といった表現が頻繁に用いられるようになった。１９９0年頃にバブルが崩壊したとすれば、すでに25年＝四半世紀が経過したことになる。

政策分析の視点から懸念されるのは、この間〝なぜバブルが起こったのか〟〝バブル崩壊後の政策において、何が正しかったのか〟、〝何が間違っていたのか〟といった「検証」が行なわれていないことである。諸外国の例を見ると、こうした大きな経済変動があった場合、議会が専門家を集めて検証委員会を作り、そこに特別の調査権限を与えて検証を進めることが多い。しかしながら日本では、福島第一原発事故の検証が行われるまで、「検証」という概念そのものが極めて希薄であった。とりわけ経済政策においては、こうした作業は殆ど行なわれてこなかった。

こうした観点から慶應義塾大学グローバルセキュリティ研究所（G－SEC）では、バブル崩壊から約25年を経たこの機会に、バブル崩壊後の日本経済と経済政策の検証研究を行なってきた。これまで、各分野の専門家の報告をもとに議論するセミナーを10回にわたって開催したが、本書はこうした議論の結果を一冊の本として取り纏めたものである。

また執筆の人選にあたっては、分析面での専門家であると同時に、現実の政策立案や政策運営に直接間接に関与した経験のある、深い見識を有する専門家にお願いした。こうした専門家の議論を通して、大きく二つの点が浮かび上がってくる。第一は、この間の金融政策の不適切さだ。第二は、この25年は単純に「失われた25年」ではなく、実に「まだらな25年」であったという点だ。この間、政策運営が比較的成果を上げた時期もあったし、全くそうではない時期もあった。低迷した部門もあったし、改善した部門もあった。こうした点を認識してはじめて、将来への政策への示唆が得られるのである。

本書における議論の蓄積が、政策運営に対する知見を高め、バブルの再来を防ぐことに役立ってもらいたいと思う。また、本書が今後、内外で同様の事態が生じた際、あるべき政策を考える重要な参考材料となることを期待し、広く政策関係者に読まれ、建設的な議論を喚起することを願っている。

本書の作成にあたっては、大学出版センターの堀岡治男氏、また、G－SECの皆様方にご尽力頂いた。深く感謝したい。

竹中平蔵

2016年3月

バブル後25年の検証◯目次

はじめに……2
序章……10
概観――バブル崩壊後の〝まだらな25年〟
竹中平蔵　慶應義塾大学総合政策学部教授、グローバルセキュリティ研究所所長
真鍋雅史　嘉悦大学ビジネス創造学部准教授

第Ⅰ部　マクロ経済運営

検証1　バブル後の財政……26
バブル後25年の財政・マクロ経済
高橋洋一　嘉悦大学ビジネス創造学部教授

検証2　バブル後のマクロ経済……56
失敗を繰り返してきた金融政策
原田　泰　早稲田大学政治経済学術院教授

検証3
社会資本
行政改革、構造改革と社会資本 …… 86
真鍋雅史　嘉悦大学ビジネス創造学部准教授

検証4
バブル後の金融市場
バブルは10年に一度やってくる …… 112
藤田　勉　シティグループ証券株式会社取締役副会長

第II部　公共政策を振り返る

検証5
社会保障
増え続けた年金・医療費 …… 140
跡田直澄　嘉悦大学特任教授

検証6
産業政策
政治に翻弄された産業政策……178
松原 聡
東洋大学副学長・経済学部教授

検証7
日本的雇用の功罪
陳腐化した雇用制度・雇用慣行……208
島田晴雄
千葉商科大学学長

第III部 社会はどう変ったか

検証8
IT政策とインターネットの発展
インターネット前提社会の出発……244
——バブル崩壊とインターネット・バブル、そしてこれから——
村井 純
慶應義塾大学環境情報学部長・教授

検証9 国土・都市政策 都市政策の転換——国土の均衡ある発展の終焉と東京の役割 …… 276
市川宏雄 明治大学専門職大学院長・公共政策大学院ガバナンス研究科長／森記念財団理事

検証10 消費者行動 バブル崩壊後の致命的なタイムロス …… 312
袖川芳之 京都学園大学 教育開発センター教授

検証11 バブル崩壊後の政治 政治はバブルの発生とその崩壊にどう対処したのか …… 344
曽根泰教 政治学者、慶應義塾大学大学院教授

おわりに …… 377

序章

概観
――バブル崩壊後の〝まだらな25年〟

慶應義塾大学総合政策学部教授、グローバルセキュリティ研究所所長
竹中平蔵
嘉悦大学ビジネス創造学部准教授
真鍋雅史

1　バブル崩壊後の日本経済

この序章では、バブル崩壊後の日本経済の流れを追い、この間の四半世紀は決して一律に「失われた25年」ではなく、実に「まだらな25年」であったことを概観したい。具体的に、マクロの経済指標や政策姿勢から、バブル崩壊後の日本経済は大きく5つの時期に分けられることを示す。その上で後半では、本書の各章における分析の概要を解説する。

（1）〝まだら〟だった四半世紀

日本は、戦後めざましい経済発展を遂げ、世界に冠たる「経済大国」と呼ばれるようになった。しかし1980年代後半のいわゆるバブル経済が崩壊して以降、経済パフォーマンスは一気に低下。「失われた10年」「失われた20年」などという表現が頻繁に使われるようになった。

日本の株価（日経平均）の最高値（終値ベース）は38916円、1989年12月29日のことだった。バブル現象が顕著になった1985年の年初から見ると、3・4倍の水準である。同じ期間、東京証券取引所の株価時価総額も3・4倍となった。資産価格のもう一つの象徴である地価が最高値をつけたのは、株価のピークから2年後の1991年である。1985年比で3・2倍（国土交通省地価公示全国平均）になった。さらに6大都市の市街地（商業地）については、実に4・02倍（日本不動産研究所）となっている。こうした急激な上昇のあと、まさに1990年前後を境に資産価格は低下し、近年を含め何度か回復の兆しはあったものの、依然として株価はピーク時の49％（2015年末）、地価（日本不動産研究所・6大都市商業地）は、ピーク時の約1／7の水準にある（2015年3月末）。

1990年前後にバブルが崩壊して以降、すでに25年＝四半世紀を経過したことになるが、この間日本経済のパフォーマンスと経済政策に関する包括的な『検証』作業はほとんどといってよいほど行なわれてこなかった。メディアなど一般には、「失われた＊＊年」という表現が安易に用いられているが、この25年間の日本経済の動きは極めて多様である。経済成長率や失業率などの主要な経済指標で見てもその動きは複雑だ。1990年の海部政権から2015年時点での安倍政権まで、15人の内閣総理大臣が登場したが、その政策も異なる。1993年からの1年弱と2009年から3年間は、政権交代によって自由民主党以外の政党が政権運営を担っていた。また、国民生活の面でも賃金の上昇率は低かった一方で、労働時間は大幅に短縮し、またIT革命を反映して通信コストは大幅に低下した。テレビのデジタル化が2012年に完成した点に見られるように、日本はある意味でデジタル先進国の地位を確固たるものにした。また産業面で、新興国などの台頭によっていくつかの産業は国際競争力を失った一方で、都市開発が進んだ結果、東京という大都市の立地競争力は総じて高まったと考えられる。

このように、分野によっても時代によっても、この25年間は決して一律に失われた時代ではなかった。経済及び経済政策を論じるにあたっては、こうした現実を認識し、それを冷静に分析しなければならない。

（2） 5つの時代区分

1990年頃にバブルが崩壊し、日本経済の基調が大きく変化したことは明らかだ。それ以降の日本経済を、経済成長率と株価などを踏まえ、五つの期間に分けて捉えてみたい。

バブル後第1期は、「戸惑いの7年」だ。90年から96年までの期間で、バブル崩壊という厳しい現実が徐々に認識された期間だ。同時にまだバブルの余韻が残り、また一山（ひとやま）来れば・・という安易な期待が残っていた時期でもある。

第2期は「危機の5年」である。97年から2001年頃までで、文字通り〝金融危機〟というヘッドラインが新聞雑誌をにぎわした期間だ。

第3期は、2002年から2007年の「改革の6年」といえる。小泉改革で不良債権が処理され、景気回復が6年3カ月という戦後最長を記録した期間である。また、増税なき財政健全化を推進した時期でもある。

第4期は2008年から2012年までの、「最も失われた5年」だ。リーマン・ショックを挟んで、麻生内閣と民主党3内閣の時代である。不良債権処理などで経済が90年代終盤の危機を脱したことで、改革へのモメンタムが大きく低下し、そこにリーマン・ショックや東日本大震災が重なって、経済運営が大きく混乱した時期と言える。

表1　主要経済指標の変化

	平均成長率	株価変化率	国債依存度増減率	ジニ係数
戸惑いの7年（1990~1996年） 海部、宮沢、細川、羽田、村山内閣	1.6%	49.77% （129.26%）	16.5	-0.03 （1990~1996）
危機の5年（1997~2001年） 橋本、小渕、森内閣	0.5%	-44.09% （56.36%）	8.4	2.00 （1996~2002）
改革の6年（2002~2007年） 小泉、安倍、福田内閣	1.8%	35.14% （29.49%）	-4.3	-0.05 （2002~2008）
最も失われた5年（2008~2012年） 麻生，鳩山，菅，野田内閣	-0.2%	-27.25% （2.83%）	17.8	0.03 （2008~2011）
再挑戦の時代（2013~2015年） 安倍内閣	0.6% （2012~2014）	62.69% （21.41%）	-9.3	

それを受けて第5期は、安倍内閣が登場し「アベノミクス」の名の下に経済再興を目指す「再挑戦の時代」（進行中）だ。日本銀行に物価目標を果し、デフレ克服のための大胆な金融政策を導いた点に、大きな特色がある。安倍総理自身、二度目の総理就任であり、まさに再チャレンジである点が注目される。

以上が「まだらな25年」の5つの時代区分だが、この間日本経済はいくつかの景気循環を経験している。景気の山はそれぞれ、91年2月、97年5月、2000年11月、2008年2月だ。したがって年次別に以上のような5区分で分析することは、概ね循環の要素を排除しトレンドとしての経済を検証できると考えられる。

表1は、経済成長率（年平均）、株価（期末比較の変化率）、そして財政状況を示すために国債依存度（期末年の変化）を示している。世界の状況と比較するために、アメリカの株価変化率（括弧内）も併記した。表から明らかなように、

5期の経済パフォーマンスは大きく異なる。「失われた25年」という一括りの表現が適切ではないことが分かるだろう。

まず第1期「戸惑いの7年」の特徴は、バブルの余韻の中で不良債権処理が先送りされ、公共事業拡大による総需要拡大政策が継続的にとられたことだ。表面上は一応の経済成長を保ちながら、国債依存度が急上昇している。この期間の最後の年1996年は、住専（住宅金融専門会社）に対する公的資金注入の年に当たる。本来ならバブル崩壊を受けてバランスシート調整、いわば供給サイドの政策が必要だったが、それを需要政策によって先延ばししたものの、こうした先延ばしがいよいよ限界に達したことが示されている。

第2期は、財政依存型の第1期の政策が行き詰り、銀行・証券会社の経営破綻など金融危機を迎えた時期だ。株価の低下と低成長の中で財政が悪化し、そのために97年に消費増税が行われた。しかしこれが、不良債権問題に象徴されるバランスシート調整の遅れを顕在化させ、経済は危機的な状況に直面。結果的に財政はさらに悪化し、国債依存度は大きく上昇した。マクロ運営を無視した財政均衡至上主義が、経済を混乱させた点に注目しなければならない。

第3期は、一定の成長の中で株価が上昇した時期だ。過去25年の日米の株価を比較すると圧倒的に日本株の低迷が目立つが、この時期だけは日本の株価上昇がアメリカをも上回っている。またマクロ経済の好転の中で、財政が大幅に改善している。あらためて、経済成長と財政健全化が両立していたことが分かる。政策面では、経済財政諮問会議によって、これまでバラバラだったマクロ経済運営と財政政策が一体化したこと、また不良債権処理などの改革が進められた点が特徴だ。なおこの時期は、所得の不平等度を示すジニ係数が明確に低下している。一般に、改革によって格差が拡大したと言われているが、実態は経済が回復し失業が減少する中で、格差は縮小していたことが分かる。

しかし第4期になると、あらゆる指標が一気に大幅悪化する。この時期はリーマン・ショックと大震災があったことを指摘しなければならないが、リーマン・ショックの起こったアメリカの株価がこの間ほぼ横ばいなのに、日本の株価が4割も低下していることに注目しなければならない。第3期から4期への変化は、同じ国とは思えないほど大きなものだ。敢えて欧州に例えるなら、まるでドイツがギリシアになったような変化である。政策面では、麻生内閣において財政健全化のための措置（骨太2006の枠組み）を放棄したこと、その後民主党への政権交代が起こり、経済と財政の一体運営を行なう「経済財政諮問会議」が廃止された。その結果、整合的なマクロ経済運営はなくなり、財政はバラマキと増税によって混乱し、バブル期以降、経済が最も失われた5年となった。所得格差も再び拡大した。

第5期は、谷底からの再チャレンジである。2012年末に再び政権を担当することとなった安倍内閣は、これまでの政策を転換させ、拡張的な金融政策、機動的な財政政策、成長戦略を3本の矢とする、いわゆる「アベノミクス」によって経済の浮揚を目指している。特に、大胆な金融緩和政策は円安と株高をもたらし、主要先進国の中で最も高い株価成長率を実現している。ただし、改革への取り組みは道半ばであり、依然として経済がデフレを脱却し自律的な成長軌道に回帰したとは言いがたい状況にある。このような中で、2014年には民主党政権時代に決定されていた消費税増税が実行され一時的にマイナス成長に陥るなど、経済運営が迷走する一面も指摘される。

（3）まだらな四半世紀の統計分析

以上で見てきたような時代区分は、統計的な分析からも裏付けられる。シンプルな回帰分析によって、改めて時代区分を見ていこう。

具体的には、株価及び失業率について、各期のダミー変数を作成し、定数項ダミーとトレンド項の係数ダミーによって回帰することで、各期の傾向を掴んでみたい。ここでは経済イベントによる区切りと政治イベントによる区切りの2ケースについて分析を行なった。ただし、両者の結果は大きく異なるものではなかった。

表2 ダミー変数の定義

経済イベントによる区切り	株価分析	失業率分析	参考	
第1期・第2基ダミー	1990.01.04～2003.05.16	1990.01～2003.05		
第3期ダミー	2003.05.19～2008.09.12	2003.06～2008.09	りそな銀行破綻	2003.05.17
第4期ダミー	2008.09.16～2013.04.03	2008.10～2013.03	リーマン・ショック	2008.09.15
第5期ダミー	2013.04～	2013.04～	黒田総裁会見	2013.04.04
政治イベントに依る区切り				
第1期・第2基ダミー	1990.01.04～2001.04.25	1990.01～2001.03		
第3期ダミー	2001.04.26～2008.09.22	2001.04～2008.08	小泉内閣発足	2001.04.26
第4期ダミー	2008.09.24～2012.12.25	2008.09～2012.11	麻生内閣発足	2008.09.24
第5期ダミー	2012.12.26～	2012.12～	安倍内閣発足	2012.12.26

株価は日時データ（終値）を用い、失業率は月別データ（労働力調査）を用いている。各期のダミー変数の定義（1とする期間）は、**表2**の通りである。ここでは、第1期と第2期はまとめて計測している。

分析結果は**表3**の通りである。まず株価については、各期のトレンド項で評価すれば、いずれの場合も第1期、第2期はマイナスに有意（1日約4円下落）、第3期はプラスに有意（1日約5円ないし4円上昇）、第4期は有意ではない（ほとんど横ばい）、第5期はプラスに有意（1日約12円上昇）という結果である。ただし、リーマン・ショック等による大きな落ち込みの部分は、統計的には定数項ダミーで拾う部分もあるので、評価には一定の注意が必要である。失業率についても同様で、トレンド項の係数で評価すると、第1期、第2期は上昇、第3期は下落、第4期はほとんど横ばい、第5期は強く下落という傾向が統計的にも示されている。

表3 分析結果

株価

経済イベントによる区分	係数	t値	p値
第1期・第2期ダミー	25588.36	303.32	0.00
第1期・第2期ダミー＊トレンド項	-4.53	-102.10	0.00
第3期ダミー	-6392.27	-9.14	0.00
第3期ダミー＊トレンド項	5.06	28.68	0.00
第4期ダミー	8117.80	6.95	0.00
第4期ダミー＊トレンド項	0.28	1.24	0.22
第5期ダミー	-50918.24	-13.34	0.00
第5期ダミー＊トレンド項	11.13	17.50	0.00
自由度調整済決定係数	0.79		

政治イベントによる区分	係数	t値	p値
第1期・第2期ダミー	24843.26	274.24	0.00
第1期・第2期ダミー＊トレンド項	-3.80	-67.49	0.00
第3期ダミー	-1585.17	-3.98	0.00
第3期ダミー＊トレンド項	3.85	36.11	0.00
第4期ダミー	11028.11	8.73	0.00
第4期ダミー＊トレンド項	-0.31	-1.26	0.21
第5期ダミー	-56708.88	-20.18	0.00
第5期ダミー＊トレンド項	12.09	25.81	0.00
自由度調整済決定係数	0.79		

失業率

経済イベントによる区分	係数	t値	p値
第1期・第2期ダミー	1.60	43.61	0.00
第1期・第2期ダミー＊トレンド項	0.02	61.67	0.00
第3期ダミー	8.58	27.98	0.00
第3期ダミー＊トレンド項	-0.02	-13.93	0.00
第4期ダミー	8.25	16.02	0.00
第4期ダミー＊トレンド項	-0.01	-6.93	0.00
第5期ダミー	11.81	7.36	0.00
第5期ダミー＊トレンド項	-0.03	-5.08	0.00
自由度調整済決定係数	0.94		

政治イベントによる区分	係数	t値	p値
第1期・第2期ダミー	1.63	38.45	0.00
第1期・第2期ダミー＊トレンド項	0.02	43.79	0.00
第3期ダミー	8.46	44.63	0.00
第3期ダミー＊トレンド項	-0.02	-20.51	0.00
第4期ダミー	7.35	12.44	0.00
第4期ダミー＊トレンド項	-0.01	-4.47	0.00
第5期ダミー	12.56	9.06	0.00
第5期ダミー＊トレンド項	-0.03	-6.38	0.00
自由度調整済決定係数	0.94		

2. バブル崩壊後の25年から 私たちは何を学ぶべきか

このような「まだらな25年」から私たちは何を学ぶべきであろうか。第一は、経済は政策次第であるということだ。25年間の長期低迷の原因は、政策の不適切さが原因である。もちろん、アジア金融危機やリーマン・ショック等の外的な変化も日本経済に大きな影響を与えている。しかし、世界の中で日本だけが長期の経済低迷にあえいできた。これは、国内に要因があると考えるべきであろう。これまで見てきたように、第3期すなわち2001年からの6年を除けば、改革の先送りあるいは逆戻りが行なわれてきた時期である。このような時期はいずれも経済パフォーマンスは悪い。まさに、不断の改革なくして成長はありえないのである。

さらに言えば、改革を継続していくには、強力なリーダシップが必要だということでもある。この点が第二の教訓と言える。モルガン・スタンレー証券のチーフエコノミストであるロバート・フェルドマン氏は、CRICサイクルと呼ばれる政治と経済の循環モデルを提起している。すなわち、Crisis（危機）が発生すると、Response（対応処置）が行なわれるが、Improvement（改善）によって小康状態となると改革のエネルギーは失われ、

Complacency（怠慢）となってしまう。バブル後の25年は、このＣＲＩＣサイクルの繰り返しであったとも言える。そのような中で、２００１年からの小泉内閣が唯一、５年５カ月に及ぶ間、政権を維持し、改革を継続することが出来た。これは、小泉総理の強力なリーダシップがあればこそである。

改革を継続していくには、国民の正しい経済判断、政策判断が必要だ。この点が第三の教訓である。バブル後25年の長期経済低迷に対して、採るべき政策手段が全くなかったわけではない。拡張的な金融政策、効果の小さい公共事業を抑えた効率的な財政政策、金融市場を正常化させる不良債権処理、資金の流れを変化させ効果的な資源配分を目指す郵政民営化、規制緩和、地方分権といった政策の必要性は、長らく指摘されてきている。しかしながら、利権を維持しようとする業界と権限を保持しようとする霞ヶ関のキャンペーンや、それを検証せずに報道する偏向メディアの存在が、国民の正しい判断を鈍らせてきた。例えば、小泉内閣の終盤では「格差」が大きな論点となった。小泉内閣による構造改革によって格差が広がったという論調だ。しかし現実には、構造改革によって経済が回復したことで失業者が減少し格差はむしろ縮小している（**表1参照**）。にもかかわらず、格差問題をことさら取り上げることで、改革の継続を阻止しようとする「改革疲れ」が出てきたこともあった。

もちろん、国民自身も、経済情報を正しく認識する「経済リテラシー」を高める努力が必要だ。欧米では、マクロ経済学や公共経済学といった分類と並んで、経済学の社会教育が経済学研究の一分野として定着している。しかし、日本では、経済教育が十分に浸透しているとは言えない状況である。経済教育の充実もまた、日本に求められている。

3．各章の概要

本書では、以上見てきたような「まだらな25年」を、様々な側面から多角的に議論し、検証していきたい。各章の概要は、以下の通りである。

検証1（高橋洋一）は、バブル後の財政を検証する。財政再建には経済成長が不可欠であることを明らかにし、財政再建に対する考え方を「経済主義」と「財政主義」とに分けて整理している。

検証2（原田泰）は、バブル後のマクロ経済を検証する。生産性、人口減少、金融システム、金融政策といった長期低迷の要因について議論し、特に金融政策の失敗が最大の要因であると論じている。

検証3（真鍋雅史）は、行財政改革と構造改革について検証する。財政投融資制度を中心とした社会資本整備と、その原資となる公的な資金循環に大きな影響を与えた両改革について論じている。

検証4（藤田勉）は、バブル後の金融市場について検証する。バブル事態についての議論を加えて、今後の世界の金融市場を展望する。

検証5（跡田直澄）は、社会保障について検証する。年金、医療、介護、雇用、生活保護、家族手当のそれぞれについて課題を議論したうえで、少子高齢化が進展するなかでの社会保障のあり方を示している。

検証6（松原聡）は、産業政策について検証する。郵政民営化に加えてタクシー業界、電気事業の規制緩和について議論し、あるべき産業政策の姿を導いている。

検証7（島田晴雄）は、労働政策である。バブル崩壊後の大きな経済変化にもかかわらず、旧態依然とした日本の雇用政策の課題を議論し、求められる雇用慣行や労働政策の方向性を示している。

検証8（村井純）は、ＩＴ政策とインターネットの発展を検証する。インターネットをめぐる重要な論点を網羅し、インターネットが前提となる今後の社会において、重要となる技術や役割を議論する。

検証9（市川宏雄）は、国土・都市政策について検証する。バブル崩壊後に、国土政策や特に東京の都市政策がどのように変化したかを議論し、今後の国土政策に関する将来像を示している。

検証10（袖川芳之）は、消費者行動を社会学的なアプローチから検証する。バブル期80年代に絶頂を迎えた「消費社会」が、どのように終焉し、変質しているかについて議論している。

検証11（曽根泰教）は、バブル崩壊後の政治を検証する。政治はバブル崩壊をどのように認識し、どう対応したのかについて議論し、バブル崩壊後の政策対応を総括する。

第 I 部

マクロ経済運営

検証1　バブル後の財政

バブル後25年の財政・マクロ経済

高橋洋一
嘉悦大学ビジネス創造学部教授

はじめに

バブル後、総合経済対策が繰り返されたが、そのほとんどは公共支出などの財政政策だった。しかし景気は良くならなかった。財政政策が効かないことについては財政当局も認識していたにもかかわらず、その原因についての認識が不足していた。

バブル崩壊後の日本経済は、現象としてはデフレ経済と名目成長率の低下があり、その結果として財政赤字が深刻化した。2000年代以降、財政再建について「経済主義」と「財政主義」という二つの考え方が登場した。「経済主義」では、政策的にはデフレ脱却が最優先課題となる。一方、「財政主義」では、政策的には増税路線を主張する。また、「財政主義」では、金利よりも成長率のほうが低くなると考え、税収の弾性値を低めに見積もる傾向がある。

しかし、景気回復局面での税収の弾性値はそれほど低くないので、経済成長をすれば財政再建の可能性が出てくると考えられる。特に、安倍政権になって、金融緩和により経済成長したため、財政状況はかなり改善した。

財政再建のポイントは債務残高の対GDP比が発散しないようにすることであり、そのためには基礎的財政収支（プライマリーバランス）をバランスさせることが必要になる。基礎的財政収支の対GDP比と1年前の名目GDP成長率との間にはきわめて高い相関関係にあることがわかっている。また、名目GDPは、2年前のマネーストックの増加率によってほとんど決まることもわかっている。そこで、4～5%の名目GDP成長率を目指すのであれば、金融緩和してマネーストック増加率を7～8%にすればよいことになる。すると、結果として財政再建が可能になる。

バブル期以降、金融政策への無理解と日本銀行のバブル後の対応の失敗によって、マクロ経済のパフォーマンスが低下するとともに、間違った景気対策を連発することによって、財政赤字が拡大した。財政再建が必要になってしまった原因を理解せずに財政再建を行なおうとすると、「財政主義」が主張するような増税路線を走ることになる。

金融政策を使わずに経済を復活させるのは難しいが、増税は金融政策の効果をも減殺する可能性がある。金融政策を行ないつつ増税を行なうのは、車の運転に喩えれば、アクセルとブレークを同時に踏むようなものだ。しかも、変動相場制であっても金融緩和をしているので、この場合の増税は効く。イギリスの例に見られるように、結果として経済成長を阻害する可能性が高く、かえって財政再建を難しくする。それは、経済学への無知と、バブル後25年の検証がきちんとできていないがゆえのことである。

なお、本稿は、安倍政権の成立以前に書かれている。そこでは、金融政策の失敗で経済成長が落ち込み、財政危機になったことと。安倍政権が誕生してから、異次元金融緩和といわれる積極的な金融政策で経済は成長路線に乗った。２０１４年の消費増税は、経済成長を落としたので財政再建のためには失敗であったが、それでも、本稿が3年ほど前に書いたように、金融政策によって財政再建ができようとしている。

そうした事情から、本稿では3年前のものに、データを更新するくらいしか手を加えていない。ここ3年の出来事で、本稿は基本的に正しかったことが示されただろう。本稿の言葉で言えば、安倍政権は「経済主義」で、財政を立て直しつつあるのだ。

基礎的資料の確認

図1-1　主要税目の税収（一般会計分）の推移

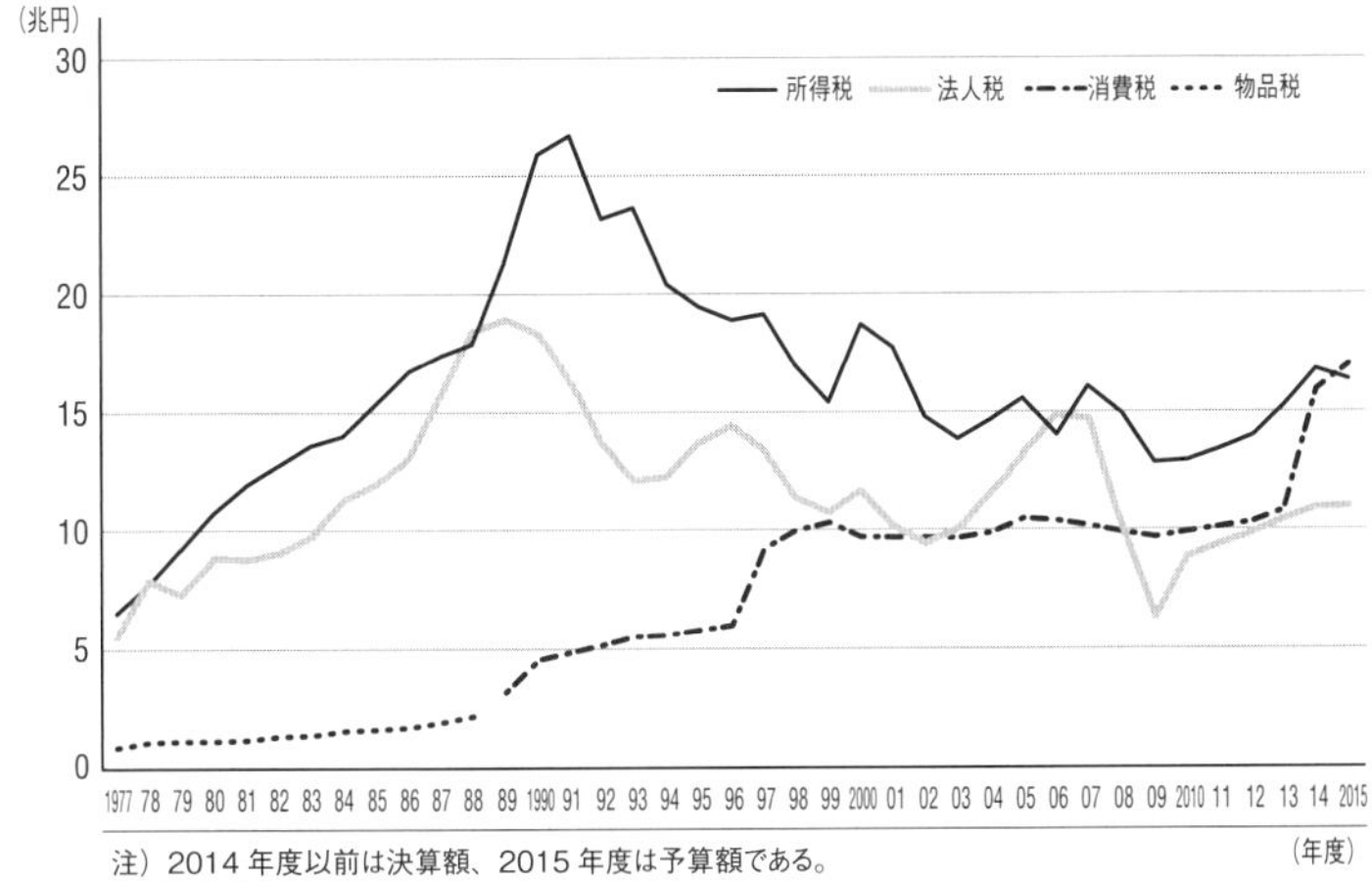

注）2014 年度以前は決算額、2015 年度は予算額である。
出所）財務省

バブル後25年の財政およびマクロ経済を振り返るにあたっては、基礎的な統計資料をきちんと押さえておくことが重要である。財政に関する基礎的な統計資料は財務省が公表しているが、財政当局に都合のよいデータというわけではない。数字上の間違いはほとんどないので、ファクト（事実）を得るときに便利である。

図１―１は、１９７７（昭和52）年度から２０１３（平成25）年度までの税収の推移を示している。法人税と所得税は、１９８０年代後半のバブルのころまでは急激に上がり、バブル崩壊後は急落している。また、税収総額で見ると、ピークは１９８９（平成元）年から１９９０（平成２）年の約60兆円で、その後は横ばい、もしくは下が

図1-2 一般会計税収の推移

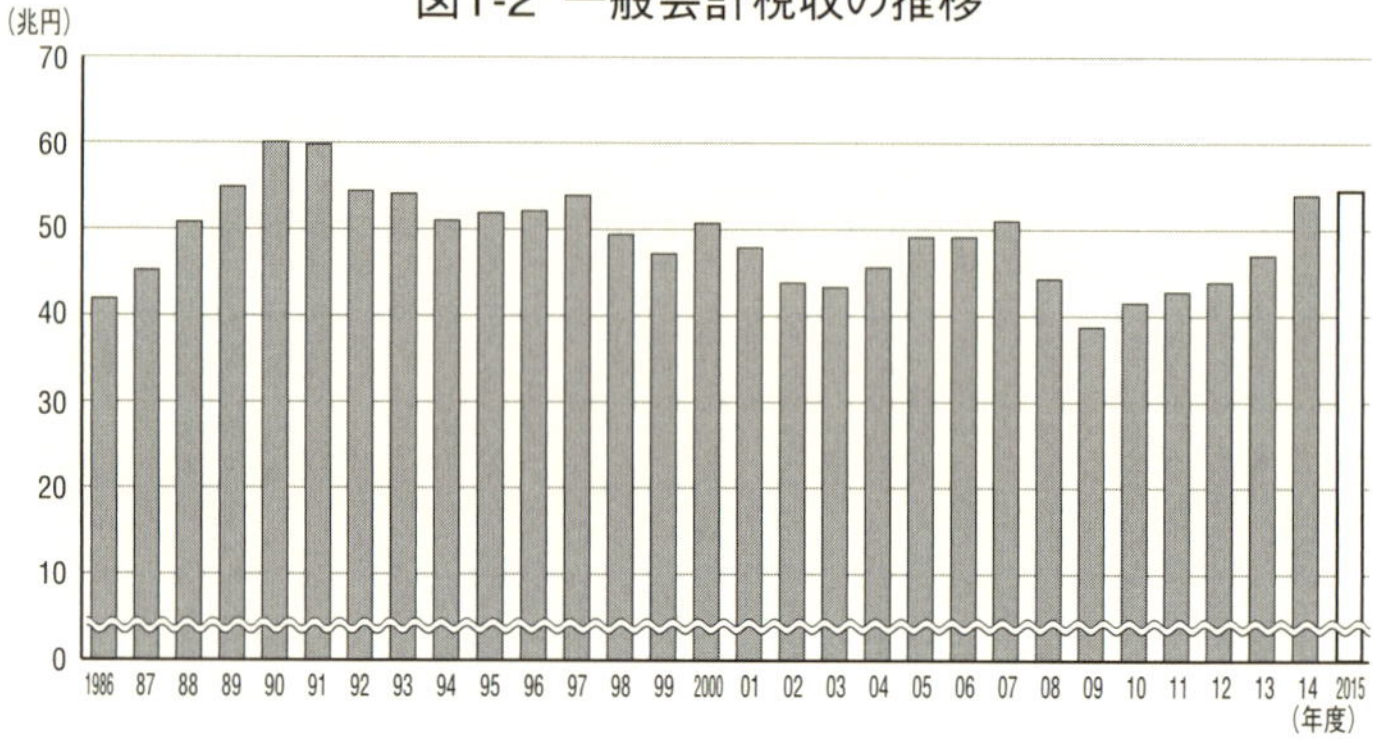

注）2014 年度以前は決算額、2015 年度は予算額である。
出所）財務省

っている。減税によって税収が下がっている時期もあるが、税収が右肩下がりに下がっているのが日本の税収の特徴である（**図1―2参照**）。ただし、政権交代後の安倍政権では、強力な金融緩和によって経済成長しているので、税収が伸びている。これは、2014年4月からの消費増税の効果というより、経済成長である。事実、消費増税によって経済成長はマイナスになったので、得るはずであった税収は大きく、増税による税収増を相殺している。

なお、図には示していないが、日本のGDP（国内総生産）がまったく同じような動きを示している。このGDPの動きは、世界的に見るときわめて異常な数字で、1990年代以降GDPがほとんど横ばいになっている国は日本以外見当たらない。

図1-3 一般会計税収、歳出総額および国債発行額の推移

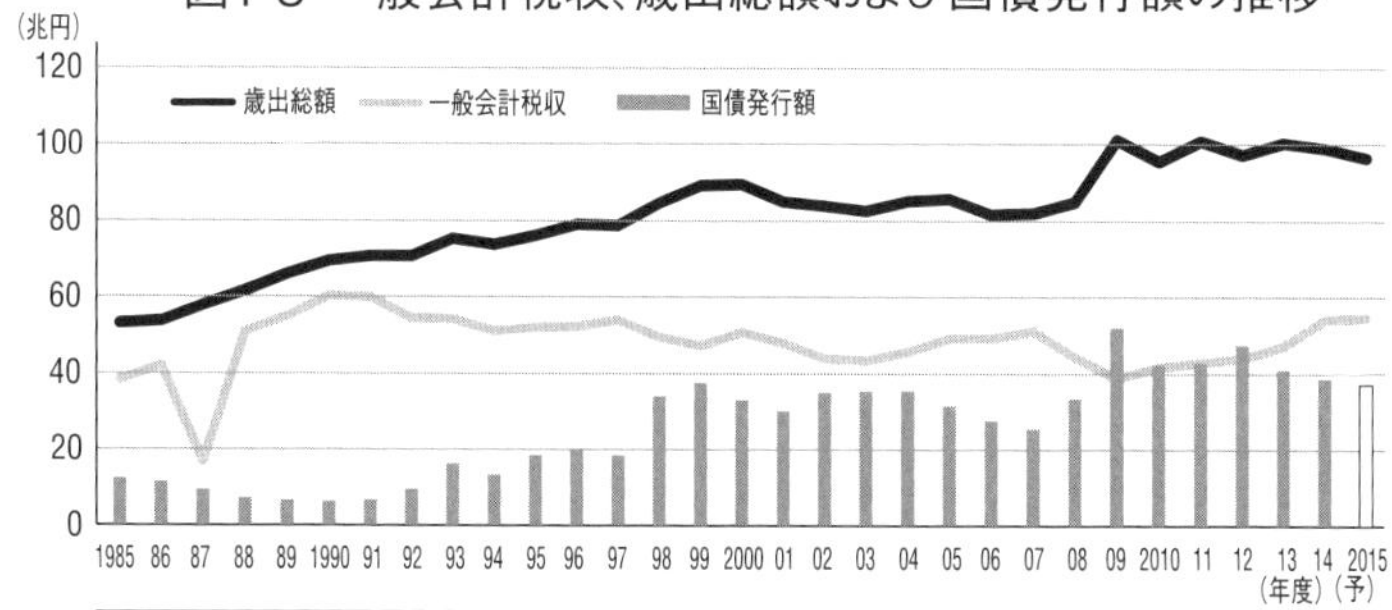

注) 2014年度以前は決算額、2015年度は予算額である。
出所) 財務省

財務省の増税論の根拠

財務省は、**図1－3**を使って日本の財政事情を説明する。いちばん上が歳出総額、その下が税収部分で、バブルのときに日本の折れ線グラフが最も近づいていることがわかる。つまり、バブルのころは財政についてはほとんど何の問題もなかったのである。

しかし、それ以降、歳出はそれなりに伸びていくのに対して、税収は横ばい、もしくは減少傾向を示している。2本の折れ線グラフは鰐が口を開いたように見えるので、俗に「鰐の口」と言われている。そして、その差額を、図の下の棒グラフに示されるように、国債発行で埋めている。その結果、国債残高が現在、日本のGDP（約500兆円）の2倍の約1000兆円に達している。

財務省はこの図を示して、「日本の財政は大変だ」「だ

から増税だ」と言う。マスコミもそれで納得している。統計的事実はまったくその通りであり、GDPの2倍というのは確かに、グロス債務残高対GDP比であるが膨大な数字である。もっともネット債務残高対GDP比にすれば100％程度だ。しかも、日銀を含む子会社の連結ベースでは40％だ。しかし、そういう事実をもたらした原因についてはほとんど分析されていない。「原因」の分析が間違っていると、処方箋も間違ってしまう。バブル以降の事実認識に違いがあるので、バブル以降の検証が必要だ、財務省の増税論には論理の飛躍がある、というのが私の主張である。

公共投資と社会保障費の推移

ところで、右肩上がりで増加している歳出について見るときには、歳出すべてではなく、公共投資と社会保障費の推移を見れば、歳出増加の原因がほぼ理解できる。

図1－4は、公共投資の対GDP比の推移を見たものであり、バブルの直前の1985年ころに少し上がり、その後横ばいになった後、バブル後に急激に上がっていることがわかる。それ以降は、景気対策をしたときに少し上がるものの、趨勢的には下がっている。公共投資は政治的に増減できる支出であり、裁量的支出と呼ばれる。

図1-4 公共投資対GDP比(%)の推移

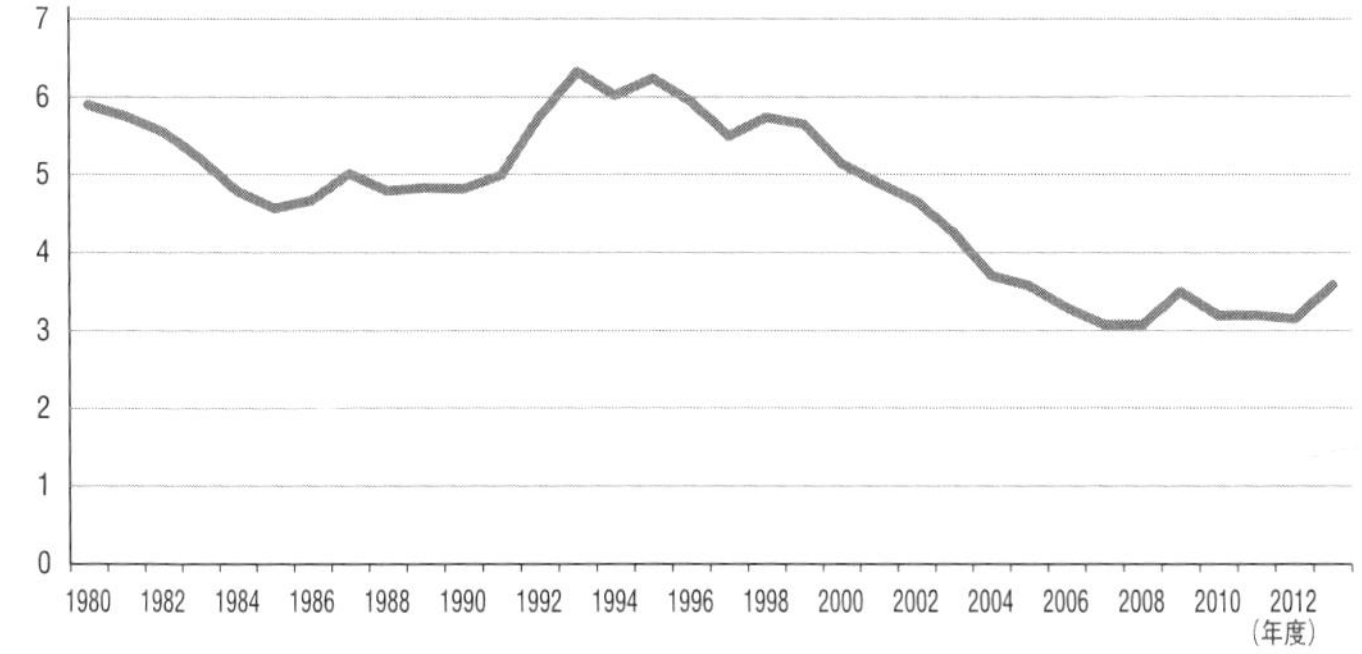

出所）内閣府

それに対して、社会保障費は義務的経費という範疇の支出であり、税収が少なくなったからといって、政治的に減らすことはなかなか難しい。図1－5（社会保障費の対GDP比の推移）から明らかなように、1990年頃までは社会保険料収入と社会保険給付費はほぼ平行か、もしくは次第に近づきつつあったが、それ以後は2本の折れ線の幅が広がり、図1－3と同じように「鰐の口」のようになっている。

社会保障費についても何らかの政策的措置が必要である。ただし、それはさほど難しい話ではない。「鰐の口」の形状をしているということは、上（社会保障給付費）を少し下げ、下（社会保険料収入）を少し増やすことによって、「鰐の口」を次第に閉じることができるからである。

図1-5 社会保障対GDP比（%）の推移

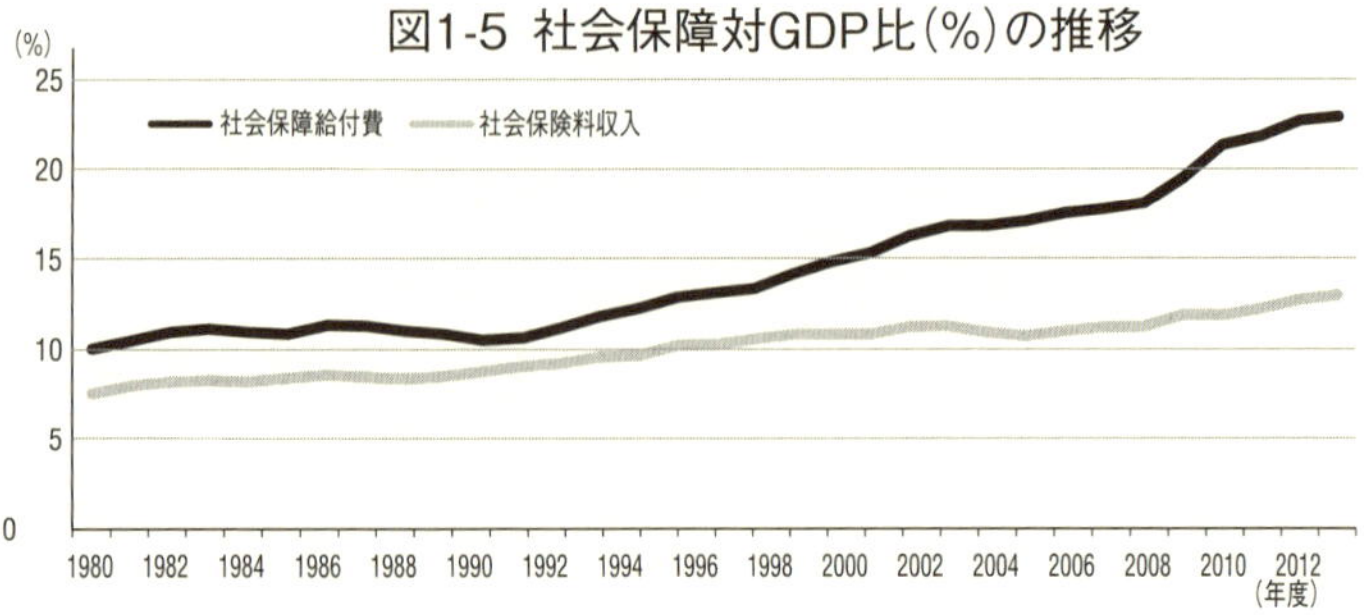

出所）内閣府、財務省

バブル期前後の景気対策の特徴

ここでバブル期前後の景気対策の特徴についてまとめておきたい。

第一は、公共投資に代表されるような総合経済対策が繰り返されたこと。当時、私は財務省にいたが、多い時には一年に二回も総合経済対策が出され、当初は財政支出を行なっていたが、次第に、財政支出を伴わない経済対策のアイデアを出すように言われたことを覚えている。例えば、総合経済対策の事業費は大きくするものの、「真水」である財政投入は少なくする。公共投資の水増しである。

第二は、総合経済対策とはいうものの、そのほとんどは公共支出などの財政政策だったこと。マクロ経済政策には財政政策と金融政策があるが、金融政策は形の上では行なわれたことになっているものの、実際には財政政策ばかりが繰り返し行なわれた。しかし、いくら総合経済対策を行なっても景気は良くならなかった。そこで、さらに財政政策が繰り返された。その結果として、税収が下がる一方で、社会保障費などの義務的経費が増えて、「鰐の口」になってしまったのである。

第三に、財政政策が効かないことについては財政当局も認識していたこと。私自身も財務省の中にいて、財政政策が効かないことについてはわかっていたが、当時は財政政策を要求する声は大きく、したがって「真水」部分を少なくして事業規模を膨らませるようなアイデアが求められたのである。

「マンデル=フレミング効果」

第四に、財務当局は、財政政策が効かない原因についての認識が不足していたこと。具体的に言えば、財務省内で「マンデル=フレミング効果」について知っている幹部はほとんどいなかった。私が財務省内で幹部に「マンデル=フレミング効果」について説明しても、多くの幹部はそれを理解しようとするのではなく、「これを使って公共投資の要求を抑えられる」という程度の受け止め方だった。

「マンデル=フレミング効果」とは、簡単に言えば、「変動相場制の時には財政政策は効かず、金融政策は効く。一方、固定相場制のときには、財政政策が効くが金融政策は効かない」という理論である。この理論が日本でもよく知られるようになったのは、アメリカの経済学者ロバート・マンデル教授が1999年にノーベル経済学賞を受賞してからのことである。授賞理由になった当該論文が書かれたのは1960年代のことで、1980年代後半から90年代の頃でも、「マンデル＝フレミング効果」は、いわば「知る人ぞ知る」理論だった。

1970年代初め以降、為替相場は形式的には変動制に移行したが、私の認識では、実質的に変動相場制になったのはプラザ合意後の80年代後半からのことだった。しかし、当時の財務省の幹部の頭の中は依然として固定相場制の認識でいっぱいで、景気対策として金融政策を行なうという発想はなかった。一方、財政政策は具体的な数字を要求し、その効果が目に見える形で表れるのでわかりやすいため、政治家にとっては好都合な政策である。政治家の要求に対して、財務省としては比較的ネガティブな対応をするものの、最終的には、言われるままに財政政策を実施した。その結果として、金融政策不在のまま公共投資を繰り返し、財政赤字が大きく膨らんでしまった。

なお、このマンデル＝フレミング効果をしっかり理解していれば、金融政策を十分に行なった上であれば、変動相場制であっても財政政策も効果があることに留意すべきだ。本稿の最後に、再びこの留意点にふれよう。

金融緩和を十分に行なっていれば、財政政策は一定の効果があることは、安倍政権の政策運営でも証明されている。安倍政権では、2013年度は財政・金融同時発動、2014年度は財政引き締め・金融緩和だった。このため、2013年度は2・1%成長だったが、2014年度は▲0・9%成長だった。

80年代から実質的な変動相場制

ここで、1980年代中頃から実質的に変動相場制に移行したという認識について補足的に説明したい。

図1－6の黒線は円ドルレートの推移を示している。1971年のニクソン・ショック以降、事実上変動相場制に移行し、1985年9月のプラザ合意の後、急速に円高になった。一方、**図1－6**のグレー線は、日本とアメリカのマネタリーベースの比の推移を表わしている。マネタリーベースの比は、アメリカの投資家ジョージ・ソロスの名を冠して「ソロスチャート」とも言われる。

また、図の右側に、円ドルレートと日米マネタリーベース比の相関係数が示されている。

図1-6 円ドルと日米マネタリーベース比の推移

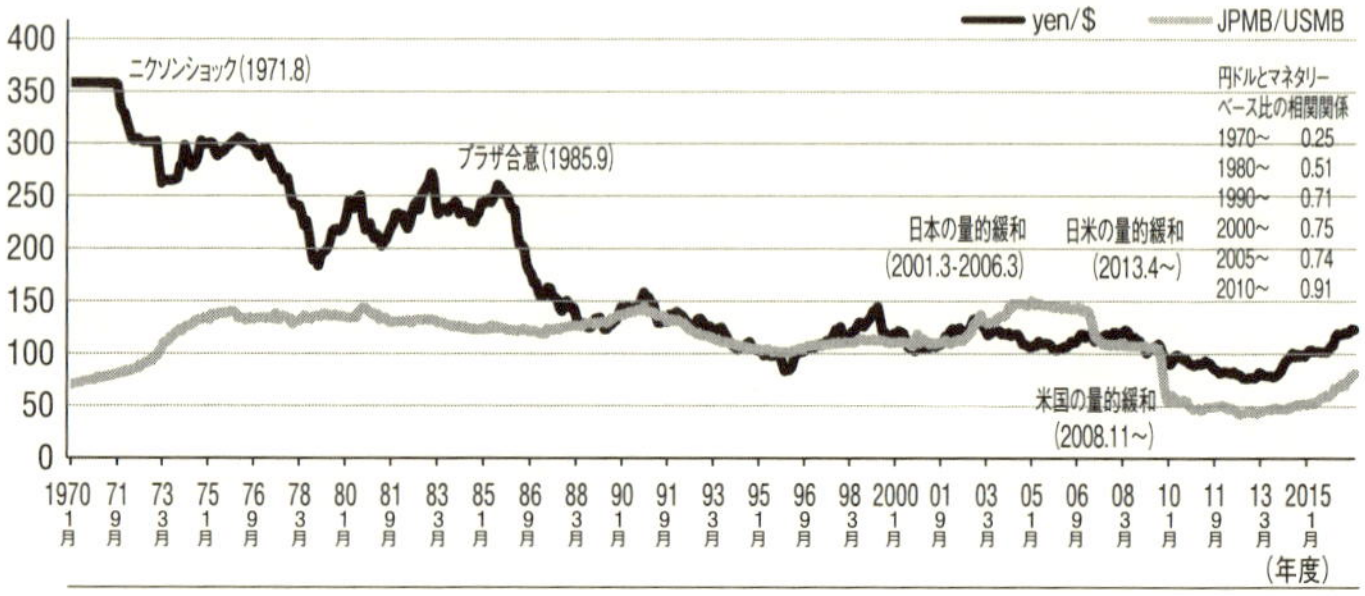

出所）日本銀行、FBR

１９７０年代以降を見ると０・２５でほとんど相関関係は見られないが、１９８０年代以降は０・５１になり、１９９０年代以降は０・７５まで高まり、２０００年代以降０・７５、２００５年以降０・７４とかなり高い相関があることがわかる。もちろん、２００１年3月から２００６年3月にかけての日本の量的緩和のときと、２００８以降のアメリカの量的緩和のときには多少ズレている。実は、余談になるが、このズレを補正して為替レートの予測を行なって為替に投資している人もかなり多い。

そして**図１－６**から、プラザ合意後2年半以降、変動相場制がうまく機能していることがわかる。日米の為替レートがマネタリーベース比によって説明できるようになっているのである。

変動相場制下で、もっとも有力な為替決定理論はマネタリーアプローチである。マネタリーアプローチに一定の仮定をおけば、マネタリーベース比による説明が可能である。逆に言えば、マネタリーアプローチ比による説明力が高いのであれば変動相場制が実質的に成立していると言えるだろう。

こうした見方に立てば、1980年代中頃から、実質的な変動相場制になっていると考えてもいいだろう。したがって、バブル崩壊後の1990年代にマクロ経済政策としてとるべきは、実は金融政策だったのである。

経済主義と財政主義

さて、バブル崩壊後の日本経済は、現象としてはデフレ経済と名目成長率の低下があり、その結果として財政赤字が深刻化した。そして、2000年代以降、財政再建について二つの考え方が登場した。

一つは、経済が中心であり財政はその結果であるとする「経済主義」の考え方で、竹中平蔵氏（慶應義塾大学教授）をはじめとする一部のエコノミストがその立場をとっている。

もう一つは、財政が経済に影響を与えるとする「財政主義」の考え方で、財務省が強く主張し、それを支持するエコノミストも少なくない。

「経済主義」では、経済成長が重要であり、それによって結果として財政問題は解決できると考える。政策的にはデフレ脱却が最優先課題となる。一方、「財政主義」では、財政を健全化しなければ経済はうまく動かないので、政策的には増税によって財政再建をいうので、増税路線を主張する。そして、財政についての将来不安が増税によって払拭されれば、景気は良くなると考える。

ここで「増税」という言葉の定義を明確にしておかなければならない。財務省の主張をきちんと見ればわかるように、「増税」とは税収増のことではなく、「税率を上げること」である。マスコミなどでは不用意にも、「増税＝税収増」という言い方をするが、税率を上げることと税収が上がることとはまったく異なることに注意しなければならない。

実は、経済主義と財政主義という二つの考え方が出てきた背景には、バブル後の検証がきちんと行なわれなかったことがある。すでに示したように、経済主義をとるか財政主義をとるかによって、経済政策は異なってくる。ちなみに、安倍首相は経済主義の立場に立つと明言していることを付け加えておきたい。

成長率と金利の関係

「経済主義」と「財政主義」の違いが端的に表れているのが、成長率と金利の関係についての見方である。

2000年代初めに、成長率と金利の関係について、経済財政諮問会議で論争があった。当時、経済財政政策担当大臣だった竹中平蔵氏が経済主義の立場に立ち、吉川洋氏（東京大学教授）は財政主義の立場に立って、それぞれの議論を展開したことが、経済財政諮問会議の議事録からうかがえる。

「財政主義」では、金利よりも成長率のほうが低くなると考える。確かに、日本のバブル以降のデータを見るかぎり、金利よりも成長率のほうがバブル崩壊後は低くなっている。しかし、それはバブル以降の日本経済を見誤っている。日本では、金融自由化とバブルがほぼ同時期に起きたが、金利よりも成長率のほうが低いのは、金融自由化の結果ではなく、デフレ経済ゆえである。デフレになると、成長率はマイナスになるが、金利はゼロ以下にはならないので、金利のほうが高くなるのである。

成長率と金利の関係をもう少し詳しく見てみよう（**表1－1**）。

まず、「金利」として国債金利を見ると、名目国債金利は名目民間金利よりも必ず低くなる。それは国債のリスクのほう小さいか

表1-1 成長率と金利の関係

名目国債金利 ≒ 名目成長率
名目国債金利 ＜ 名目民間金利
　　　　　　　　　　∧
社会資本収益率 ＜ 民間資本収益率
　　　　　　　　　　∨
　　　　　　　　名目成長率

図1-7 名目GDP成長率と長期金利の差
（OECD35ヵ国、2001〜2014年）

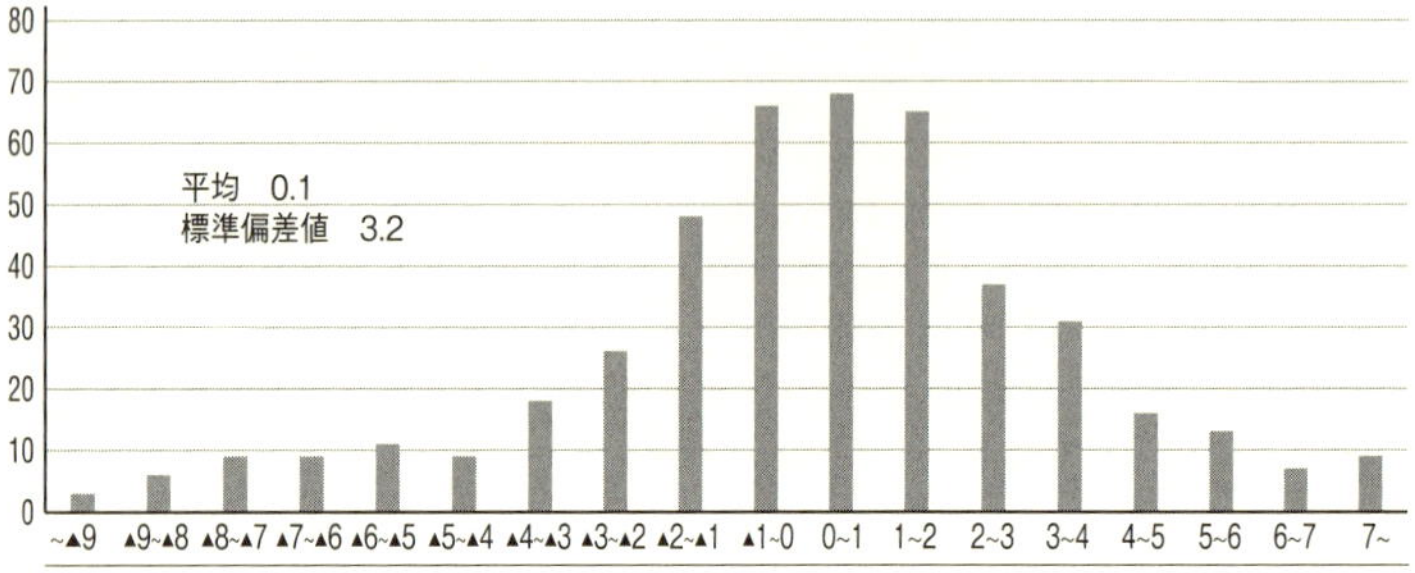

出所）OECD Economic Outlook, No.97

らである。また、企業は金利よりも高い収益率を得られない投資は行なわないので、名目民間金利は民間資本収益率よりも必ず低くなる。一方、経済成長率には国の経済活動も含まれているので、名目民間資本収益率のほうが名目経済成長率よりも大きくなる。

要するに、経済理論で考えると、名目成長率と名目国債金利はだいたい同じような水準になりそうだが、どちらが大きいかはよくわからない。そこで、データを調べることになるのだが、OEAD35カ国の2000年から2011年にかけての名目GDP成長率と長期金利の差の分布（**図1−7**）を見ると、名目国債金利と名目成長率は平均0・06で、ほとんど同じような数値になっている。名目国債金利と名目経済成長率はほぼ等しいといえる。

財政主義と税収の弾性値

次に、税収の弾性値について見てみよう。税収の弾性値とは、名目経済成長率が1％高くなったときに税収がどのくらい増えるかを示す数値である。

「財政主義」に立つ人は、税収の弾性値を低めに見積もる傾向がある。例えば、2011年に内閣府が発表した推計によれば、税収実績で見ると税収の弾性値は1・69であり、税制改正による変更前の80年税制基準では1・25となっている（表1－2）。財務省はこの1・25という数字を使うのだが、さらに低くして「税収の弾性値はほぼ1」と結論付けている。

しかし、1・25の小数点以下を四捨五入して1とするのはいかにも乱暴な議論である。税収の弾性値が1より大きければ、税収は経済成長率以上に伸びる。しかも、表1－3の右下にあるように、2001年〜2009年の税収の弾性値は実績で4・04、税制改正の影響を考慮した数値は3・13となっている。税収の弾性値を見るときには直近の数値を使うのが一般的なので、景気回復局面としてこの数字を使うとすれば、名目成長率が1％増えると税収は3％以上増えることになる。

表1-2 税収の弾性値

	税収（一般会計）		
	単純平均	回帰分析（1）(注1)	回帰分析（2）(注2)
税収実績	2.41（0.63）	1.74（0.25）	1.69（0.34）
80年税制基準（税制改正による変更前）	1.61（0.59）	1.37（0.23）	1.25（0.35）

表1-3 税収弾性値の推移

期間	所得税		法人税		所得税＋法人税		税全体	
	実績	改正なし	実績	改正なし	実績	改正なし	実績	改正なし
1981-2009	2.31	1.00	6.65	5.26	3.92	2.44	2.41	1.61
1991-2009	2.72	0.59	9.42	7.26	5.23	2.87	2.92	1.69
1981-1990	1.52	1.77	1.39	1.46	1.44	1.62	1.43	1.47
1991-2000	0.86	▲1.30	10.11	7.63	4.21	1.69	1.91	0.38
2001-2009	4.80	2.69	8.64	6.84	6.36	4.18	4.04	3.13

注）各年度の税収弾性値を期間ごとに平均したもの。
出所）財務省「財政金融統計月報」より作成。

経済成長をすれば財政再建の可能性が出てくるのである。

財政再建のポイント

現在約1000兆円に達している債務残高がさらに大きくなって、数学的な意味で発散することになれば、財政は破綻する。つまり、財政再建のポイントは債務残高の対GDP比が発散しないようにすることである。

では、発散しないようにするためにはどうすればいいか。それは、基礎的財政収支をバランスさせることである。「基礎的財政収支」（プライマリーバランス）とは、簡単に言えば、利払い費を除いた財政収支のことである。

財務省は、「財政収支」に着目して、金利が高

(1)式　債務残高の対GDP比と基礎的財政収支の関係

$$\Delta\left(\frac{D}{GDP}\right) = -\frac{PB}{GDP} - (g-r)*\frac{D}{GDP}$$

D：公債残高、GDP：名目GDP
PB：基礎的財政収支
g：名目成長率　r：国債金利

くなると利払い費が増えるというが、基礎的財政収支をバランスさせるということであれば、基礎的財政収支の定義から、金利の上昇を懸念する必要はない。

債務残高の対GDP比と基礎的財政収支の関係は、**(1)式**のように表すことができる。

左辺は債務残高の対GDP比の変化の方向を表し、右辺は、基礎的財政収支の対GDP比（右辺第一項）と名目成長率と金利の関係（右辺第二項）を表している。

(1)式によれば、基礎的財政収支が改善されると債務残高の対GDP比が改善され、名目成長率が金利より高ければ債務残高の対GDP比は改善し、金利のほうが高ければ悪化する。そこで財務省は、成長率よりも金利のほうが高いとして、債務残高の対GDP比が悪化するとして、増税を主張するのである。

しかし、先ほど説明したように、金利と成長率はほぼ等しいので、(1)式の第2項はゼロになる。財政再建のポイントは、基礎的財政収支のGDP比だけを見ていればよいということである。そして、基礎的財政収支のバランスのためには、金利の上昇は無関係である。なぜかといえば、基礎的財政収支には利払いは入っていないからである。

要するに、「金利が上がると財政再建にとって大変なことになる」という話の裏には、増税したいという意思が働いているのである。

名目GDP成長率と基礎的財政収支の対GDP比の関係

実は、基礎的財政収支の対GDP比と1年前の名目GDP成長率との間にはきわめて高い相関関係にあることがわかっている。**図1－8**を見れば明らかなように、名目GDP成長率は2001年に一度下がったあと上昇に転じ、それとともに基礎的財政収支も改善している。名目GDP成長率が高くなれば、1年遅れで基礎的財政収支は改善される。

なお、2001年以降、基礎的財政収支は順調に改善されつつあったので、そのまま推移すれば、当初目標の2010年よりも2年早く基礎的財政収支がバランスするように思われた。しかし、2009年のリーマン・ショックで基礎的財政収支は再び悪化してしまった。

確かに、財政再建は容易ではない。しかし、名目GDP成長率が5％で推移すれば、無理なく財政再建が可能になる。仮に名目GDP成長率が4％であれば、ほんの少しだけ無駄をカットすれば、財政再建できるはずである。実際、**図1－8**に見るように、経済が成

図1-8 プライマリー収支対GDP比（左軸）と
GDP成長率（1年前、右軸）の推移

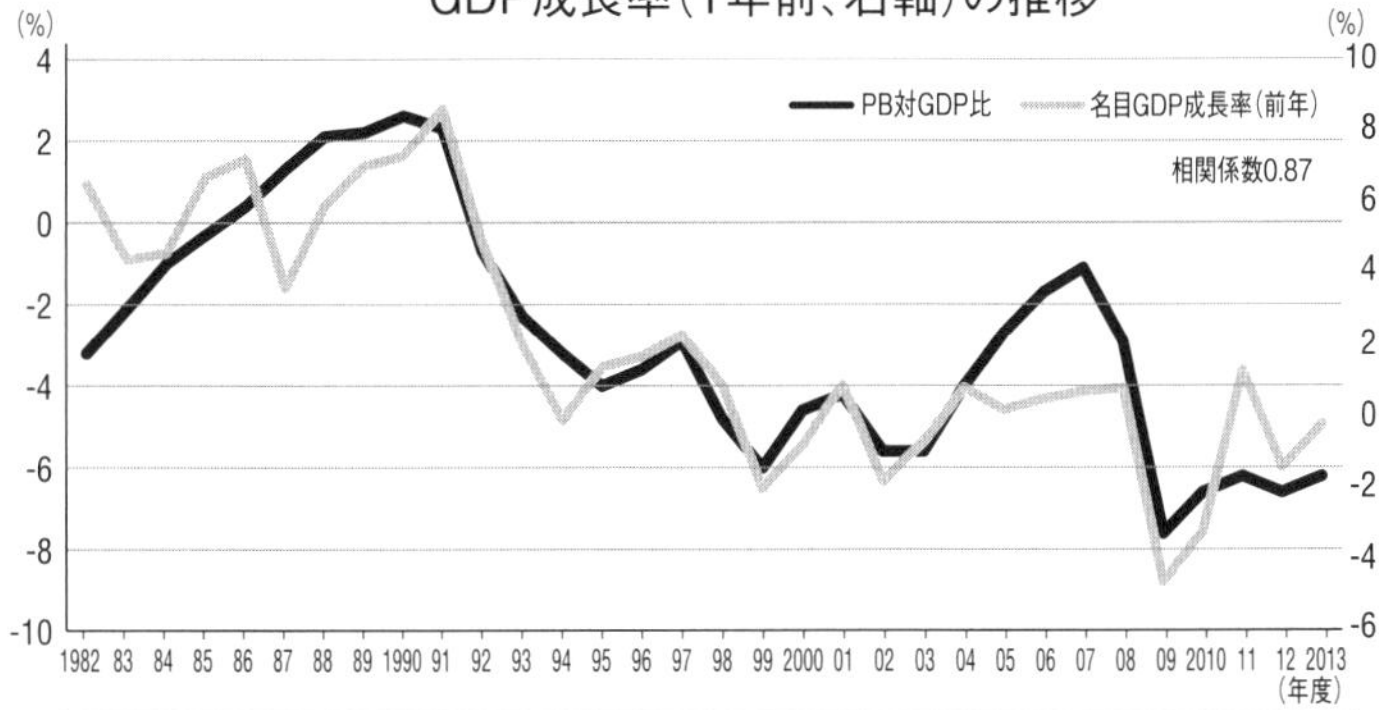

出所）内閣府『国民経済計算』など

図1-9 マネーストック増加率（2年前）と
名目GDP増加率の推移

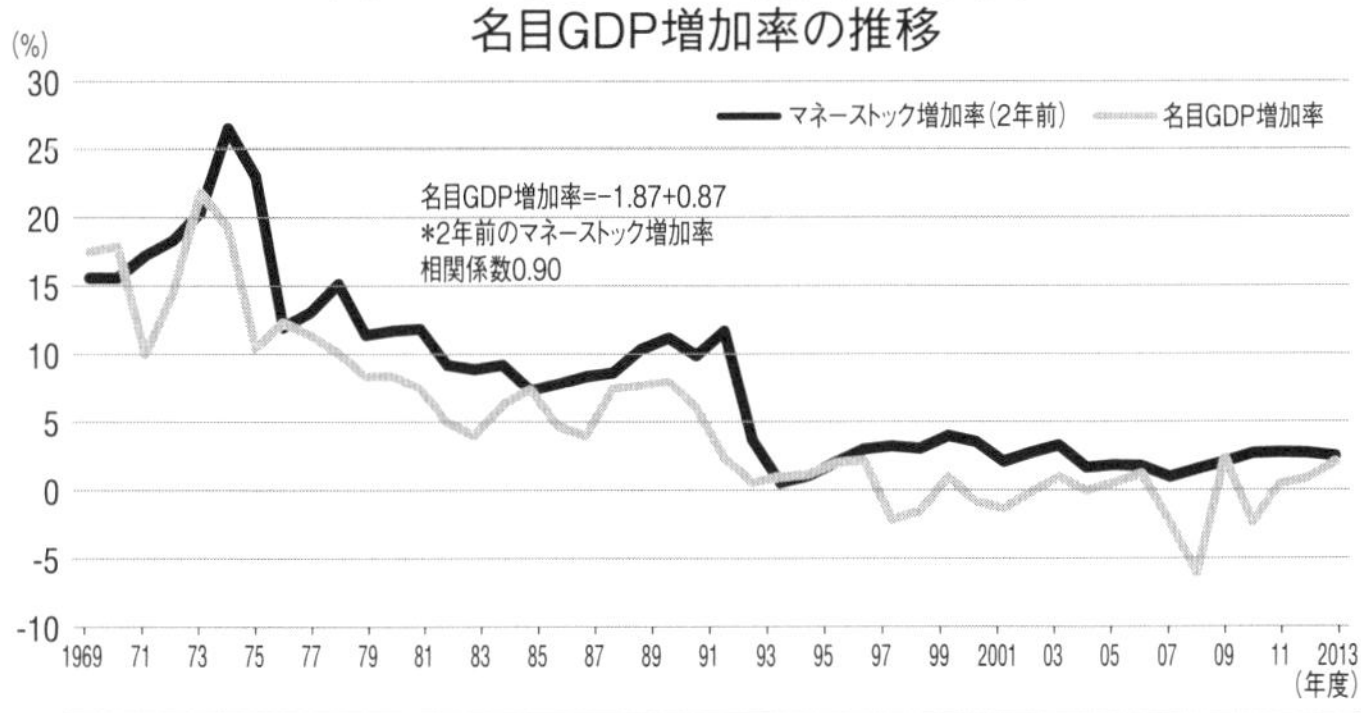

出所）日本銀行、内閣府

長していた2002年から2007年にかけては、増税なしで財政再建に向かっていたのである。

ところで、名目GDPは、2年前のマネーストックの増加率によってほとんど決まってしまう（図1−9）。そこで、4〜5％の名目GDP成長率を目指すのであれば、マネーストック増加率を7〜8％にすればよい。

バブル期以降の財政と金融

これまでの議論をまとめると次のようになる。

まず、経済政策の大枠でいうと、バブル期以降、金融政策は使わなかった。マンデル＝フレミング効果の理論からも明らかなように、金融政策はマクロ経済パフォーマンスに大きく貢献し、それによって財政再建もある程度達成される。

しかし、金融政策への無理解と日本銀行のバブル後の対応の失敗によって、マクロ経済のパフォーマンスが低下するとともに、間違った景気対策を連発することによって、財政赤字が拡大した。

実は、バブル期のときに価格が上昇したのは土地と株で、一般物価上昇率は1〜3％だった。仮に、当時、インフレ率目標2%という政策が導入されていたらどうなっていただろうか。インフレ率目標2%の計算をするときに、地価と株価は含まれないので、当時の一般物価の上昇は許容範囲内に収まっていることになる。つまり、金融政策としては何もしなくてよかったのである。しかし、実際には、**図1－11**に見るように、1980年代後半にはマネーストックの対前年比伸び率は10%を超えていたのに対して、1990年にはマネーストックの伸び率を急激に引き締めた。これが大きな間違いだった。仮に、1980年代中頃までのように、マネーストックの伸び率を8%程度にしていれば、財政はさほど深刻な問題になっていなかったはずである。

マネーストックの対前年比伸び率8%という数字は、バブル期以前は先進国ではきわめて平均的なものである。バブル期以降、日本はこれを先進国で最低のみならず世界で最低の伸び率に抑えたため、名目成長率でも世界最低の伸び率にとどまってしまった。

ちなみに、マネーストック増加率と名目GDP成長率について、日本では強い相関があるという時系列データを示したが、世界でも見ても、強い相関がクロスセクションデータでも得られる。つまり、これらのデータを見れば、日本で世界最低のマネーストック増加率にすれば世界最低の名目GDP成長率になるのは、経済理論的にはきわめて当たり前のことが起きただけである。1990年代初めに行なった猛烈な金融引き締めの結果、そし

図1-10 消費者物価対前年同月比の推移

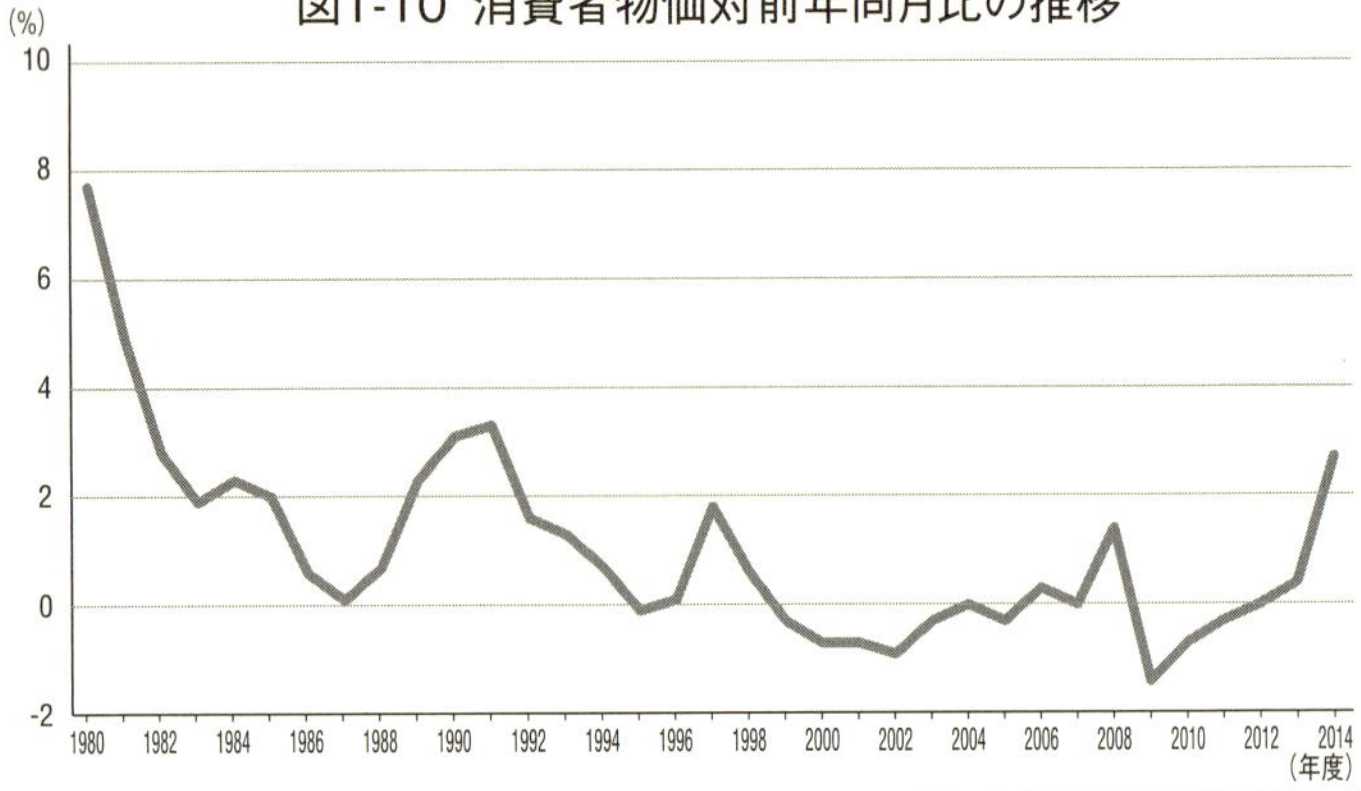

出所）総務省

図1-11 マネーストックの対前年比の推移

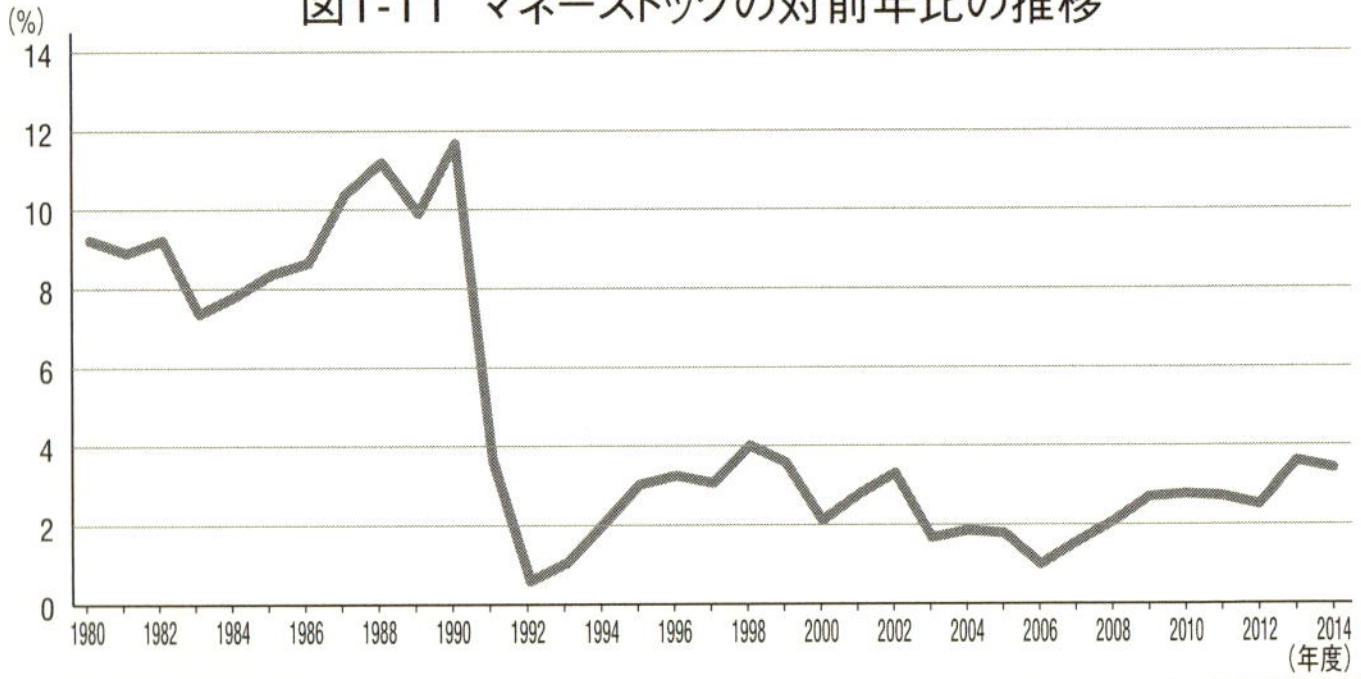

出所）日本銀行

て、その失敗を認めず、世界最低レベルのマネーストックの増加率を続けて、90年以降の経済成長率が横ばいになっているのである。

90年はじめの日銀の失敗の背景

ここで、バブル崩壊後の金融引き締めという失敗の背景にふれておこう。これは、その後も、金融引き締めを継続したという意味で重大だった。なぜ失敗が続くかといえば、日銀官僚の無謬性だ。過去に間違いはないというのは、一度間違うとずっと間違うことになる。

一般に、バブルは金融緩和が原因であって、バブル潰しのためには金融引き締めは正しかったといわれているが、はたしてそうだろうか。筆者は、当時大蔵省証券局でバブルを目の辺りにして、バブルの是正のために、証券規制を実施した担当官であるが、筆者の現場感覚からいえば、バブルは、証券・土地規制の抜け穴によって、証券・土地のみで起こったことだ。その是正には証券・規制の適正化で十分であり、金融引き締めは余計なことだった。

当時の状況を確認しておこう。株価については、1986年に15000円程度だったが、87年10月19日のブラックマンデーで株価は一時下げたものの、89年末に38915円という最高値をつけた後、1992年はじめには20000円を割り込むほど急落した。地価については、株価と同じ傾向であるが、株価のピークより、1~2年遅れて1991年頃にピークとなっている。一般物価については、1986年6月から1989年2月まで消費者物価指数でほぼ0~1%の対前年同月比の上昇率であった。それ以降、1993年10月までほぼ1~3%であった。95年4月以降、消費税増税による見かけ上の数字を除けば、マイナスというデフレ状態になって、今日に至っている。こうしてみると、株式・土地の価格だけが異常に上昇して急落したことがわかる。

当時、筆者が証券検査などで見た光景は、ほぼ違法ともいえる証券会社の営業であった。顧客に対して損失補填を約束しながら株式の購入を勧めていた。その株式の購入資金を顧客の自己資金でまかなうのではなく、銀行が融資するというパターンも横行していた。これは何も株式の購入に限らず土地の購入でもよく見られた話だ。

そこで、部内検討の結果、1989年12月26日、大蔵省証券局通達「証券会社の営業姿勢の適正化及び証券事故の未然防止について」を出し、証券会社が損失補償する財テクを営業自粛、事実上禁止した。この通達の効果は抜群で、89年末に最高値をつけた後、直ちに株価は急落した。株式規制だけを適正化するのでは資金が土地に流れるといけないので、

90年3月には大蔵省銀行局長通達「土地関連融資の抑制について」を出し、不動産向け融資の伸び率を総貸出の伸び率以下に抑える措置をとった。これで、株式と土地のバブルは消えた。

一方、金融政策も似たような動きだった。当時、日銀内では公定歩合の上げは「勝ち」、下げは「負け」という言い方だった。1980年8月9%から8・25%に引き下げて以来、87年2月に3%から2・5%に引き下げるまで10連敗だった。89年5月に2・5%から3・25%に引き上げて11連敗を食いとどめた。その当時、三重野氏は副総裁だった。89年12月に三重野氏は日銀総裁になったが、就任直後の12月も勝ち、90年3月と8月も勝ち、5連勝になって、公定歩合は6%にまで上がった。このときに「平成の鬼平」と呼ばれた。

当時のバブルは株式・土地の資産市場だけの価格上昇であり、一般の財・サービスの価格上昇はなかった。つまり、カネが資産市場だけに流れ込んだので、資金規制でつぶすべきで金融政策での対応は必要なかったわけだ。

政府内では誰も金融政策を理解せずに、一方、日銀もバブルを金融政策でつぶせると誤解した結果であった。

財政再建に必要なこと

財政再建が必要であることは、だれもが認めるところである。しかし、バブル以降の金融政策と財政政策がともに間違ってしまった結果として、膨大な財政赤字が生じて、財政再建が必要となっていることを理解しなくてはならない。

財政再建が必要になってしまった原因を理解せずに財政再建を行なおうとすると、「財政主義」が主張するような増税に走ることになる。すでに説明したように、増税とは「税率を上げる」ことなので、結果的には経済成長率を引き下げて、財政再建を困難にしてしまう確率はかなり高い。

例えば、アメリカとイギリスは同じように2008年9月のリーマン・ショック後に金融緩和政策を実施し、順調に回復していったが、イギリスは2011年から消費税の増税を行なった。その結果、何が起きたかといえば、それまで英米ともに同じような成長軌道に乗っていたものが二極化して、イギリスの経済は低迷してしまったのである。金融政策をしっかり行なっていれば、財政政策は効果があるのだが、増税すればマイナス効果があるのだ。これは、マンデル＝フレミング効果の留意点を参照して欲しい。

日本はバブル期以降、ほとんど金融政策を使わず、財政政策として、無駄な公共投資を繰り返した。その後、公共投資のGDP比を下げたが、成長には貢献せずに必ずしも正しい財政政策がとられたとは言えない。

金融政策を使わずに経済を復活させるのは難しいが、増税は金融政策の効果をも減殺する可能性がある。金融政策を行ないつつ増税を行なうのは、車の運転に例えれば、アクセルとブレーキを同時に踏むようなものだ。しかも、変動相場制であっても、この場合の増税は効く。イギリスの例に見られるように、結果として経済成長を阻害する可能性が高く、かえって財政再建を難しくする。それは、経済学への無知と、バブル後25年の検証がきちんとできていないがゆえのことである。

以上の記述は、2014年の消費増税の前に書かれたものであるが、イギリスを例にとるまでもなく、2014年の消費増税によるマイナス成長が、図らずも指摘の正しさを証明したと言える。

2017年の消費再増税はよほど慎重になるべきだ。

検証2　バブル後のマクロ経済

失敗を繰り返してきた金融政策

早稲田大学政治経済学術院教授
原田 泰

長期低迷する日本経済

図2－1は、日本の実質GDP（国内総生産）成長率を、毎年、5年ごとの平均、10年ごとの平均で見たものだが、1970年代に経済成長率が低下したあと、90年代にも大きく低下したことがわかる（図の10年平均成長率の1965年の値は1955～65年の平均成長率を示す）。経済成長率が一気に2回低下したのは日本だけで、他の国々は徐々に低下している。70年代の成長率低下も重要な問題だが（原田泰『1970年体制の終焉』東洋経済新報社、1998年、参照）、ここでは90年代の低下だけを扱う。

図2－2は、アメリカを1とした場合の一人当たり実質購買力平価GDPの推移を示したものである。国際的に見た日本経済の長期停滞の様子がよく表れている。1945年に

図2-1 実質GDPの成長率

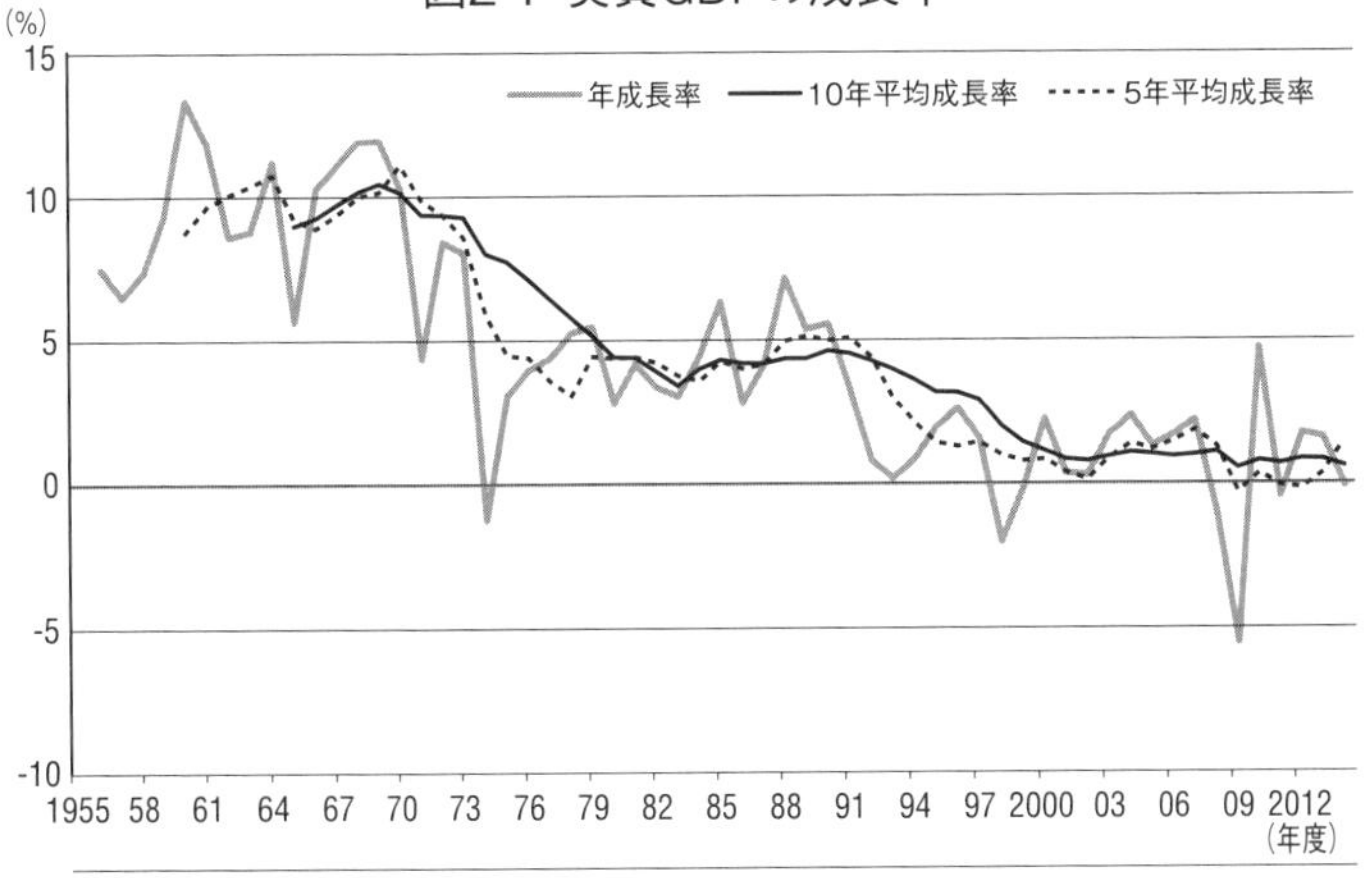

出所）内閣府「国民経済計算」より作成

はアメリカの10分の１程度だった日本の一人当たりＧＤＰは、１９５０年代以降急速に追いつき、１９８０年代終わりには87％まで近づいた。バブルのころであり、アメリカに追いつくのは時間の問題だと思われていた。しかし、その後、日本経済は長期にわたって低迷し、アメリカに追いつくどころか、逆に差が開きつつある。

　その間に、香港やシンガポールの１人当たりＧＤＰは日本を追い抜き、アメリカをも追い抜いている（図の折れ線の違いがわからなくなってしまうので香港、韓国は省略している）。また、日本は、台湾にもすでに追い抜かれており、韓国に追い抜かれるのも時間の問題だろう。もっとも、ヨーロッパの国々に比べると、日本はそれほど悪いパフォーマンス

図2-2 主要国のアメリカを1とした一人当たり実質購買力平価GDPの推移

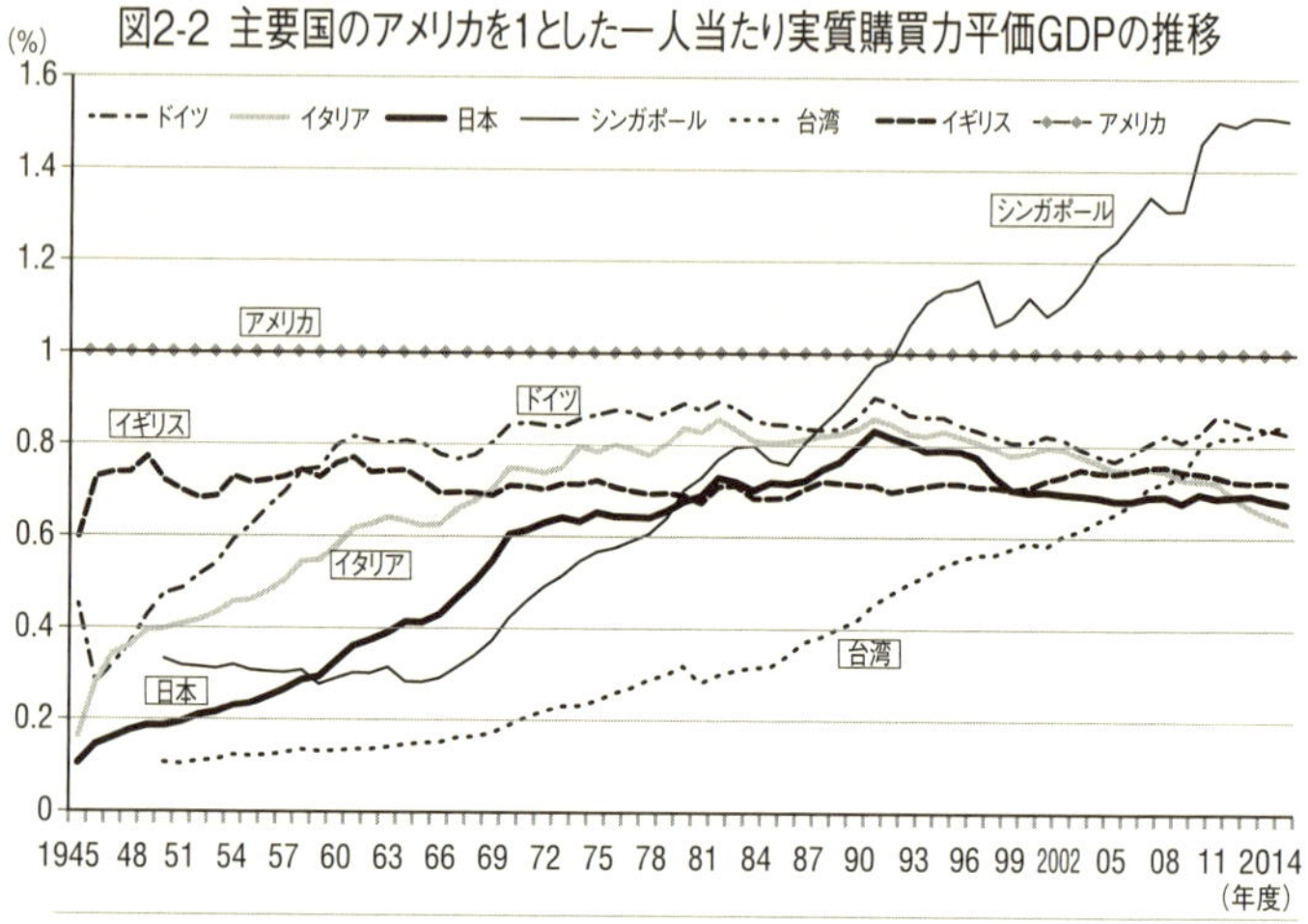

注）1979年まではAngus Maddison HP、それ以降はWorld Economic Outlookによる。2015年の数値はIMFの推定値。
World Economic Outlookには名目の購買力平価しか示されていないので、アメリカの消費者物価指数により2015年価格の実質購買力平価GDPの系列を作っている。
出所）Angus Maddison HP, IMF, World Economic Outlook Database, April 2015

ではないが、停滞しているヨーロッパと比較して安心してよいとは言えない。

日本経済はなぜ停滞したのか

では、日本経済はなぜ停滞したのか。日本経済の長期停滞の要因については、以下のような点が指摘されている。

① バブルとその悪影響
② 銀行システムの劣化
③ 非効率
④ 人口減少
⑤ 金融政策（円高を含む）

結論を先に言うと、金融政策の失

敗がその最大の理由だと考えている。そこで以下では、まず①〜④について検討し、それぞれの要因によって必ずしも日本経済に長期停滞がもたらされたのではないことを説明する。そして最後に、⑤金融政策の失敗がいかに日本経済を停滞させたのかを解説する。

バブルとその悪影響？

まず、「バブルとその悪影響」という議論である。

バブルとバブル崩壊が経済に悪影響を与えるのは、いわば当たり前のことである。実際、バブル崩壊後に金融危機が起きた国は日本だけではない。ともにハーバード大学のカーメン・ラインハート教授とケネス・ロゴフ教授は、戦後大きな金融危機を経験した先進国は5つ、マイルドな危機を経験した国は13カ国あるとして、それぞれの国の危機前後のGDP成長率の推移を比較している（Carmen Reinhart & Kenneth Rogoff,This Time Is Different: Eight Centuries of Financial Folly, Chapter 13, Table 13.1,Princeton University Press, 2009）。

図2−3は、横軸の0（ゼロ）点を金融危機の起きた時点として、その前後のGDP成長率の推移を示している。例えば、マイルドな危機を経験した国々は、危機後に経済成長

図2-3 経済危機前後のGDP成長率の推移

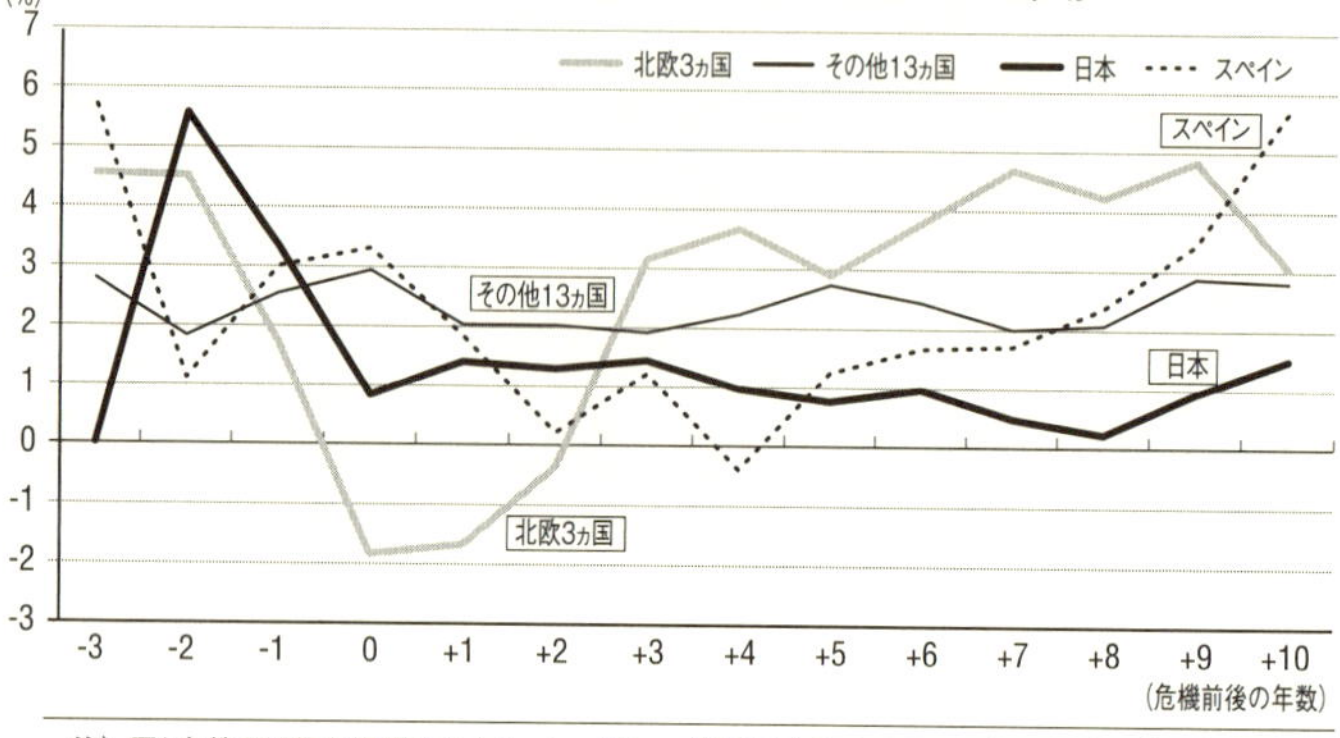

注）国と危機の時期の選択は Reinhart and Rogoff (2009) Tabe13.1 による。日本の成長率は変動が大きいので5年平均を示している。

出所）IMF, International Financial Statistics.

率は約1％ポイント下がるが、その後数年で元に戻っている。大きな金融危機を経験した5カ国のうちのスカンジナビア3カ国（平均）は、危機前の高い成長率から急激にマイナス成長に落ち込んだものの、数年後には高い成長率に戻っている。それに対して、日本は、経済危機後も、それ以前の高い経済成長率に戻ることなく推移している。

戦後、先進国は18回の金融危機を経験しているので、危機を経験するということ自体は、さほど特殊なことではない。そのよくある危機を日本も経験し、日本だけが元の成長率に戻らなかった。危機を経験したということでは日本は先進国の中で平均的に愚かなだけだったが、危機から長期に脱却できないということではもっとも愚かだった。

銀行システムの劣化?

第2に、銀行システムの劣化が長期停滞の原因であるという議論である。経済にとって銀行は重要であり、銀行が不良債権を抱えたために経済に悪影響を与え、長期停滞を招いているという議論である。

もちろん、不良債権の処理は必要なことである。銀行が不良債権を隠していたら、帳簿を誤魔化していることになる。不良債権は処理するしかない。

しかし、銀行の不良債権さえ処理すれば、すべてが上手くいくのかといえば、そうとは思えない。そもそも不良債権処理がなぜ必要かといえば、不良債権があると、銀行の自己資本が減って貸出ができなくなり、その結果として経済が悪くなるというメカニズムがあるからである。

問題は、そのメカニズムが経済にどれほど大きな影響を与えるのか、ということである。**図2－4**は、鉱工業生産指数と銀行貸出の動きを見たものだが、1998年以降、銀行貸出が趨勢的に低下しているなかで、景気変動によって鉱工業生産は増減を繰り返していることがわかる。また、小泉政権の2001年末ごろから景気が拡大しているが、その間も

図2-4 鉱工業生産指数と銀行貸出の動き

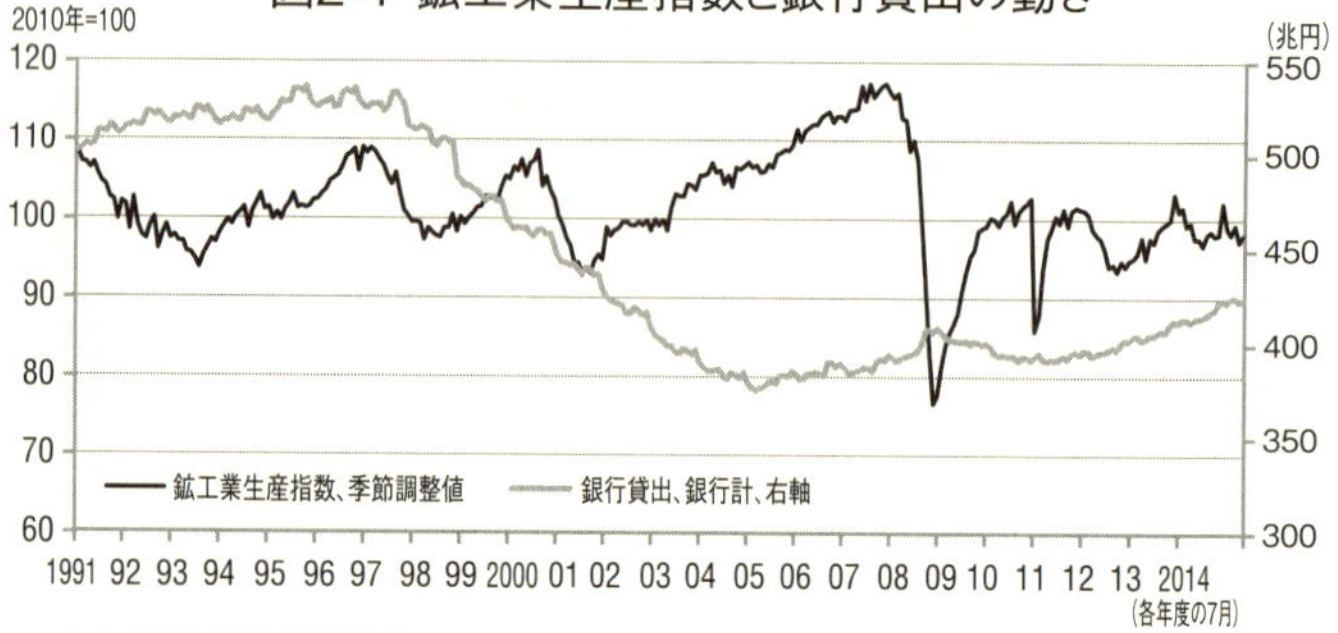

出所）経済産業省「鉱工業生産指数」、日本銀行「貸出・資金吸収動向等」

銀行貸出は減少し、増加し始めたのは２００５年の末、４年もたってからである。

銀行貸出と経済成長との間に何の関係もないとするのは言い過ぎだが、銀行の不良債権を処理して銀行貸出が増えれば経済はよくなるとか、銀行貸出が増えなければ景気は回復しないと考えるのはおかしい。大企業は資本市場から資金を調達でき、長期的な効率の問題はあるが、中小企業は公的機関から資金を調達できるからである。

マネタリーベースと生産の関係

図２−５は、銀行貸出と生産の関係を示している。図の細い線は普通のマネタリーベースで、濃い細い線は普通のマネタリーベースから特別貸出を引いたものである。「特別貸出」とは、１９９７年の大手銀行や証券

図2-5　マネタリーベースと生産

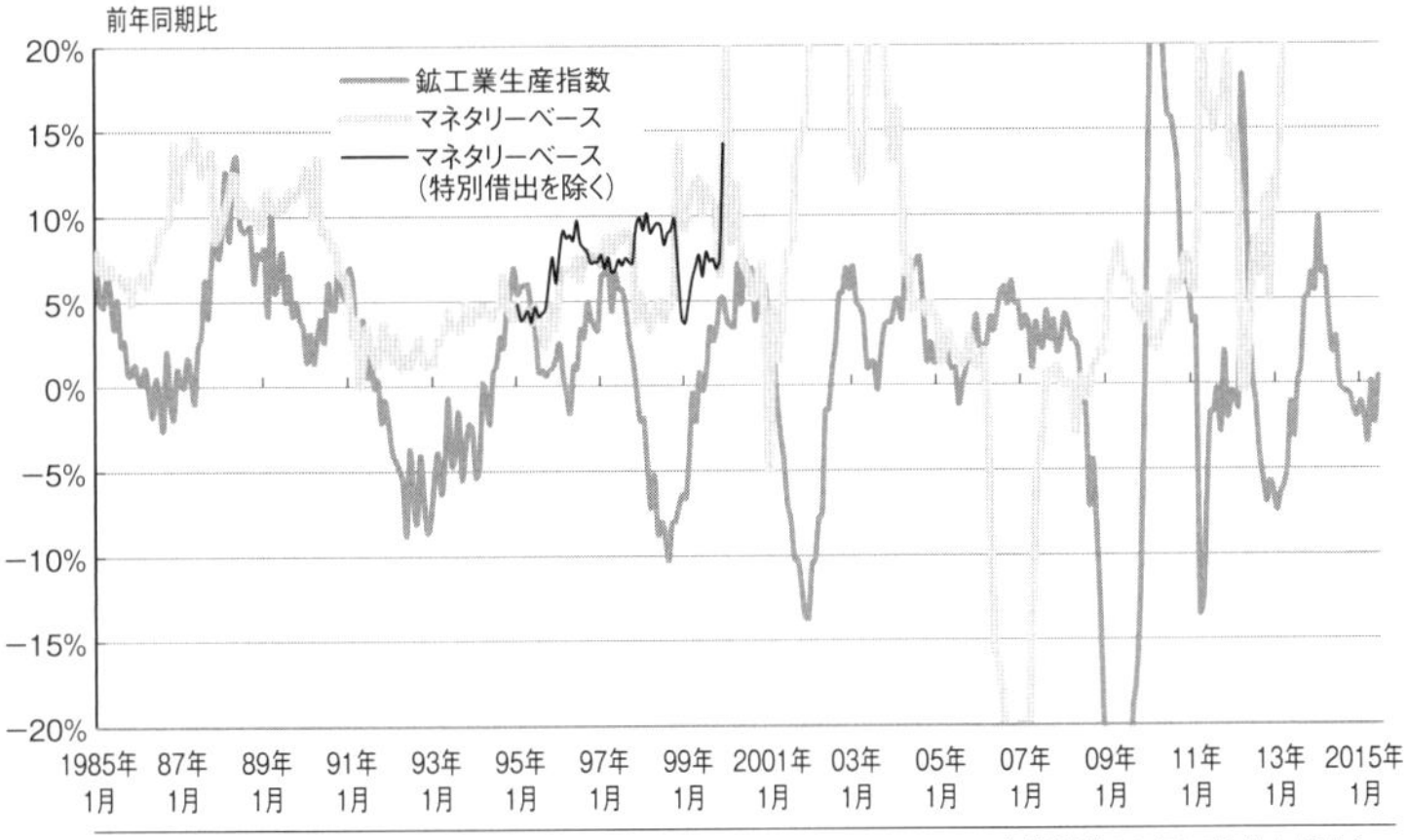

注）マネタリーベース、特別借出を除くとはマネタリーベースから日本銀行法38条に基づく金融システムリスクを避けるための日銀借入を差し引いたもの。
出所）日本銀行、経済産業省

会社の破綻を受けて、預金保護のために行なわれた貸出のことで、マネタリーベースとしての本来の機能を持たないので、その分は除かなければならないからである。また、濃い太い線は工業生産を示しているが、普通のマネタリーベースから特別貸出を差し引いた線とは、1997年から99年において、うまく連動していることが見てとれる（このことに最初に注目したのは松岡幹裕「誰も指摘しない意図せざる金融引締め」『ダイヤモンド』2000年7月8日号）。

また、2001年からマネタリーベースが増えて、それに応じて生産も増えている。つまり、2000年の量的緩和政策は効果があったことは明らかである。

さらに、量的緩和政策をやめた2年後には工業生産は再び悪化する。2年間のタイムラグがあるので、この図だけから量的緩和政策の解除と鉱工業生産の低下に関係があるというのは難しいかもしれないが、量的緩和政策が生産に影響を与えたことは厳密な実証分析でも明らかにされている（原田泰・増島稔「金融の量的緩和はどの経路で経済を改善したのか」吉川洋編『デフレ経済と金融政策』慶應義塾大学出版会、２００９年）。金融政策が経済に大きな影響を与えたことは確かである。

日本経済は非効率になったのか

日本経済は非効率になったから成長率が落ちたという議論が盛んになされている。**表2－1**を見ると、バブルの時（１９８５～90年）の実質ＧＤＰ成長率は５％で、その内訳をみるとＴＦＰの寄与が１・９％、資本の寄与が２・２％、労働の寄与が０・９％となっている。ちなみに、ＴＦＰ（Total Factor Productivity）とは、生産の増加のうち、労働や資本の増加で説明できない増加分で、「技術進歩の進捗率」を示すものである。

一方、バブル後の１９９０～95年の実質ＧＤＰ成長率は１・４％に低下し、同じ時期に資本の寄与は１・７％と０・５％低下、労働の寄与は０・１％と０・８％低下しているが、

表2-1 成長会計

	実質GDP成長率	TFPの寄与	資本の寄与	労働の寄与	生産性上昇率
1955–60	8.8%	4.3%	2.8%	1.7%	5.9%
1960–65	9.2%	5.4%	4.0%	-0.2%	9.1%
1965–70	11.1%	5.9%	4.5%	0.7%	9.5%
1970–75	4.5%	1.7%	3.6%	-0.8%	5.6%
1975–80	4.4%	1.3%	2.2%	0.9%	2.9%
1980–85	4.3%	1.5%	2.2%	0.6%	3.3%
1985–90	5.0%	1.9%	2.2%	0.9%	3.6%
1990–95	1.4%	-0.2%	1.7%	0.1%	1.5%
1995–00	0.8%	0.5%	1.1%	-0.8%	2.1%
2000–05	1.2%	2.2%	0.4%	-1.4%	3.3%
2005–10	0.3%	-0.2%	0.5%	0.1%	0.3%
2010–14	0.7%	0.2%	0.5%	-0.1%	0.8%

注）資本ストックは民間企業資本ストック（進捗ベース）、労働は常用雇用指数×労働時間指数
1969年以前の労働時間は製造業、70年以降は調査産業計、1969年以前の雇用指数は就業者数
労働分配率は0.667を仮定

出所）内閣府「国民経済計算」、厚生労働省「毎月勤労統計調査」、総務省「労働力調査」

TFPの寄与はマイナス0・2%と2・1%も低下しているのでTFPの低下によって、TFPの低下によって成長率は低下した。つまり、日本の実質GDP成長率が低下したのは、経済が非効率になったからであるという議論である（多くの論文があるが、最初にこう指摘したのは、Edward Prescott, "Some Observations on the Great Depression," *Federal Reserve Bank of Minneapolis Quarterly Review*, Vol. 23, No.1, 1999.）

しかし、仮にその議論が正しいとすると、バブルのときに成長率とTFPが上昇しているので、バブルによって経済効率が上がったということになる。すると、バブルが再び起きれば経済効率は高まるという「バブル待望論」になるが、バブルを起こすべきではないというのが一

般の理解だろう。

要するに、効率の問題を考えるときには、バブルの時期を除いて考えなくてはならない。つまり、バブル以前の時期の実質ＧＤＰ成長率をＴＦＰと資本と労働の寄与に分け、それをバブル崩壊後の正常な時期とを比較すべきである。

そこで、バブル以前の１９８０〜85年と、バブル崩壊後5年経った１９９５〜２０００年を比較してみると、実質ＧＤＰ成長率は４・３％から０・８％に低下しているが、ＴＦＰの寄与は実質ＧＤＰ成長率は４・３％から０・８％に低下しているが、ＴＦＰの寄与は１・５％から０・５％と１・０％ポイント低下し、資本の寄与は２・２％から１・１％へと１・１％ポイント低下し、労働の寄与は０・６％からマイナス０・８％へと１・４％ポイントも低下している。なお、同じ時期の労働生産性上昇率を見ると３・３％から２・１％へと１・２％ポイント下がっている。

要するに、ＴＦＰと資本と労働の寄与が同じ程度（労働がやや大きいが）に低下したために、日本の実質ＧＤＰ成長率が低下したということである。そして、資本と労働の寄与が落ちたのは、不景気で投資せず、人を雇わなかったからである。もちろん残業も減っている。

日本の労働生産性は落ちていない

一方で、労働生産上昇率はほとんど落ちていない。1980〜85年の2・5%から1990〜95年は1・6%、1995―2000年は2・1%で、しかも小泉・竹中改革の時（2000〜05年）は3・3%も上昇している。バブル崩壊後の日本の労働生産性は平均2%で増えているのである。高度成長期に比べればもちろん低下しているが、2%という数字はアメリカと同じ水準であり、決して低くはないということである。

2013年5月末に内閣府が、ノーベル経済学賞を受賞したJ・スティグリッツやJ・サックス、リチャード・クーパーなどの世界の著名な経済学者を集めて、アベノミクスに関する国際コンファレンスを開催したが、講演でサックスは「日本の労働生産性上昇率は2%」と指摘していた。日本の労働生産性上昇率が高いことは世界的に知られているのに、日本人だけが知らないのは何とも不思議なことである。

ちなみに、日本の労働生産性上昇率とほぼ同水準（2%）のアメリカがなぜ3%の経済成長をしているのかと言えば、労働が1%増えているからである。一方、日本は労働が減っているから2%成長できない。これは、人口が減っているからではなく、働きたいのに

図2-6　実質GDPと労働時間当たりの実質GDP

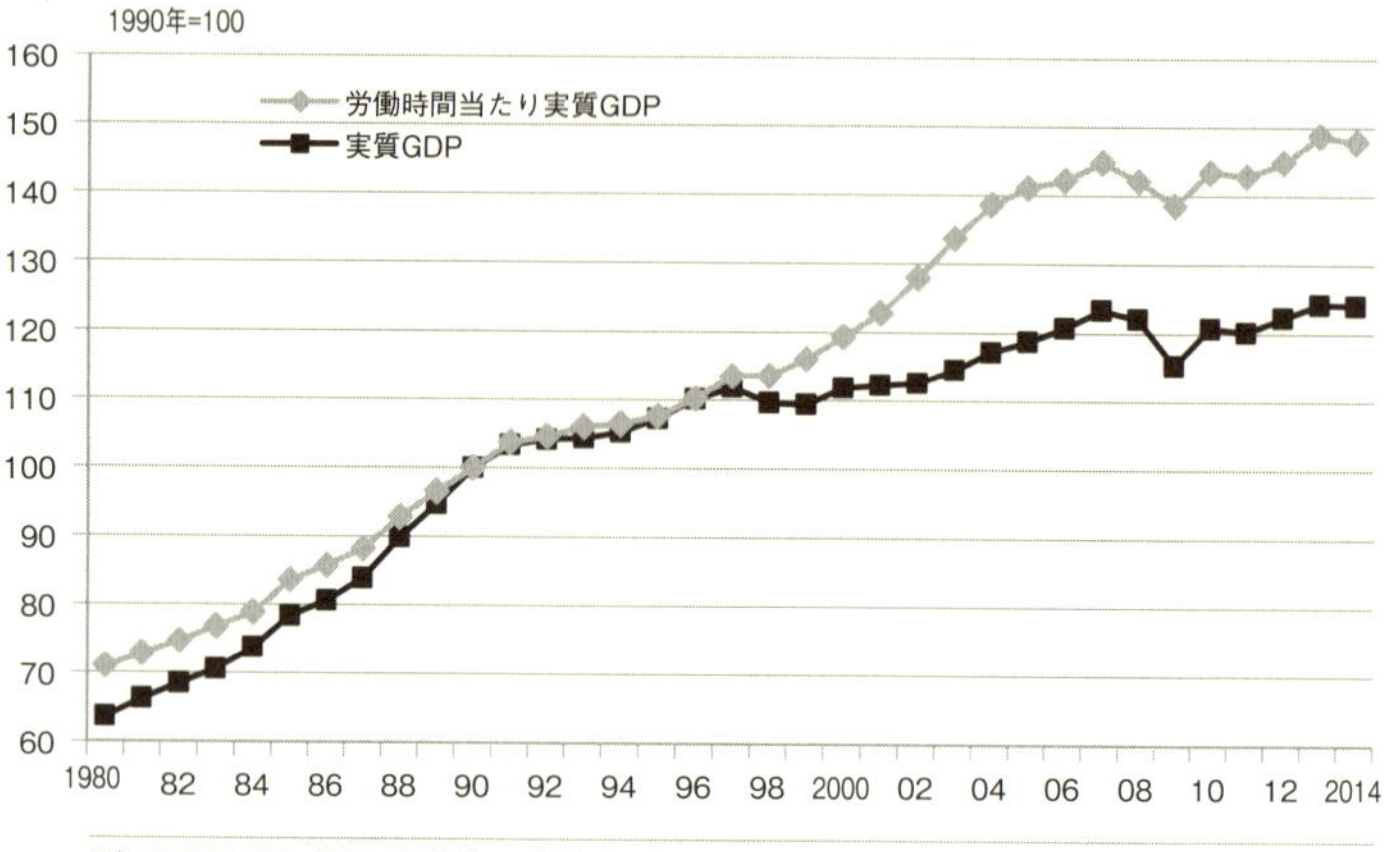

注）総労働時間＝常用雇用指数 × 労働時間指数
出所）内閣府「国民経済計算」、厚生労働省「毎月勤労統計調査」

働けない人（つまり失業者）が増えているからである。

さらに、1990年を100として、実質GDPと労働時間当たりの実質GDPの推移をみた**図2－6**からも、労働生産性上昇率は低下していないことがわかる（この図は、ブルッキングス研究所のハリー・ボツワース氏とハーバード大学のデール・ジョーゲンソン教授によって最初に示された）。実質GDPは現在123・1だが、労働時間当たりの実質GDPは145・8なので、労働投入が落ちなければ、実質GDPは現在より18％も増えていることになる。

日本は80年代後半から構造改革を続けてきた

日本は非効率になったと主張する人が多いが、実際には、日本は1980年代後半から構造改革を続けてきた。

1985年に日本電信電話公社を民営化し、87年には国鉄を分割民営化している。また、1987年まで80%だった所得税の限界税率を現在の50%にまで引き下げて、豊かな人々の労働意欲や投資意欲を高めている。

大規模小売店舗法（旧大店法）が廃止され、東京と大阪に工場や大学の設置を禁止した工場等制限法も廃止された。労働規制も緩和され、派遣労働がかなり自由になっている。郵政も一応は民営化されることになっている。さらには、航空の規制緩和が進められた結果、JALが倒産し、筋肉質の新生JALが誕生した。格安航空会社が参入して、航空料金も下がっている。電力についてさえ、きわめて不十分ではあるが、すでに規制緩和が行なわれている。

これだけ構造改革を進めているのに、日本経済はバブル崩壊後20年以上にわたって停滞を続けている。つまり、日本経済は非効率で構造改革をしないと成長率は戻らない、という見解はおかしい。構造改革との関連で言うならば、むしろ、1980年代後半から90年代にかけてさまざまな構造改革を行なったために日本経済は悪くなってしまったという議論にしなければならないはずだ。なお、誤解のないように付け加えておくが、私はもっと規制緩和すべきだと考えている。

時短は停滞の一因

日本の経済学者は、どの構造改悪で日本経済の成長率が低下したのか、何も説明できていないが、2004年にノーベル経済学賞を受賞したアメリカの経済学者エドワード・プレスコットは、1980年代まで週44時間労働だったものが、完全週休2日制になり週40時間労働になったことに日本の経済停滞の原因があると指摘している(前掲のPrescott論文)。つまり、労働投入の減少が経済停滞の原因だということである。バブルのころ、日本はやがて世界一の経済大国になると言われ、世界中から「日本は働き過ぎ」と言われていた。そこで、欧米先進国にならって土曜日も休日として週40時間労働にしたという経緯がある。

プレスコットによれば、「労働時間が10%減少したのだから、GDPが減少するのは当たり前」なのである。これはきわめて単純な議論であり、説得力もあるように思われる。しかし、残業代を支払えば週44時間労働とすることは可能である。つまり、労働時間を1割削減したのではなく、時給を1割上げたというのが週40時間労働の意味である。そして、賃金を上げたときにバブルが崩壊して不景気になり、利潤が削減されて雇用と投資が減ったことが「失われた20年」の始まりである。

また、日本の構造改革は他国と比べると不十分だという議論もある。確かに、不十分かもしれないが、ドイツやフランスと比較すると、構造改革が進んでいないというわけではない。

さらに、日本には成長戦略が欠けているという議論もある。もちろん、規制緩和という成長戦略であればその通りかもしれないが、民主党型成長戦略である特定産業助成はむしろ逆効果である（自民党でもたいして変わらないことになるのではないか）。

例えば、再生エネルギーでは、太陽光発電より風力発電のほうが安いのにもかかわらず、太陽光発電の買い取り価格が高く、風力発電の買い取り価格が低いので、本来的にコストが安い風力発電ではなく、本来的にコストの高い太陽光発電にシフトしてしまうという現象が起きている。これは日本の産業を救うための政策であると百歩譲って認めるとしても、結果としては中国から安価な太陽光パネルが入ってしまっているので、何のための政策な

表2-2 人口増加率の変化

	総人口	生産年齢人口（15〜64歳）	以前5年間との差 総人口	以前5年間との差 生産年齢人口（15〜64歳）
1970–75	1.5％	1.2％		
1975–80	0.9％	0.8％	-0.6％	-0.4％
1980–85	0.7％	0.9％	-0.2％	0.1％
1985–90	0.4％	0.9％	-0.3％	-0.1％
1990–95	0.3％	0.3％	-0.1％	-0.6％
1995–00	0.2％	-0.2％	-0.1％	-0.5％
2000–05	0.1％	-0.5％	-0.1％	-0.3％
2005–10	0.0％	-0.6％	-0.1％	-0.2％
2010–14	-0.2％	-1.2％	-0.2％	-0.6％

出所）国立社会保障・人口問題研究所「社会保障統計年報」「日本の将来推計人口　平成23年1月推計（中位推計値）」、厚生労働省「人口動態統計」

のかわからない。このような政策で成長力が高まるはずはない。

慶應義塾大学の竹中平蔵教授が指摘するように、成長戦略の「1丁目1番地」は規制緩和だということである。

人口減少・高齢化の影響か

次に、人口減少と高齢化が日本経済の長期停滞を招いているという説についてだが、これは確かにありうるかもしれない。

表2−2で、生産年齢人口（15〜64歳）を見ると、1985〜90年は0・9％、1990〜95年は0・3％だが、それ以降はマイナスに転じ、1995〜2000年はマイナス0・2％、2000〜05年はマイナス0・5％になっている。したがって、バブル崩壊後G

DP成長率が（1985～90年と1990～95年を比べて）0・6％減少するのはやむを得ないかもしれない。しかし、それは0・6％のマイナスである。バブル期の4・5％成長から1・5％成長になってしまったことは（前掲の表2－1）、人口減少では説明できない。

金融政策とデフレの影響

最後に、金融政策についてである。

かつて日本銀行（日銀）は、金融政策で物価は決まらないと言っていた。しかし、黒田東彦総裁になって以降、金融政策が物価を決めるのは当たり前だということになり、もはやそれに反論する人もいないと思われる。

ところで、消費者物価上昇率と失業率の間には、物価が下がると失業率が増えるという関係があることが知られている。いわゆる「フィリップスカーブ」で、1980年から現在までのデータをプロットしてみると図2－7のようになる。この図から、物価上昇率が約2％になると、失業率はそれ以上下がらず、むしろ物価が上がるだけになってしまうことがわかる。これはまた、物価上昇率が約2％であれば、失業率は2～2・5％に収まる

図2-7 フィリップスカーブ（1980〜2015年）

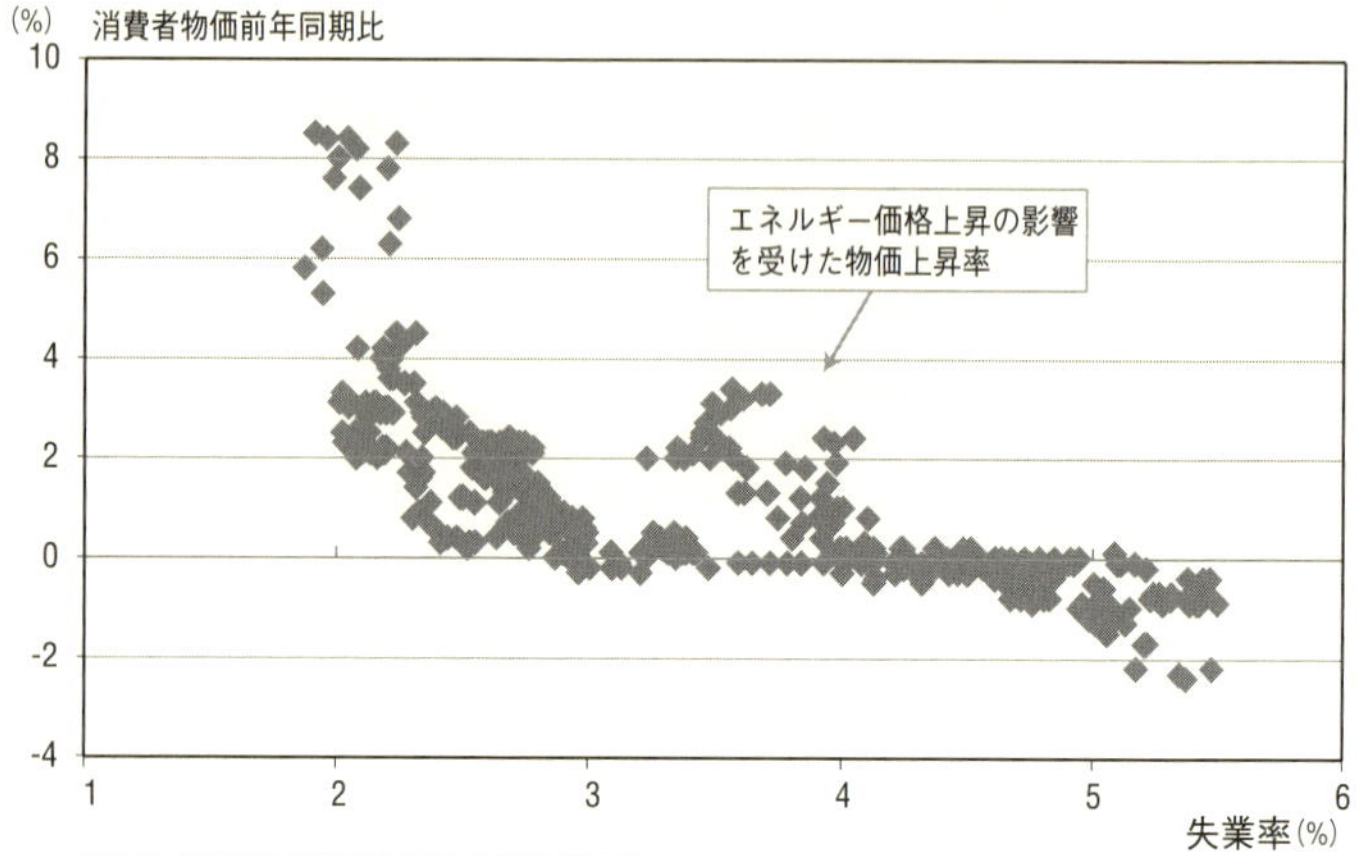

注） 失業率=失業者÷労働力人口、季節調整値
出所） 総務省「労働力調査」「消費者物価指数」

ということで、したがって、2%という物価上昇率目標が掲げられているのである。

安倍政権が登場する直前の日本の失業率は4・2〜4・3%だったが、実は、雇用調整助成金制度によって失業率を無理やり下げている面があった。雇用調整助成金制度とは、企業が労働者を解雇しない見返りとして助成金を与える制度である。これを考慮すると、日本の実質失業率は約5%と思われるので、2%程度の物価上昇率が実現されれば、失業率は約2・5%まで、つまり2・5%ポイント下がると考えられる。

さらに、失業率の変化と実質GDPの変化の間には、失業率が低下すれば実質GDPが増えるという関係（「オークン法則」）があることがわかっている。図2－8のよ

図2-8 オークン法則(2000〜2015年)

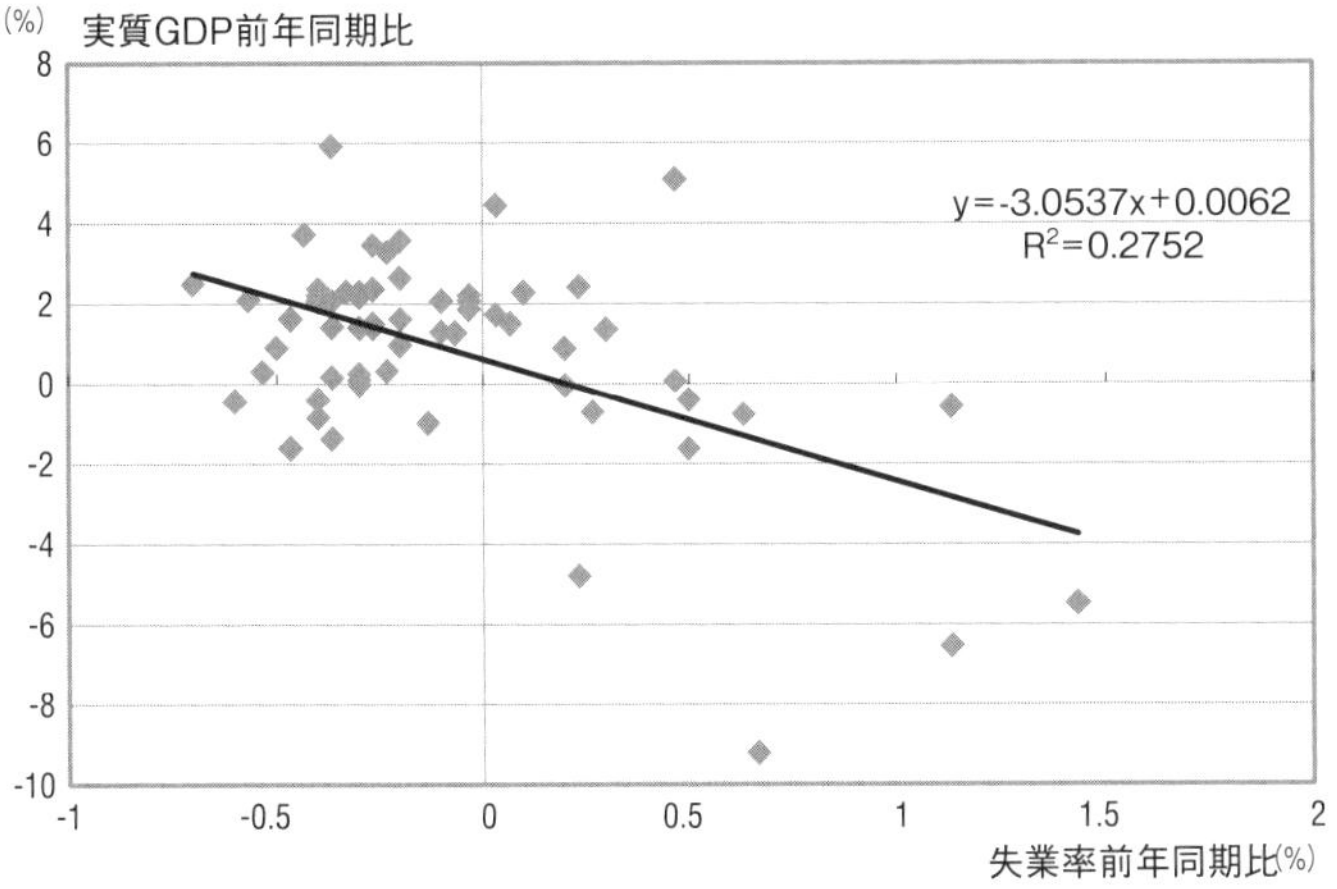

注) 季節調整値
出所) 内閣府「国民経済計算」,総務省「消費者物価指数」

うに、2000年から2013年のデータでオークン法則を見ると、傾きが3になっている。すなわち、失業率が1%下がるとGDPが3%増大する。つまり、失業率が2・5%ポイント下がれば実質GDPは7・5%増えるということである。

1990年から現在までの実質GDPの平均成長率は約1%だから、GDPが7・5%増えるとは、今後5年間、毎年1・5%ずつ余計にGDPが上昇するということである。今後5年間で失業率が2・5%まで下がれば、年間の実質GDP成長率は1%に1・5%足して2・5%になる。2・5%のGDP成長率が現実のものとなれば、安倍政権は少なくとも5年間は続くのではないだろうか。

7・5%増大するというのが過大な推計だという人も（金融緩和に反対してきたエコノミストはそう言うだろう）、過小な推計だという人もいるが、仮に5%増大しても、今後5年間の実質経済成長率は2%になるということである。

実は明治以来、日本で5年間以上総理の座にいることができたのは、伊藤博文、桂太郎、吉田茂、佐藤栄作、小泉純一郎の5人しかいない。中曽根総理は5年間に18日だけ足りなかった。つまり、安倍総理は、金融政策が問題だということに気づいただけで大宰相になる可能性があるということである。

日本だけが金融引き締め

リーマンショックの後も、日本は消極的な金融政策を行なっていた。**図2-9**は、主要国のマネタリーベースの推移を表したものだが、2008年9月のリーマンショック以降、イギリス、アメリカ、ユーロ圏だけではなく、韓国も中国も大幅な金融緩和に踏み切っているが、日本だけが金融を緩和していなかったことがわかる。

2013年4月以降、黒田日銀総裁のもとで「異次元緩和」が行なわれていると話題になっているが、リーマンショック直後にアメリカが行なった大幅な金融緩和を5年遅れで

図2-9 主要国のマネタリーベース

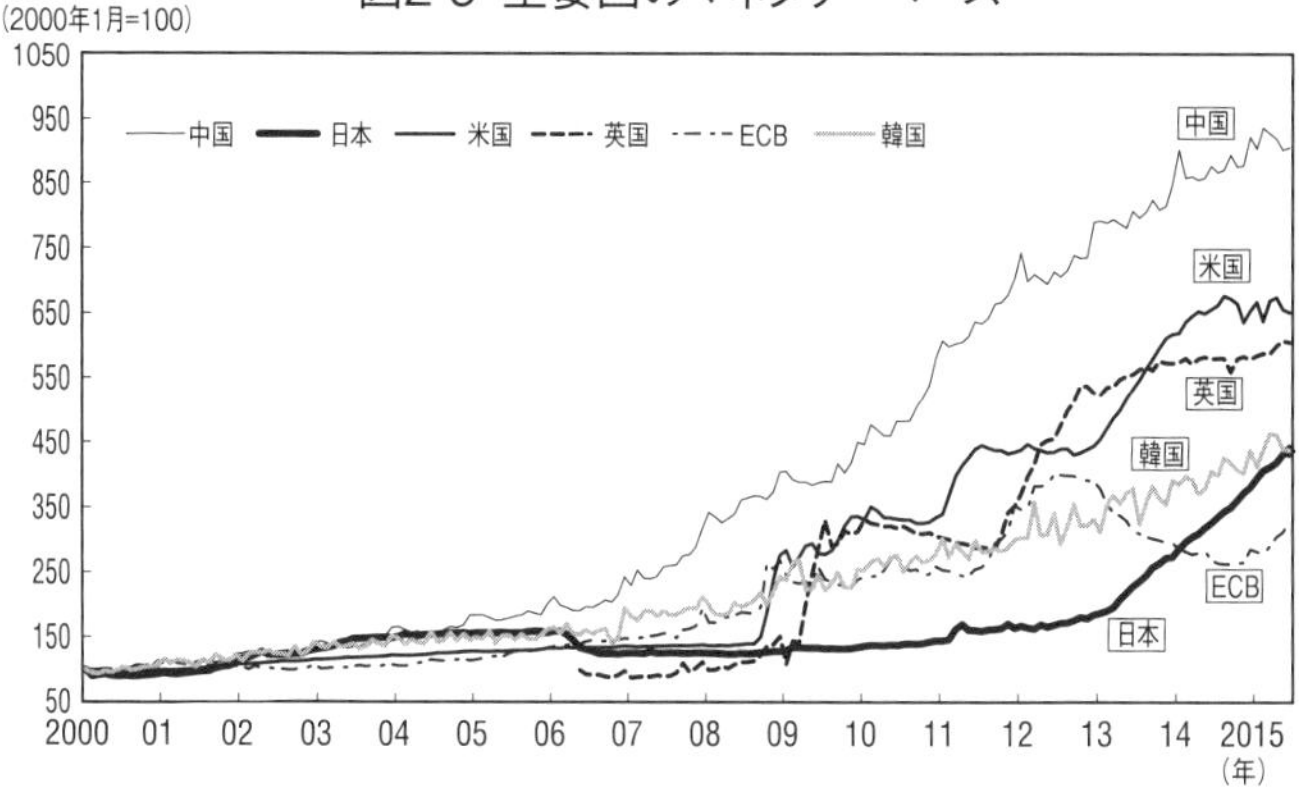

注) ユーロ圏はECBの資産。イギリスはデータが接続していないので2006年5月を100とした。
出所) 中国人民銀行、日本銀行、FRB、BOE、ECB、BOK、CEICデータから丸三証券作成

行なおうとしているだけだ。「異次元」というよりは、アメリカで実証済みの政策を遅ればせに実施しようとしているにすぎない。

他の国が大幅な金融緩和を行なっているのに日本だけが金融を引き締めていれば、当然円高になる。為替レートとは各国の通貨と通貨の交換比率なので、「円高」は当然の帰結だった。円高になれば輸出が減り、鉱工業生産も低下する。**図2-10**で、主要国の鉱工業生産指数の動きを見ても、日本の下落幅が最も大きく、回復も遅いことがわかる。

さらに、主要国の株価の動きを**図2-11**で見ても、他の国々がリーマンショック以前の水準を回復しているのに、日本だけが低迷していることがわかる。マネーの停滞が円高と株安を招き、それがデフレを招いて、さらな

図2-10 主要国の鉱工業生産指数

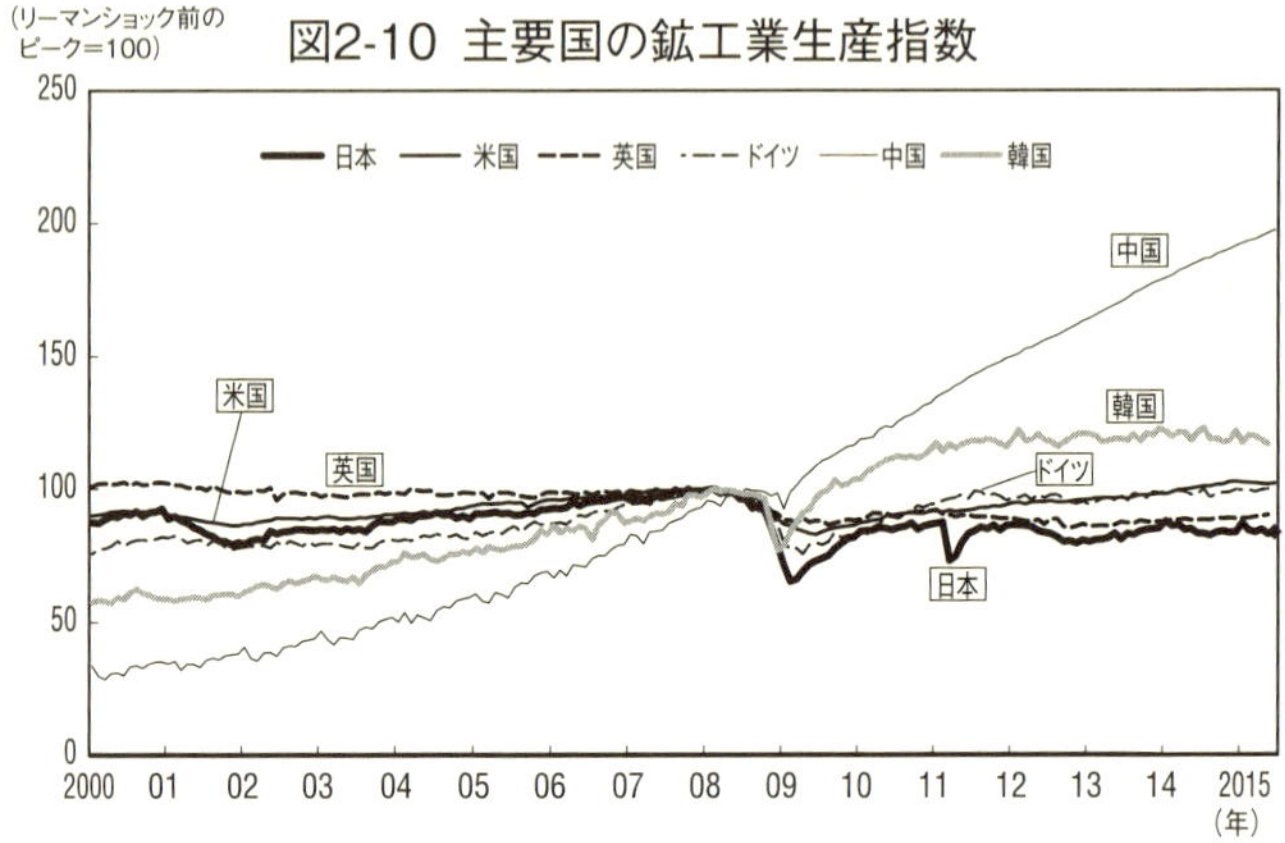

注) リーマンショック前のピークを100として算出。
出所) 財務省、FRB、各国統計局、CEICデータから丸三証券作成

図2-11 主要国株価の推移

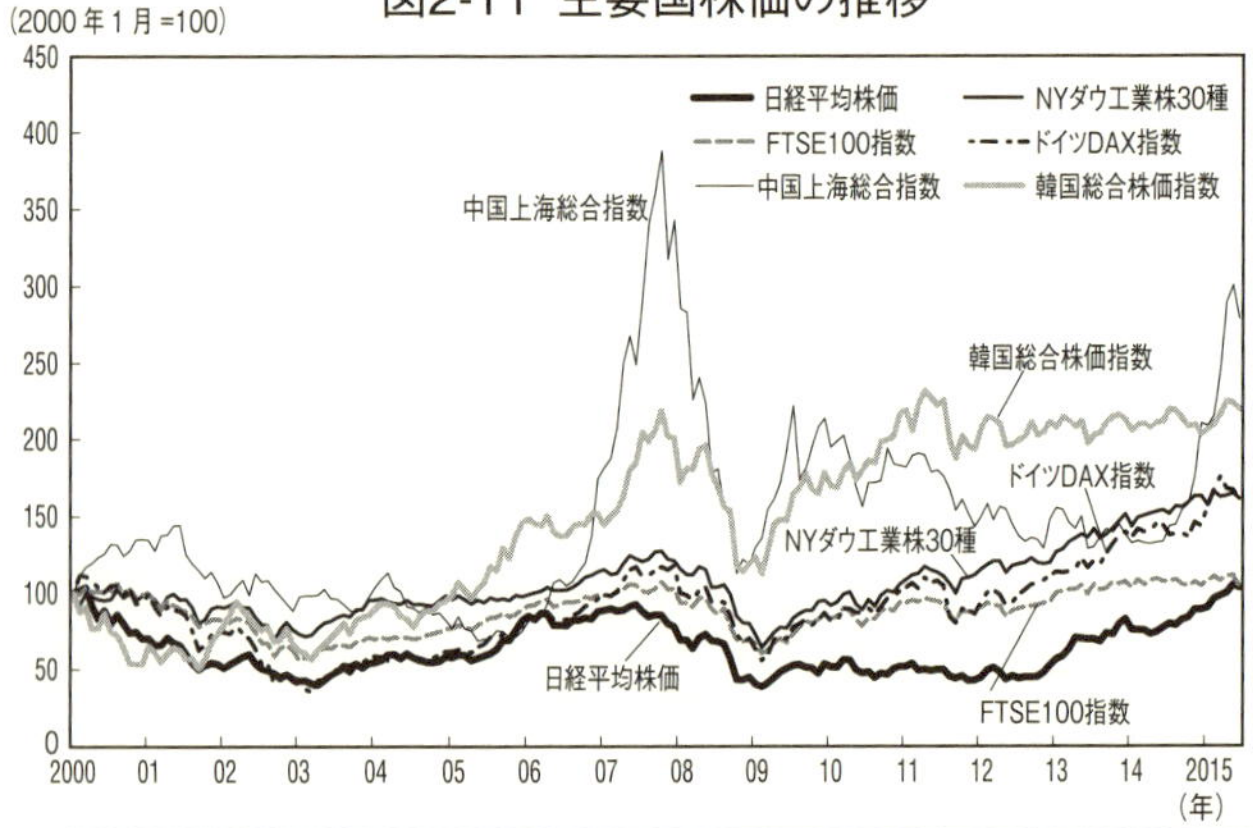

出所) Bloombergデータから丸三証券作成

る円高と株安になるという悪循環が繰り返されたのである。
しかし、アベノミクスの大胆な金融緩和で、鉱工業生産指数や株価がようやく上昇傾向に転じている。

金融政策の「長期的な中立性」と大停滞の「金融政策失敗説」

経済学者は「金融政策の中立性」を主張する。しかし、ここで言う「中立性」とは、「金融政策は物価・為替・名目GDPに影響を与えることができる。しかし、生産・雇用・実質GDPには、短期的には影響を与えることができるが、長期的には影響を与えることができない」という意味である。白川方明前総裁のもとでの日銀は、「金融政策は物価にも為替にも影響を与えることができない」と言っていたが、このような意味で「中立性」を説く金融理論は世界中どこを探しても見当たらない。世界中の経済学者が言う「金融政策の中立性」とは、「金融政策は為替と物価には影響を与えるが、実質GDPには長期的には影響を与えない」ということである。

結論を言えば、1990年代以降の経済停滞のかなりの部分は、金融政策の失敗が繰り返されたことによって引き起こされた。個々の金融政策の失敗は短期的な影響しか与えないとしても、それが繰り返されれば長期的にも影響を与えることになる。

バブル崩壊後の1990年代央に円高になったとき、金融政策で何の手当ても行なわれなかった。これが第1の失敗である。バブルで大幅な借り入れを行なったあとデフレになれば、実質債務が増大してしまうのは明白であり、円高にしてはいけなかった。

1997年11月には金融機関の連続倒産が起き、日銀は約4兆円の特別融資を実施した。同時にマネタリーベースを一定に維持していたので、13カ月間もの長期間にわたって「意図せざる金融引締め」を行なってしまった。これが第2の失敗である。

2000年にはゼロ金利解除を行なったが、あの時点でゼロ金利解除をすることはなかった（第3の失敗）。そして、2006年の量的緩和の解除もまったくの誤りだった（第4の失敗）。さらには、2008年のリーマンショック後の円高に対して何もしなかった（第5の失敗）。リーマンショックの震源地はアメリカなのに、アメリカのGDPは過去最高水準に戻り、株価も最高水準を記録した。日本はGDPも株価も戻っていない。

このように日銀の金融政策は、1990年代央以降、約3年に1回のペースで失敗している。1回失敗すると、それによって2～3年は実質GDPが減少するので、金融政策の失敗を繰り返していれば、長期的にも経済が悪化するのは十分にあり得ることである。

そして、「黒田日銀」の「異次元金融緩和政策」が成功すれば、金融政策の失敗によって長期経済停滞がもたらされたという「金融政策失敗説」が立証されることになる。

マネーの供給量を増大すれば、2％成長を実現できる。こんな単純な事実にこれまでなぜ政治家が気づかなかったのか。それは、金融緩和をすれば長期的には金利が上がり、大量の国債を抱えた一部の銀行が困難な状況に陥ることを心配しているからである。仮にそれが事実だとしても、先送りすることは間違っている。このままデフレを続けていれば、銀行は貸出先がなく、ますます大量の国債を保有するしかなくなってくるからだ。したがって、デフレからの脱却は、どんな場合でも、今行なうことが正しいのである。

(本稿の図表は丸三証券の岡崎圭一氏に作成していただいた。)

本章は2013年に作成したものであり、あくまでも当時の筆者個人の見解を示すものである。

検証3　社会資本

行政改革、構造改革と社会資本

真鍋雅史
嘉悦大学ビジネス創造学部准教授

はじめに

1989年12月29日に日経平均株価は38915円87銭という史上最高値で同年の取引を終えた。しかし、翌90年1月以降日経平均株価は急落した。バブル崩壊の始まりである。2003年4月28日には日経平均終値で7607円88銭を記録し、その後一時的に浮揚するものの、リーマン・ショックのあおりを受けて2009年3月10日に7054円98銭まで下落した。現在（2016年2月）は1万7000円～1万9000円を推移している（図3－1）。

また、日本の名目GDPの推移（図3－2）を見ると、バブル崩壊後の25年間は名目GDPがほとんど成長していないことがわかる。これが、いわゆる「失われた10年」、「失わ

図3-1　日経平均株価の推移

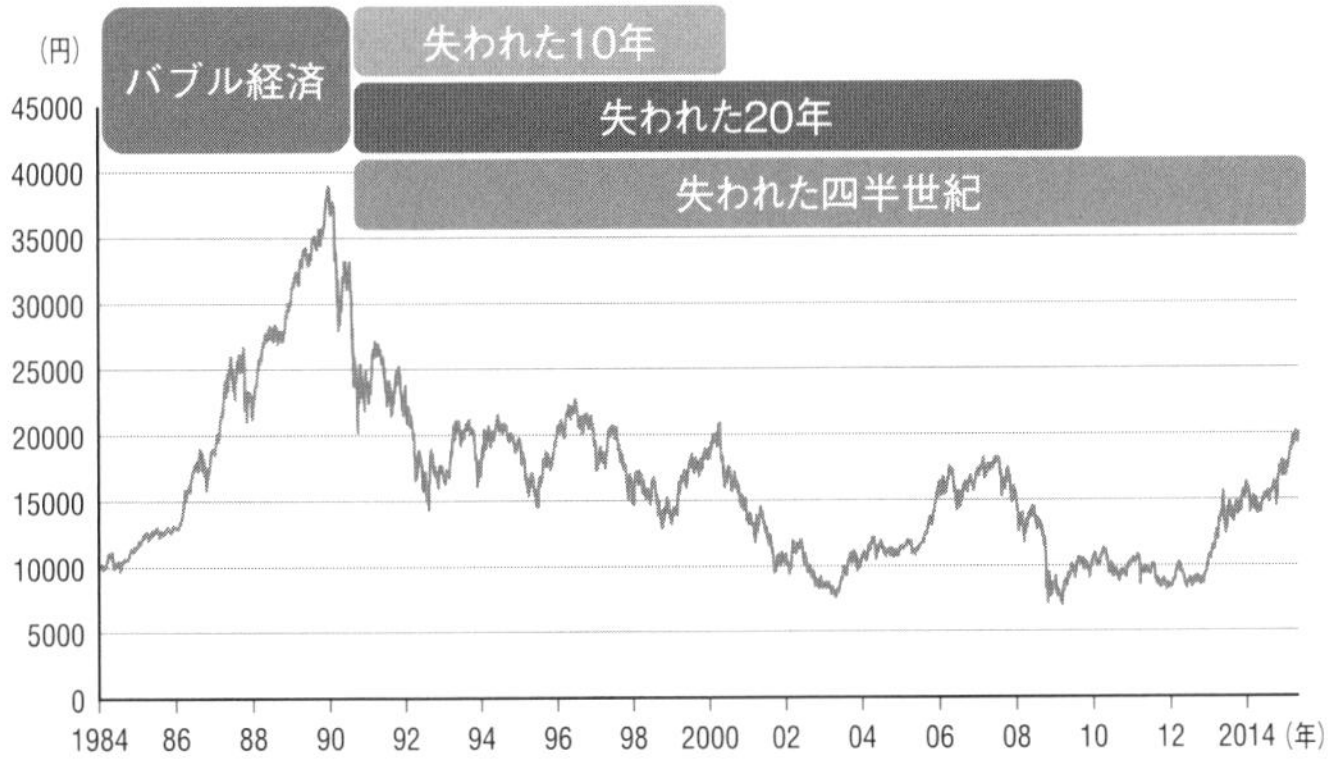

出所）「Yahoo!ファイナンス」より作成

れた20年」そして「失われた四半世紀」と言われるゆえんである。この間に米国の名目GDPは2・8倍、中国の名目GDPは29倍（人民元ベース）に増加している。

バブル崩壊の原因についてはさまざまな点が議論されているが、1989年末を境にした株価下落のきっかけは、80年代の資産価格バブルに対して出された二つの大蔵省通達（1989年12月の大蔵省証券局通達「証券会社の営業姿勢の適正化及び証券事故の未然防止について」と、1990年3月の大蔵省銀行局長通達「土地関連融資の抑制について」）と指摘されている。これに呼応するかたちで日本銀行は、金融引き締め政策に転換し、その後も継続することになる。

図3-2　日本の名目GDPの推移

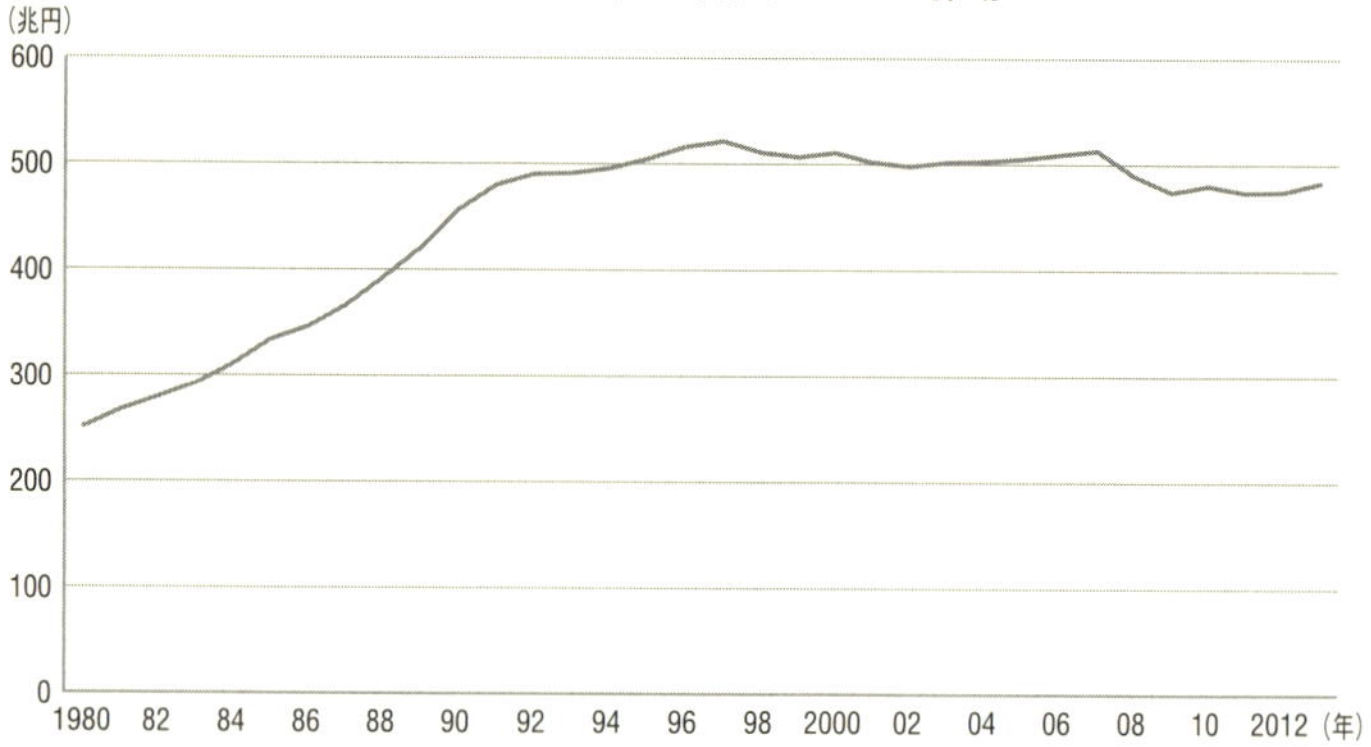

出所）内閣府『国民経済計算』

　そのような背景もあって、バブル崩壊直後の90年代のマクロ経済政策は、主に財政政策による経済復調を目指した。バブル崩壊前の1989年を100として財政政策と金融政策の動向を示した**図3－3**を見ればわかるように、1990年以降2001年までは財政政策に重点が置かれていた。自民党政権は財政政策（具体的には公共投資）に関する利権と深く結びついていたこともあって、財政政策は大きく伸びていった。しかし、過剰な公共投資は社会資本の限界生産力を低めることになる。非効率な経済を温存したままで、財政政策によって経済を浮揚させることはできないのである。

　このような状況を一変させたのが、2001年に誕生した小泉内閣の構造改革である。小泉内閣では、財政政策を緩やかに絞りつつ拡張的

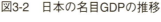

図3-3　財政政策と金融政策の推移

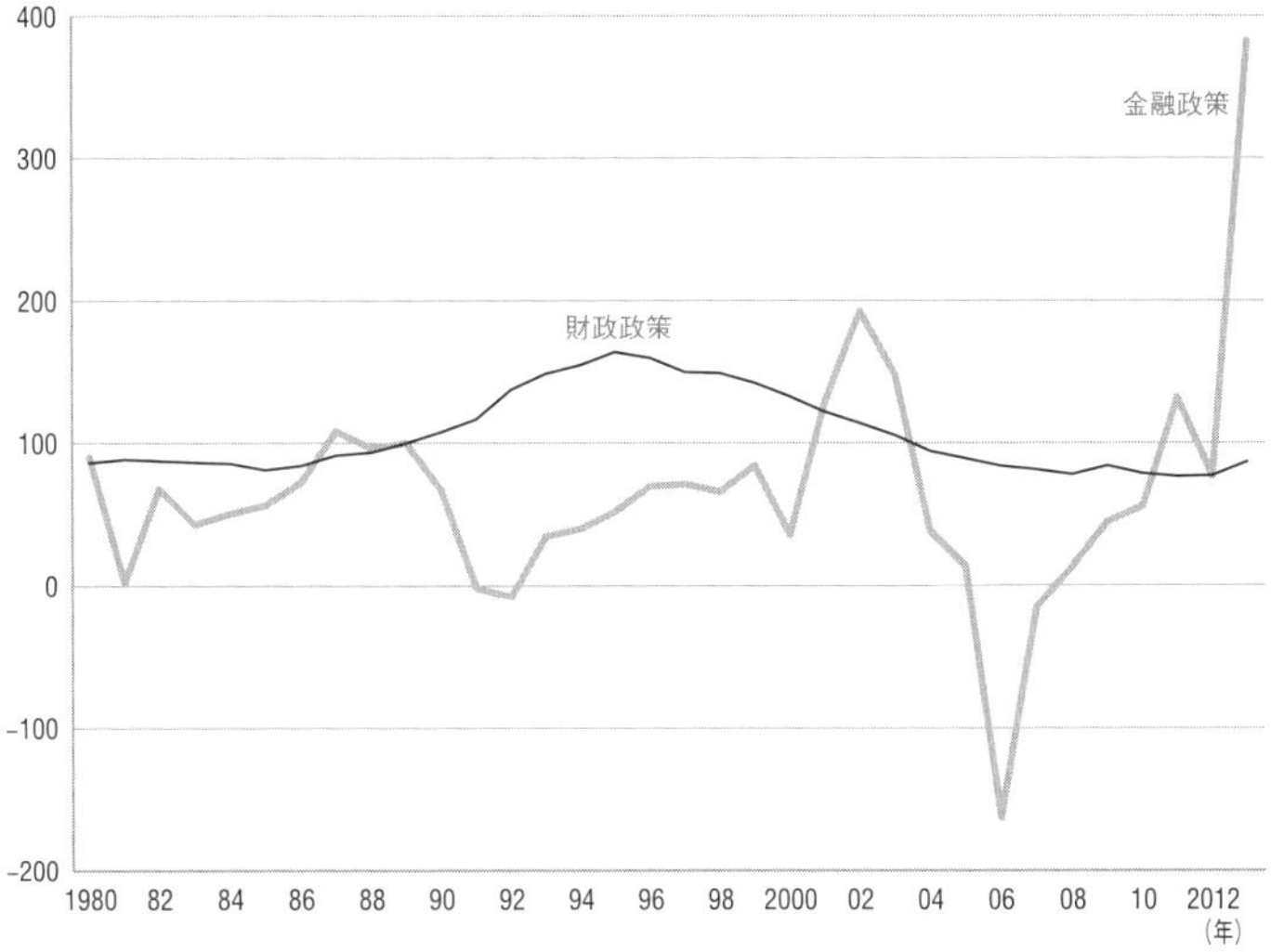

注）金融政策はマネタリーベース平均残高前年比（1989年＝100）
財政政策は公的総固定資本形成（1989年＝100）
出所）日本銀行『日本銀行関連統計』および内閣府『国民経済計算』より作成

な金融政策を行なった。しかし、小泉内閣後半には経済が一時的に浮揚したこともあって（それでもＧＤＰデフレーターはゼロ近辺にあったが）、日本銀行は再び金融引き締め政策を実施した。２００８年のリーマン・ショックを契機に弱いながらも金融緩和政策をとるものの、民主党政権では経済が低迷しているにもかかわらず、さらなる緊縮的財政政策を行ない、日本経済は大きく失速した。

再び、大きな政策転換を行なったのは２０１２年12月に誕生した第二次安倍内閣である。安倍内閣では、拡張的な金融政策、機動的な財政政策、成長戦略という「3本の矢」による経済政策（アベノミクス）で経済を長期低迷から脱出させようと試みている。とりわけ金融政策を大きく転換し、これまでに類を見ない大胆な拡張的金融政策を行なっている。

以下では、90年代に集中的に行なわれ、2000年以降も構造変化をみせている財政政策のなかで、中心的な役割を担ってきた公共投資あるいは社会資本整備について議論を進めていく。具体的には、まず90年代に積極的に行なわれた社会資本整備を中心とした財政政策とその効果及び背景について議論し、次に2000年代以降現在に至るまでの社会資本整備を取り巻く課題について議論していきたい。

1．90年代の財政政策と社会資本

(1) 90年代社会資本整備の行政システム

バブル崩壊以降、日本では社会資本整備を中心とする積極的な財政政策が行なわれてきた。ここでいう社会資本整備は公共投資とほとんど同義であるが、経済学的に考えると需要サイドを議論するときは「公共投資」、供給サイドを議論するときは「社会資本」の蓄積

図3-4　公的総固定資本形成の推移

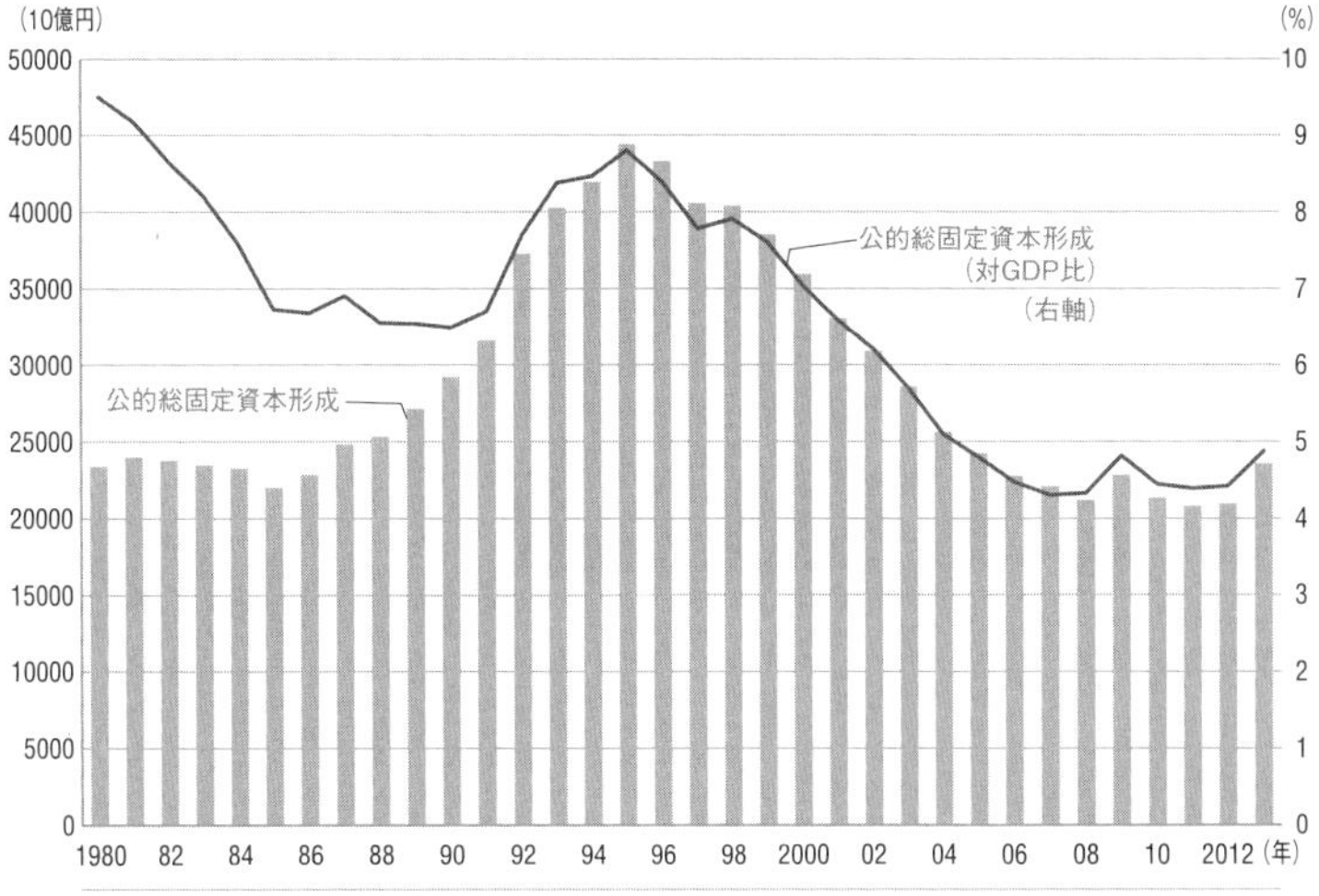

出所）内閣府『国民経済計算』

と捉えることが適切である。なお、需要サイドとしての公共投資は、GDP統計の基本となる国民経済計算では「公的総固定資本形成」と呼ばれ、80年代は25兆円程度であったのに対し、1995年には45兆円近くにまで増加している。対GDP比率でみても7%弱から9%への上昇である。(図3－4)

巨額の公的総固定資本形成は、大きく分けて二つの原資によって行なわれた。一つは、国・地方が税収あるいは公債を原資として行なう事業で、国道や都道府県道などがこれにあたる。

もう一つは財政投融資（財投）制度で、「入口」「中間」「出口」と呼ばれる三つの制度から成り立っていた（図3

―5）。まず、「入口」といわれるのが郵便貯金（郵貯）（及び簡易保険（簡保））で、ここで家計から巨額の資金調達を行なう。つぎに、主として郵貯、簡保で集められた資金を運用する機能を持つ（大蔵省）資金運用部で、これは「中間」と呼ばれた。そして、その資金によって運営されるのが特殊法人という「出口」である。特殊法人の中には、日本開発銀行（現政策投資銀行）や中小企業金融公庫といった民間に貸し付けを行なう公的金融機関もある。しかし多くは、日本道路公団（当時）に代表されるように、本省からの天下りを受け入れて、政府部門の別働隊として積極的な社会資本整備を行なう特殊法人だった。

図3-5　財政投融資制度の概要

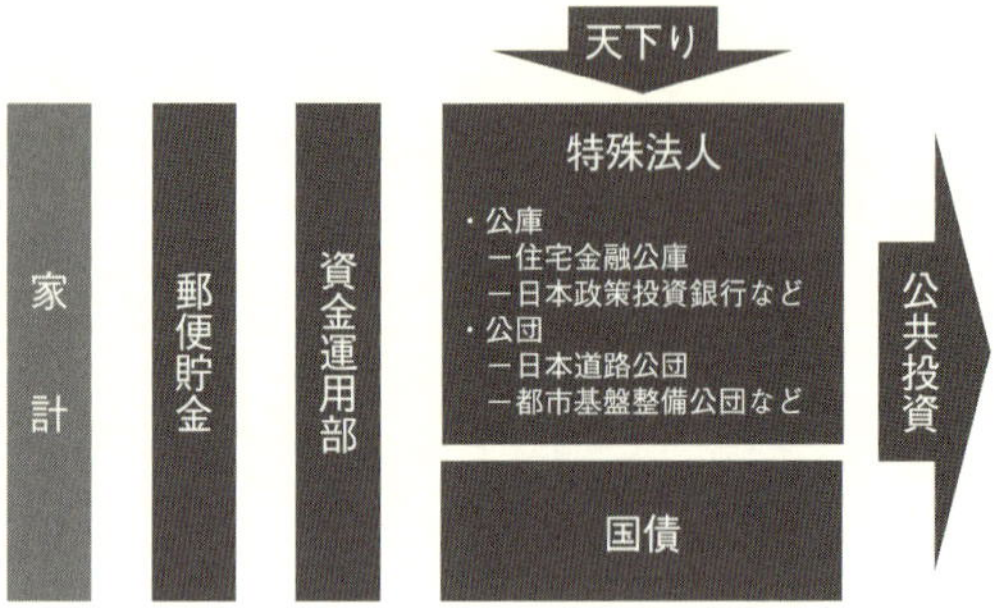

出所）筆者作成

ちなみに、財政投融資制度の歴史は長い。明治のはじめに前島密によって郵便制度が創設され（明治4年）、その後郵便貯金が創業されている（明治8年）。創業後すぐに、預けられた郵便貯金は大蔵省が運用するという制度になった。この郵便貯金制度によって貯蓄を奨励するとともに、貯蓄を活用した社会資本整備が行なわれてきた。

(2) 90年代社会資本整備の経済学的評価

マクロ経済学の経済成長モデルによれば、財政投融資制度による高い貯蓄率によって高い経済成長率を実現することができる。しかし、それは経済が発展途上段階にある場合であって、経済が十分に発展している段階では、政府が家計から資金調達して政府部門で運用することは、資源配分を非効率にさせる可能性を持っている。そこで以下では、積極的な財政政策（特に公共投資ないしは社会資本整備）の経済的な効果について、マクロ経済学の基本的な理論に基づいて整理していこう。

・需要側からの評価

まず、90年代の公共投資に関する議論の出発点は、ＩＳ—ＬＭモデル（ケインズ・モデル）によるものであり、したがって公共投資は「ケインズ政策」として位置づけられた。ＧＤＰを構成する項目の一つである公的総固定資本形成は、恒等式としてＧＤＰを増加させ、ＧＤＰの増加は所得の増加をもたらし、消費を増加させる。これが「乗数効果」である。一方で、公的総固定資本形成に伴う公債発行、あるいは財政投融資制度を通じた家計からの資金調達は金利を上昇させ、民間の設備投資を抑えることになる。これが「クラウディング・アウト」である。

クラウディング・アウトによって公共投資の効果の一部が相殺されることになるが、90年代の関心事の一つは、それがどの程度の大きさで乗数効果はどの程度かという点であった。乗数効果はマクロ計量経済モデルによって計測することができるが、政策判断に用いられる代表的なマクロ計量経済モデルは、経済企画庁（旧内閣府）の短期モデルである。日本経済研究センターの猿山純夫氏の整理によれば、当時の実質GDPに与える乗数は1・2から1・3、名目GDPに与える乗数は1・3から1・5である。つまり、公共投資は一定の効果を持っていたと見えるので、公共投資は有効であるとの議論も根強くあった。

また、度重なる公共投資を行なっても経済が浮揚できないことに対して、公共投資がなければ経済はもっと厳しい状況だったはずであり、さらなる公共投資が必要であるといった議論もなされていた。

一方、短期モデル（ケインズモデル）では中長期の影響は捉えることができないという指摘も行なわれた。その一つが「中立命題」に基づいた議論である。リカードの中立命題によれば、家計が合理的であれば、ある時点での政府支出（あるいは減税）は将来の増税を予想させ、増加する政府支出と同額の消費を減少させるため、政府支出の効果は相殺される。これは、「ライフサイクル・恒常所得仮説」という消費理論による。

日本経済においてライフサイクル・恒常所得仮説が成り立つかどうかについては多くの議論が行なわれ、実証分析も蓄積された。日本のデータを用いて分析を行なった一橋大学の林文夫教授による分析では、ライフサイクル・恒常所得仮説は必ずしも成り立たないという結果を得ている。合理的な家計であれば生涯所得によって消費の水準を決定するが、将来高い所得が期待されているとすれば、現時点の所得が低かったとしてもその所得を超えて消費をするのが最適である。所得を超えて消費する場合には、借り入れをしなければならないが、金融仲介が十分機能しない場合（不完全な資本市場）においては、最適な消費水準を実現するための借り入れをすることができず、消費水準は当該時点における可処分所得の影響を受けることになる。これは「流動性制約」と呼ばれ、流動性制約に直面する家計が存在すれば、減税や政府支出の効果が現れることになる。林教授の分析を含めていくつかの研究で流動性制約が確認されており、中立命題が成り立つために公共投資は効果がないという議論は支配的ではなかった。

さらに、海外部門を考慮すると財政政策の効果はさらに小さくなるという議論もなされた。マンデル＝フレミング・モデルに基づく議論である。海外部門を考慮した場合、変動為替相場制においては、拡張的な財政政策は金利上昇を招き、設備投資を減少させることに加えて自国通貨高を招くため、純輸出も減少し、結果として財政政策の効果はなくなるというものである。しかし現実には、海外部門も考慮したモデルでも公共投資には一定の効果が計測されていた。

・供給側からの評価

景気停滞の長期化とともに、公共投資の効果も長期的な視点を持つべきという議論が高まってきた。経済成長に資するインフラすなわち社会資本整備がなされているかという問題意識に基づいて、民間資本ストックに加えて社会資本ストックを加えた形で生産関数の推定を行ない、社会資本が生産に与える効果を計測する分析が蓄積された。それによれば、幅はあるものの、多くの研究で90年代以降の限界生産力は小さくなっていったことが確認され、民間資本の限界生産力と比べても小さいことも指摘されてきた。

社会資本の限界生産力が正である限りは、社会資本の蓄積には意味がある。しかし、資源配分という観点からは、民間資本の限界生産力が社会資本のそれよりも大きい場合は、資源あるいは資金を社会資本の蓄積ではなく民間資本の蓄積に配分するほうが効率的になる。このような資源配分あるいは資金配分の歪みが、資金の流れの改革の必要性として指摘されるようになった。

すなわち、90年代の資金循環は、まず家計の貯蓄が増加した。その増加した貯蓄は主に郵便貯金・簡易保険と民間金融機関で受け入れられる。郵便貯金・簡易保険で受け入れられた資金は、**図３－６**の灰色の公的機関を経て社会資本の蓄積に向かう。同時に、民間金融機関で受け入れられた資金も、国債購入を通じて社会資本の蓄積に向かい、民間企業向けの貸出は減少している。結果として、高い限界生産力を持つ民間資本は減少し、低い限界生産力しか持たない社会資本が増加することで、経済成長に負の影響を与えることになる。つまり、クラウディング・アウトの結果、社会資本の蓄積が生産に対して負の効果を持っていたと考えられる。そして、このような社会資本の蓄積を誘導したのが、財政投融資制度を中心とする公的な資金循環であったといえる。

より具体的に見ていこう。**表３－１**および**表３－２**は、日本銀行『資金循環統計』をもとに、按分による推計方法で、産業連関表と同様の枠組みである制度部門間の資金循環に再推計されたものである。**表３－１**は１９９１年度末、**表３－２**は２００１年度末の残高であり、横に見ていくと資産構成が、縦に見ていくと負債構成がわかるようになっている。負債合計を見ると、民間非金融法人（E）の負債は減少している一方、公的非金融法人（F）および政府（G）の負債は増加しており、公的部門に資金が集中したことがわかる。さらに、それらの背景を見ると、民間金融機関から政府への資金循環は、95兆から２５５

図3-6　90年代の資金循環の変化

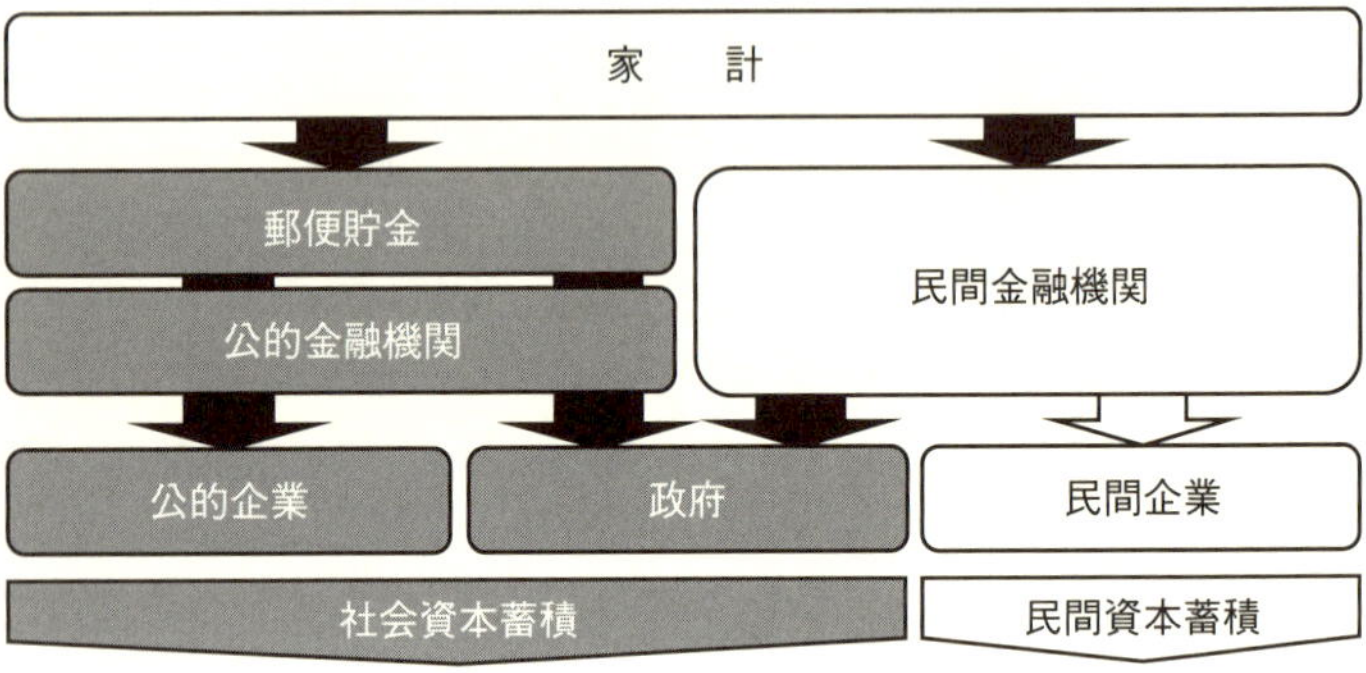

注）黒矢印は増加、白矢印は減少を示す。
出所）筆者作成

表3-1　制度部門間の資金循環（1991年度末）

（億円）

		A	B	C	D	E	F	G	H	I	J	資産合計
A	中央銀行	11182	204945	207	7039	30430	2353	249599	138	3217	27756	536866
B	民間金融機関	20200	4957497	305070	136565	5764646	315688	953948	12820	2364360	1404725	16235519
C	郵便貯金簡易保険	3	58337	13272	1743652	125318	123262	167524	5559	12227	65543	2314696
D	公的金融機関	24946	207427	141279	964864	519568	383925	1181532	72363	626120	109255	4231279
E	民間非金融法人	5204	1727177	224146	51948	3758911	85352	79123	5455	600109	581365	7118790
F	公的非金融法人	219	74093	14128	8091	55226	3872	6218	342	8370	5135	175694
G	政府	626	462944	53768	107762	322437	48655	88063	3450	35359	144017	1267081
H	社会保障基金	196	181584	15444	1034890	150178	37761	67388	818	9882	38927	1537068
I	家計非営利団体	847	6749418	1512203	38578	1128758	85280	159338	9345	32121	148269	9864157
J	海外	588	866732	12461	42045	762811	57476	94907	946	102903	202632	2143502
	負債合計	64012	15490153	2291978	4135435	12618282	1143625	3047640	111234	3794669	2727624	

出所）筆者推計

表3-2　制度部門間の資金循環（2001年度末）

（億円）

		A	B	C	D	E	F	G	H	I	J	資産合計
A	中央銀行	23662	425370	703	75087	43558	2243	791589	285	925	44059	1407481
B	民間金融機関	117071	4155222	394577	396220	4928433	409304	2551836	5676	2602939	1568122	17129400
C	郵便貯金簡易保険	18	167455	48736	2384478	188200	170652	1114986	18142	16440	140024	4249129
D	公的金融機関	23540	188389	502283	1342724	511568	517434	1890763	243543	916072	182251	6318565
E	民間非金融法人	5993	1163266	171680	60962	2879482	116667	95632	3940	514979	869032	5881633
F	公的非金融法人	14242	121248	28581	3934	43997	3596	7303	1169	5591	3198	232858
G	政府	18662	481093	35131	189236	327981	154847	114320	3358	32345	448856	1805829
H	社会保障基金	492	171171	25870	1495395	229722	58037	297233	2531	13257	124404	2418112
I	家計非営利団体	7346	7592683	2959162	68012	870857	94781	270366	16697	38946	139085	12057935
J	海外	8615	593839	8111	65804	766678	31203	181510	630	94390	217852	1968633
	負債合計	219641	15059736	4174833	6081850	10790477	1558764	7315537	295970	4235884	3736883	

出所）筆者推計

兆へと激増しており、また家計非営利団体から郵便貯金・簡易保険への資金循環も150兆から295兆にほぼ倍増していることがわかる。資金循環が民から官へとシフトし、社会資本の限界生産力が低いために、日本経済は低成長になった姿が見てとれるだろう。

(3) 90年代社会資本整備の政治システム

90年代の公共投資がバブル崩壊後の経済低迷から回復させる力を持っていなかったことは、現在では程度の差こそあれ多くの経済学者が合意している。また、こういった議論は90年代から主張されており、メディアなどでも「無駄な公共事業」が連日報道されていた。90年代後半に特に話題となったのは、長良川河口堰、諫早湾干拓事業や「車が通らない道路」で、その問題点が何度も取り上げられていた。

経済学的にも効果が小さいとわかっていて、またメディアあるいは世論でも問題視されていた公共投資が、90年代にわたって比較的長期間行なわれていた背景には、政治システムがある。財政投融資制度を中心とした社会資本の行政システムは、自民党の政治システムと結びつき、改革の手のつけにくい「聖域」となっていた。概要は**図3－7**の通りである。

まず「入口」（郵便貯金）は、「郵政族」と呼ばれる影響力を持った議員集団（族議員）

図3-7　90年代社会資本整備の政治システム

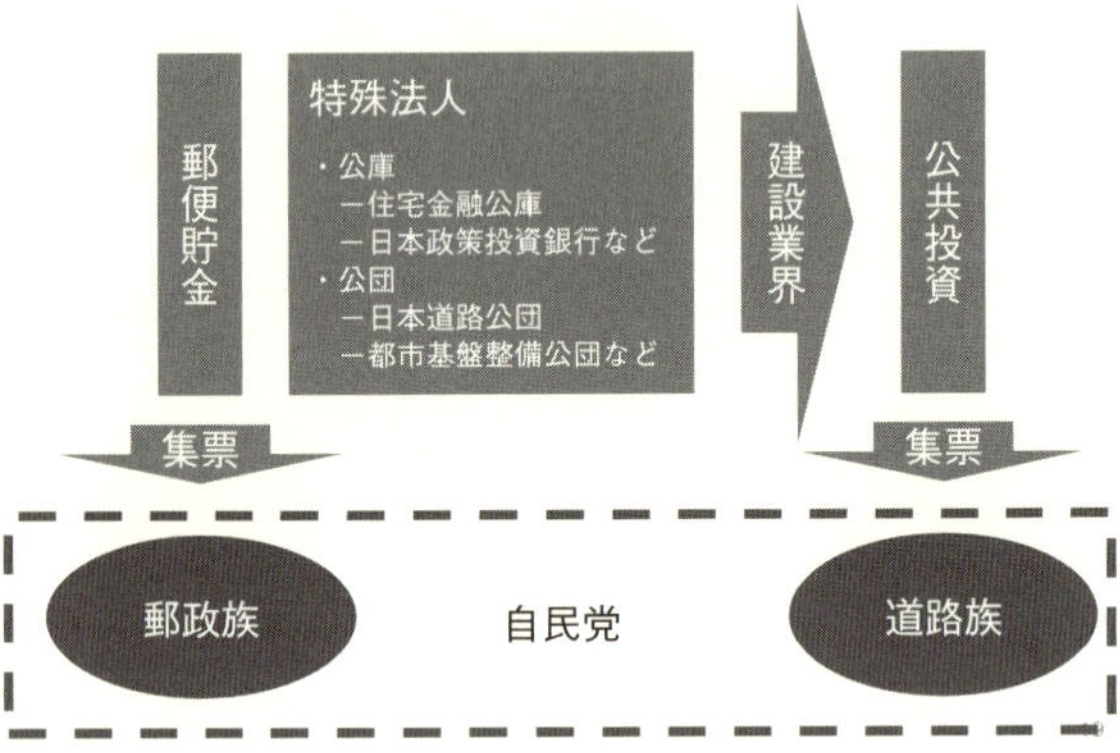

出所）筆者作成

が存在していた。郵政事業では、郵便貯金や簡易保険などの金融事業が、国の信用を背景に低コストで資金調達を行ない、収益の柱となっていた。これらの制度を維持すべく郵政族議員が政策に働きかけを行なっていた。その見返りに、郵便局ネットワークを担う特定郵便局の局長の団体が郵政族議員を集票マシーンとなって支援していた。郵便事業は、日々の配達を通じて地域のつながりにも浸透しており、相当の集票能力を持っていた。

　次に「出口」（特殊法人）としては、日本道路公団に代表される建設系の特殊法人があり、建設事業を通じて建設業界の雇用を維持していた。建設業界もまた集票マシーンとして「道路族」と呼ばれる族議員集団を支援し、「道路族」議員はより多くの公共事業を実施することで見返りに応えるというシステムを構築していた。

「入口」の郵政族については、郵政大臣を務めた田中角栄元総理大臣以降、経世会（田中派・現在の平成研究会）を中心にした自民党の政治勢力が影響力を行使し、また「出口」の道路族についても建設業界による集票システムを築き上げた経世会が強い影響力を持っていた。90年代の自民党は、経世会が最大派閥であり、この旧経世会が牛耳る社会資本整備の政治システムは極めて強固なものであった。そのため、社会資本整備によって長期不況を脱することができないということが議論されても、この仕組みが改革されることは難しかった。

（4）行政改革と構造改革

この強固な政治システムの改革を実行した一つが橋本行政改革であり、もう一つが小泉構造改革である。これらの諸改革は、財政投融資制度を中心とした社会資本整備とその原資となる公的な資金循環に大きな影響を与えた。

・財投改革

まず、1996年に発足した橋本龍太郎内閣では、行政改革会議を創設し、省庁再編などが行なわれた。一連の行政改革の流れ中で、必ずしも目立った改革ではなかったものの、財政投融資制度についての改革も行なわれ、2001年度から新制度に移行した。この改革は、これまで議論してきた公的な資金循環を変革させるための基礎となった。

財投改革のポイントは、「入口」である郵便貯金と「出口」である特殊法人の分断だった。それまでの財政投融資制度では、郵便貯金が調達した資金は原則として資金運用部で運用されることになっていた（預託義務）が、これを全額自主運用されるように改革がなされたのである（図3―8）。さらに重要なことは、郵便貯金が資金運用部への預託の際に受けていた金利の上積みが廃止されたことである。これによって、郵便貯金が経営を持続していくためには、中長期的には資金を金融市場で運用して収益を上げていかなければならなくなった。

現実には、この時点で郵便貯金・簡易保険には巨額の資金の運用ノウハウはなく、特殊法人が財投機関債を、財政融資資金特別会計（資金運用部から変更）が財投債をそれぞれ発行し、金融市場を通じてこれを郵便貯金が引き受けることで、それまでの制度から急激に資金循環が変化することがないように制度設計されている。ただし、制度上連結されていた郵便貯金（「入口」）と特殊法人（「出口」）との間に金融市場が入り込むことで両者は分断され、自立を迫られることになり、入口の郵便貯金は資金運用を、出口の特殊法人は資金調達を、それぞれ考えていかなければならなくなった。

図3-8　財政投融資改革

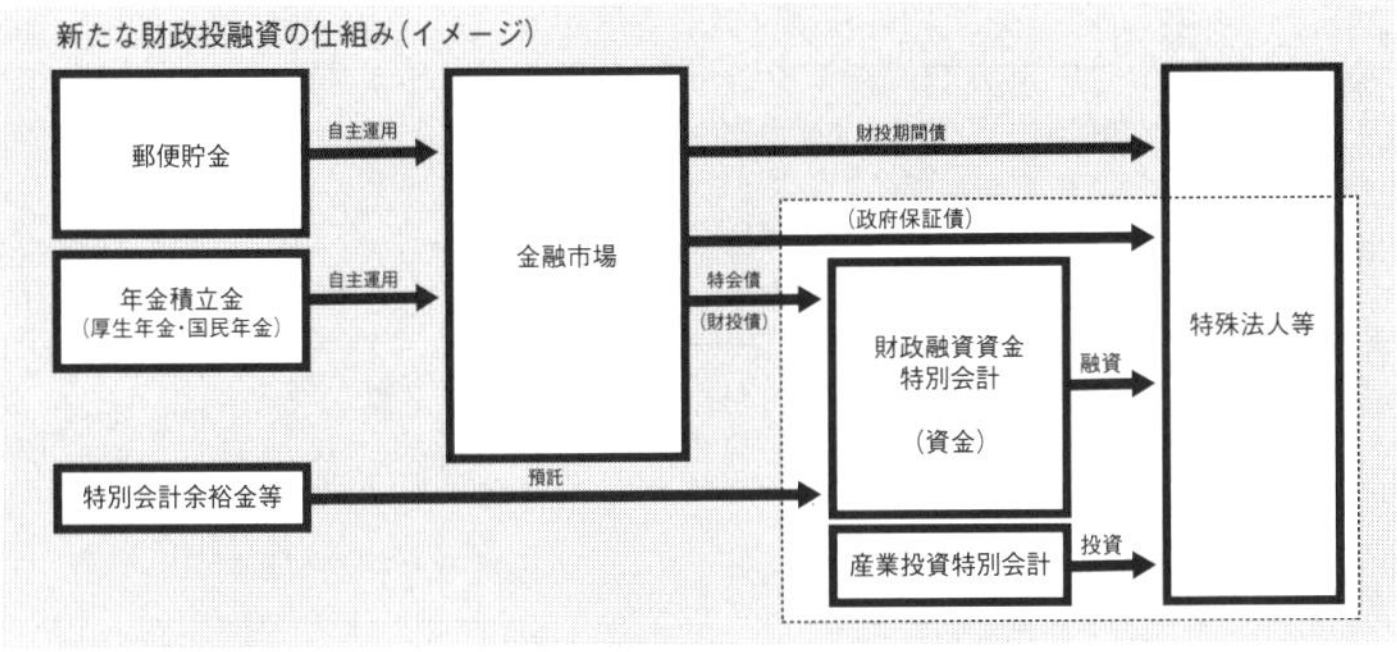

注）1. 財政投融資には、上記のほか、郵便貯金及び簡保資金の地方公共団体への貸付けがある。
2. 特会債とは、財政融資資金特別会計において発行される公債のことであり、いわゆる財投債のことである
出所）財務省『財投リポート』

・道路公団民営化

次に、2001年に発足した小泉純一郎内閣では、財政投融資制度を中心とした社会資本整備についても大きな改革を行なった。その第一歩として行なわれたのが、「出口」の改革であり、その象徴的な改革が道路公団民営化である。

小泉内閣では、発足以降、改革の柱として特殊法人改革を推進した。2001年末に閣議決定された「特殊法人等整理合理化計画」では、163の特殊法人・認可法人の改革が明記され、道路関係4公団といわれる日本道路公団、首都高速道路公団、阪神高速道路公団、本州四国連絡橋公団については、「民営化を前提」とした組織改革を行なっていくことが明記された。

これを受けて、民間人から構成される「道路

関係四公団民営化推進委員会」が発足し、民営化の議論が進んでいった。この議論の過程では、道路公団本体に加えて、関連企業(いわゆるファミリー企業)が官僚の天下り先となっており、民営化によってその利権が失われる国土交通省が資料提出を拒むなど、官僚の非常に強い抵抗が行なわれた。例えば、道路公団内部で作成されたとされる財務諸表の存在がある月刊誌で報じられ、藤井総裁(当時)がその存在を否定するといった「幻の財務諸表」問題など、議論は混迷を深めた。

道路族議員も抵抗を強めた。道路族議員は建設業界の支援を受けており、道路公団民営化によって予定されている高速道路建設が凍結されることに強い抵抗を示した。例えば、建設が予定されていた9342キロの整備計画を着実に実行することが強く求められ、「9342」という数字が関心の的となった。

民営化論議は混迷を深めたが、道路関係四公団民営化推進委員会は02年末に意見書を取りまとめ、04年に道路関係四公団民営化関係法案が成立した。同法律に基づく民営化は上下分離方式で行なわれた。すなわち、道路資産保有・債務返済(「下」)を担う組織として、政府部門である独立行政法人日本高速道路保有・債務返済機構が、建設・管理・料金徴収(「上」)を担う組織として、東日本高速道路株式会社、中日本高速道路株式会社、西日本高速道路株式会社、首都高速道路株式会社、阪神高速道路株式会社、本州四国連絡高速道路株式会社の6会社が、それぞれ05年に設立された。

・郵政民営化

さらに、小泉内閣が発足当時からの公約として掲げ、改革の本丸と位置づけたのが郵政民営化である。郵政事業は、郵便事業に加えて貯金事業（郵便貯金）、保険事業（簡易保険）の3事業が行なわれており、これまで議論してきた通り郵便貯金と簡易保険が社会資本整備およびそのための公的な資金循環の「入口」となってきた。また、郵便事業についても、民間の宅配事業者が多く参入しており、公的な組織（公社）のままでよいのかという問題提起がなされていた。

小泉内閣は郵政民営化の議論を開始したものの、郵政民営化の政策決定過程は、道路公団民営化以上の強い抵抗を受けることになった。道路公団と同様に、郵政関連のファミリー企業が総務省（旧郵政省）官僚の天下り先となっており、また多くの議員が特定郵便局長会からの支援を受けており、郵政族議員も強い政治的な力を持っていた。そのような状況のなかで郵政民営化法案が取りまとめられ、衆議院は賛成多数で可決されたものの参議院では反対多数で否決された。そこで小泉総理（当時）は解散権を行使し、2005年9月に行なわれたいわゆる「郵政選挙」で大勝を収め、改めて郵政民営化法案が国会で議論され、同年に可決成立した。

成立した郵政民営化法案では、郵政事業は郵便事業会社、郵便局会社、郵便貯金会社、簡易保険会社および持ち株会社の日本郵政と、独立行政法人公社継承法人の6法人によって行なわれることになり、それぞれの会社が07年に設立された。なかでも、郵便貯金会社と簡易保険会社は、その株式を全額売却される完全民営化が決定されており、市場によって規律付けられる民間金融機関の一つになるとされた。

しかし、麻生内閣になると改革のゆり戻しが始まり、その後の民主党政権でも官僚の巻き返しによって、郵政民営化が見直され、郵便事業会社と郵便局会社を統合したことに加えて、持ち株会社である日本郵政および郵便貯金会社と簡易保険会社の株式売却を凍結することが決定された。しかし、12年に発足した第二次安倍内閣において、郵政民営化は再び正常な方向性を取り戻し、15年に株式売却が始まった。

・橋本行政改革と小泉構造改革

橋本行政改革と小泉構造改革は、政策的には90年代の社会資本整備を中心とした拡張的財政政策を転換させ、短期のマクロ経済政策としては金融政策に舵を切るきっかけとなり、また中長期の経済成長戦略についても官から民への資金配分、資源配分による、より効率的な経済を目指していく契機となった。実際、2000年3月末の郵便貯金残高は260兆円に達していたが、14年度末現在180兆円弱まで減少して90年代前半の水準に戻っている。公的な資金循環の異常な拡大は、「入口」面で絞られ、「出口」面でも、公的総固定資本形成（フロー）は、1995年度の45兆円弱をピークに20兆円近くまで減少し、同じく90年代初頭の水準にまで戻っている。

また、両改革は政治的にも大きな意義があった。このような政策転換を行なうためには、財政投融資制度を中心とする政治システムを打破しなければならない。郵政族と道路族に代表される財政投融資制度と結びついた集票システムは、自民党、特に当時最大派閥の経世会（現・平成研究会）の政治基盤であった。「自民党をぶっ壊す」という小泉総理（当時）のスローガンは、清和会出身の小泉総理が旧経世会の政治基盤を破壊するということも意味したのである。ちなみに現在、平成研究会は党内第三派閥に落ち込むなどその政治力が減少している。

2．2000年代以降の財政政策と社会資本

(1) 財政赤字

小泉構造改革を契機に転換がなされたものの、90年代の社会資本整備を中心とする財政政策は大きな後遺症を残した。その一つが、財政赤字である。

財政赤字は財政の持続可能性に疑義を生じさせるが、財政の持続可能性は基礎的財政収支で評価することができる。「基礎的財政収支」とは、過去の債務に関わる元利払い以外の支出と、公債発行などを除いた収入との収支で、「プライマリー・バランス」ともいわれる。公債金利と経済成長率がおおむね等しいとき、基礎的財政収支が黒字であれば、公債残高の対GDP比はゼロに収束していく。

1988（平成元）年以降の基礎的財政収支の推移を示す**図3－9**を見ればわかるように、国と地方の基礎的財政収支は、92（平成4）年を境に赤字に転じ、拡張的な財政政策が続いたため基礎的財政収支赤字は拡大した。この流れが転換されたのは、2003（平成15）年以降のことである。拡張的な財政政策の転換（歳出削減）に加えて、構造改革に

図3-9　基礎的財政収支の推移

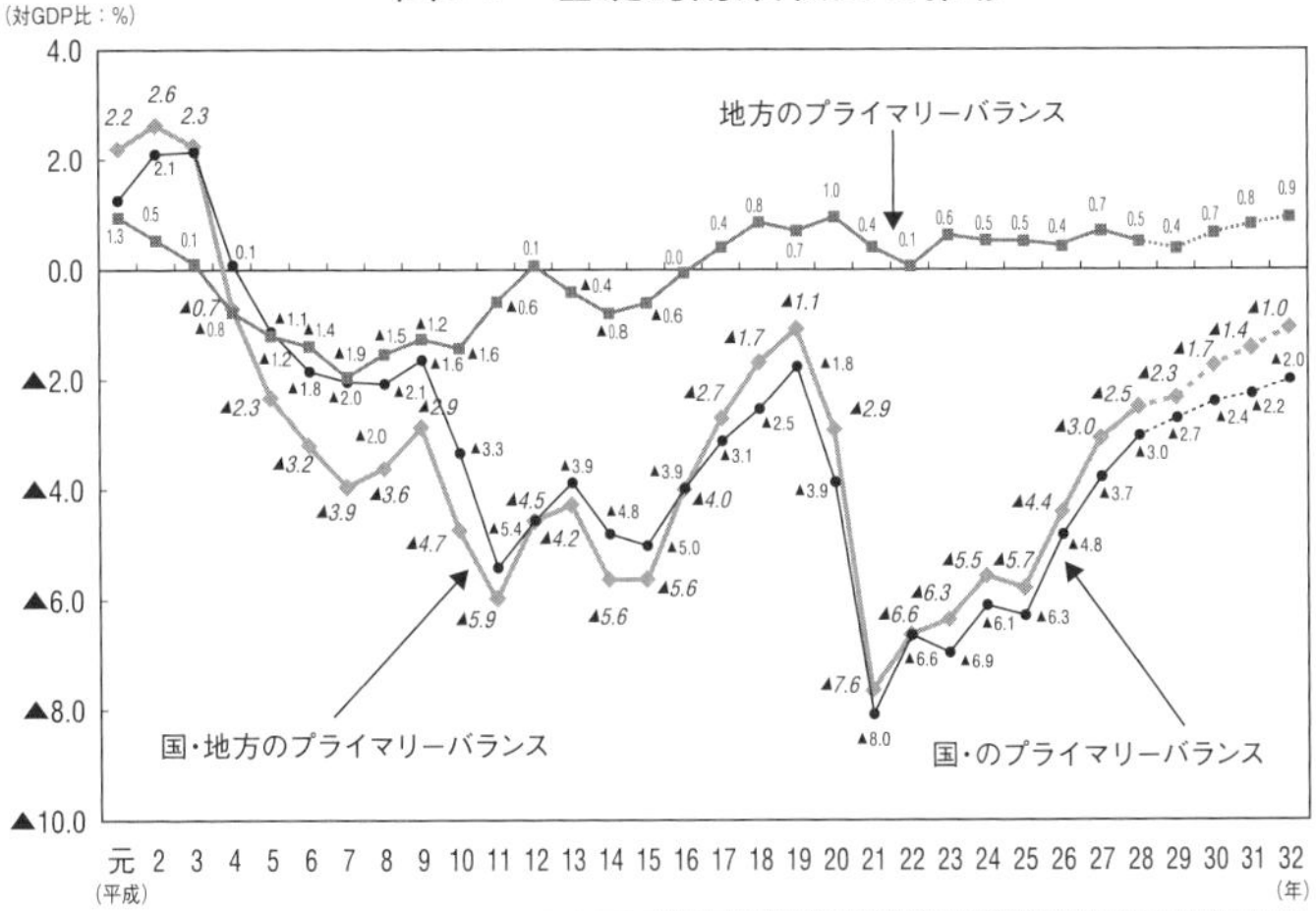

注）平成26年度以降は内閣府「中長期の経済財政に関する試算」（平成27年７月22日）。
出所）財務省『日本の財政関係資料』

よる経済成長が税収増を実現し、06年には基礎的財政収支赤字がほぼゼロになった。この間の基礎的財政収支の変動を要因分解したものが表3－3である。ここでは、03年から06年の基礎的財政収支改善の60％以上が税収増によって実現がされたことが示されている。特筆すべきは、この間は主だった増税を実施しなかったことであり、税収の増加は経済成長によるものである。経済成長がいかに財政赤字を解決する力を持っているかを示している。

リーマン・ショックに端を発する世界同時不況によって、基礎的財政収支は再び大きく悪化する。そして、その後、基礎的財政収支の改善のために消費税の増

表3-3　基礎的財政収支改善の要因分析

		分母要因	国		地方		PB変動
			歳入	歳出など	歳入	歳出など	
00−01	変動幅（%ポイント）	−0.10	−0.58	0.92	0.01	−0.05	0.20
	（構成比：%）	−49.8	−296.9	467.9	6.3	−27.5	100.0
01−02	変動幅（%ポイント）	−0.03	−1.02	0.17	−0.44	0.02	−1.31
	（構成比：%）	2.6	77.9	−13.0	33.8	−1.3	100.0
02−03	変動幅（%ポイント）	0.04	−0.16	0.12	−0.15	0.11	−0.03
	（構成比：%）	−169.5	603.3	−463.2	556.2	−426.7	100.0
03−04	変動幅（%ポイント）	0.05	0.55	0.57	0.17	0.28	1.64
	（構成比：%）	3.3	33.8	34.9	10.6	17.3	100.0
04−05	変動幅（%ポイント）	0.04	0.87	−0.14	0.25	0.15	1.18
	（構成比：%）	3.7	73.9	−11.7	21.3	12.8	100.0
05−06	変動幅（%ポイント）	0.05	0.44	0.38	0.33	0.07	1.27
	（構成比：%）	3.6	34.9	30.1	26.3	5.2	100.0
00−06	変動幅（%ポイント）	0.07	0.15	1.97	0.20	0.56	2.95
	（構成比：%）	2.4	5.0	66.8	6.7	19.1	100.0
03−06	変動幅（%ポイント）	0.20	1.84	0.80	0.75	0.49	4.08
	（構成比：%）	5.0	45.1	19.6	18.3	12.0	100.0

出所）真鍋雅史（2009）「小泉改革の検証――基礎的財政収支変動の要因分析」関西社会経済研究所抜本的税財政改革研究会『2008年報告書』（第1章）より作成。

税が議論されるが、安易な増税論議は大きな政府を志向し、非効率な財政支出を生み出しかねないことを考慮すべきである。

(2) 社会資本の維持と蓄積

もう一つの課題は、90年代に蓄積された社会資本をどのように維持し、また新たに蓄積していくかという問題である。図3―10は、今後見込まれる社会資本の維持管理費が推計されたものである。2010年に4・2兆円だった維持管理と更新費は、20年頃を境に急激に増加しはじめ、30年には6・6兆円、40年には8・4兆円にも膨らむと推計されている。要するに、現状の社会資本を維持するのが精いっぱいであり、新たな社会資本蓄積はほとんど不可能にな

図3-10　維持管理費の将来推計

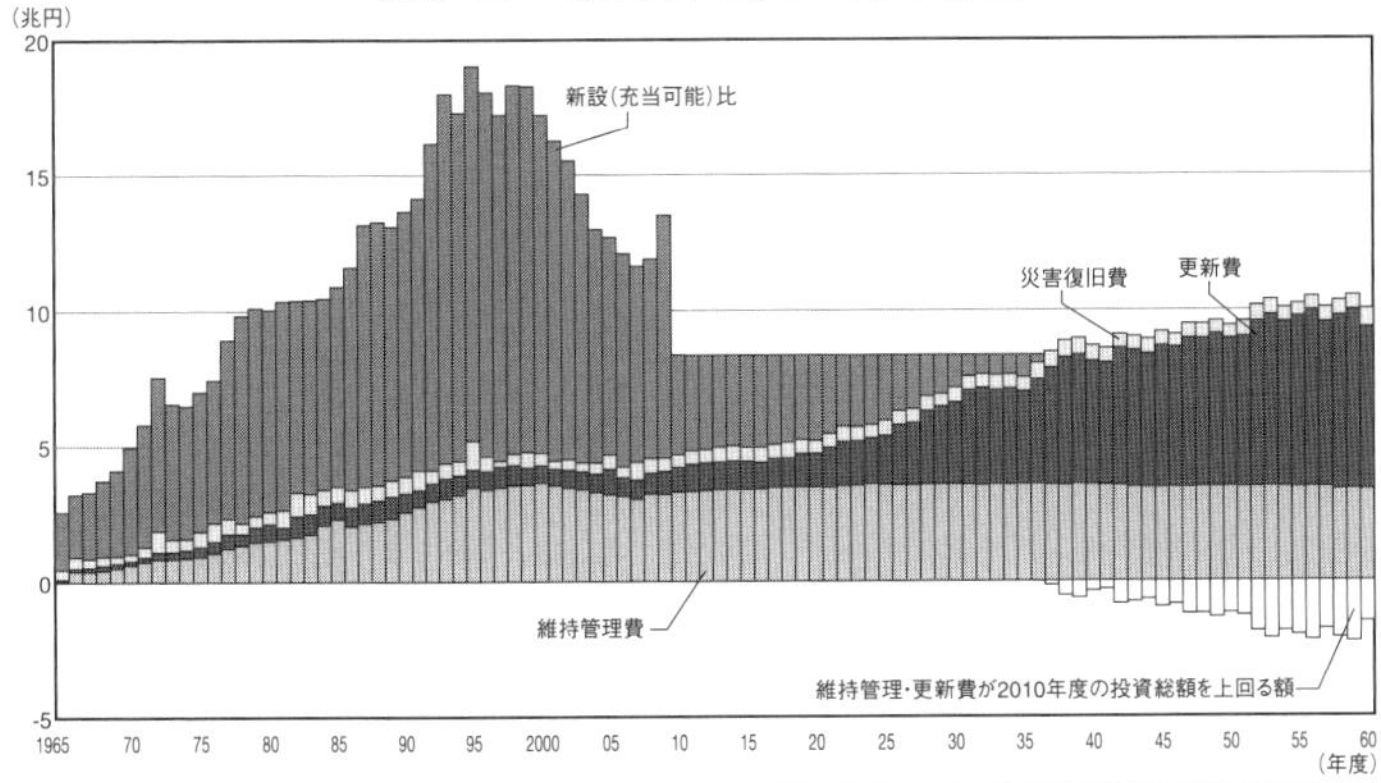

出所）国土交通省「国土交通白書」

るということである。その背景には、90年代に過剰に蓄積された社会資本があり、これを維持するために必要な費用をどのようにすべきかを議論するとともに、役割を終えた（あるいは十分に役割を果たしていない）社会資本は「放棄」するという選択肢も検討していかなければならないだろう。

一方、2000年代以降グローバル化が急進展するなかで、グローバル競争は国家間競争から都市間競争の様相を見せはじめ、都市の競争力を高めるために、国際空港や国際港湾、高速鉄道、都市基盤といった新たな社会資本の蓄積が求められている。財政的な余力が限られているなかで、社会資本の蓄積および維持管理をより効率的に実現していくためには、民間の創意工夫を活用していくことが必要だ。公共サービスの提供に際して民間に施設整備と公共サービスの提供をゆだねる手法であるPFI(Private Finance Initiative)や、特定の地域や事業で事業者が免許や契約によって独占的な営業権を与えられて事業を行なう手法である「コンセッション」を活用した社会資本の蓄積が求められている。第二次安倍内閣においては、関西空港などでコンセッションが進められているほか、大阪府政・大阪市政においても、地下鉄をはじめとしてさまざまな事業の民営化、民間活用が進められている。

(3) 民間資本の蓄積

90年代以降の社会資本を議論するとき、公的な資金循環の拡大によるクラウディング・アウトによって、民間資本蓄積が低迷したことについても議論しなければならない。もっとも90年代の民間設備投資の低迷の最大の要因は、バブル期に蓄積された過剰設備が不良債権となり、金融システムが機能不全を起こしていたことにある。これに対して、小泉内閣のもとで竹中金融担当大臣(当時)による不良債権処理が進められ、確実な成果を上げた。これによって、2002年に64兆円にまで落ち込んだ総固定資本形成(民間企業設備)は、07年には77兆に回復している。しかしその後、リーマン・ショックによって民間資本の蓄積は再び落ち込んでしまった。

図3-11　法人税率の国際比較

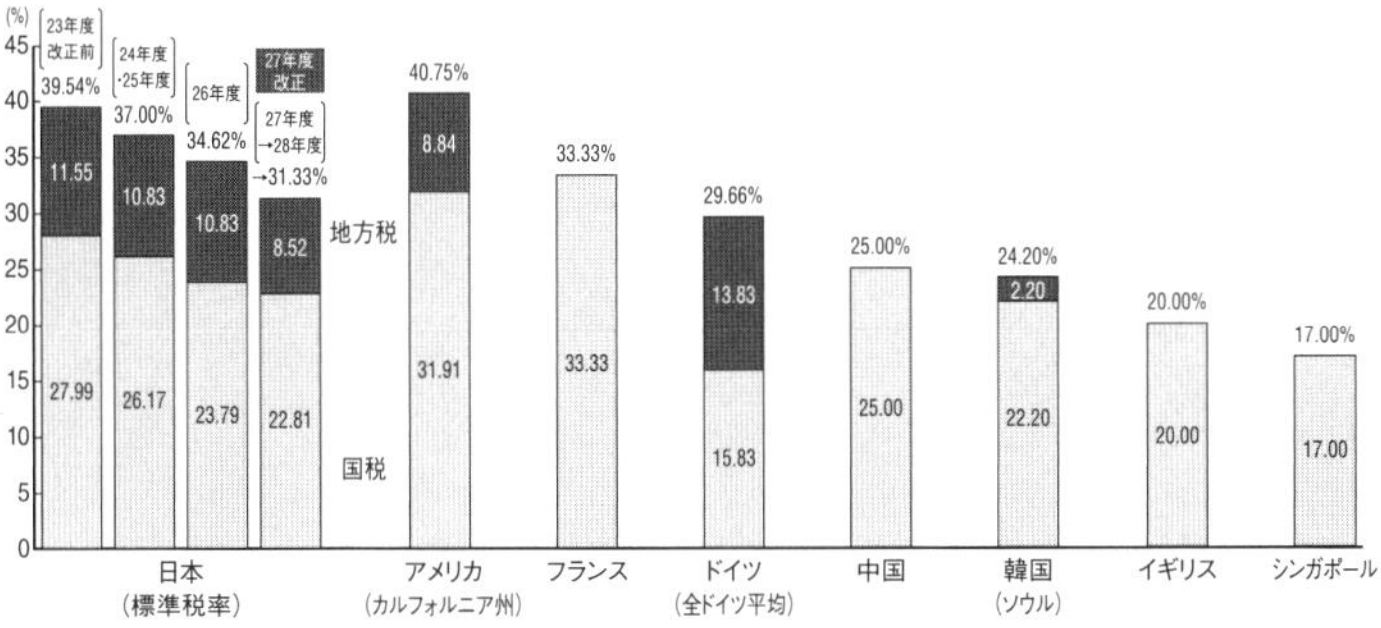

出所）財務省。https:www.mof.go.jp/tax_policy/summary/corporation/084.htm

経済活動の主役は民間部門であり、社会資本以上に民間資本の蓄積を盛り上げていくことが今後の経済成長には不可欠である。そのためには、設備投資を阻害する要因を取り除いていくことが重要だが、最大の阻害要因は法人税制である。日本の法人税負担は、競合するアジア諸国と比べて高いことが知られており、第二次安倍内閣において段階的に引き下げが行なわれている。当面は20％台の水準が目指されているが、韓国は20％台前半、シンガポールは10％台であり（図3－11）、さらなる減税が求められる。

なお、法人税率の引き下げに当たっては、その財源をどうするかが議論となっている。しかし、第一生命経済研究所の永濱利廣氏は、財源確保なしに8年間は税収中立であると推計しており、筆者の推計でも1円の減税で経済成長効果を通じて

1・7円の増収効果があることがわかっている。減税は民間資本の蓄積を促進させ、経済を成長させる。そして、先にも議論したように、経済成長こそが財政再建に高い効果を持っているのである。

おわりに

以上、見てきたように、バブル後の社会資本整備を振り返ると、90年代は行政システムと政治システムが強固に結びつく形で資金循環が民から官へとシフトし、資本蓄積も民間資本から社会資本へとシフトすることで、資金配分、資源配分が非効率になった。そしてこのことが、バブル後の長期低迷の一因となった。

2001年に発足した小泉構造改革は、この仕組みの打破を試み、大きな政策転換となった。道路公団民営化は、財政投融資制度の「出口」の改革であり、郵政民営化は郵便事業の民営化という側面だけでなく、財政投融資制度の「入口」の改革として位置づけることができる。小泉構造改革の結果、官から民への資金配分、資源配分による、より効率的な経済を目指していく契機となった。

08年に発生したリーマン・ショックとその後の民主党政権による混乱のなかで、改革は後退し、経済は混迷したが、12年に発足した第二次安倍内閣によって、再び改革が進展しつつある。しかし、日本が足踏みをしている間に少子高齢化やグローバル化は急速な進展を続け、世界の競争環境も大きく様変わりした。日本経済は、常に新たな対応が求められている。民間の創意工夫を活かす形で効率的な社会資本整備を行なっていくとともに、経済の主役である民間資本蓄積を効果的に進めていく必要があり、そのための政策が実行されることがいま求められている。

参考文献

○猿山純夫（2010）「マクロモデルからみた財政政策の効果～「政府支出乗数」に関する整理と考察～」『経済のプリズム』No.79、pp.17-29。
○林文夫（1986）「恒常所得仮説の拡張とその検証」『経済分析』101、pp.1-23。
○永濱利廣（2014）「法人税減税、財源確保は自然増収で十分可能（永濱利廣の経済政策のツボ）」『日経ビジネスONLINE』。
○真鍋雅史（2007）「資金循環とマクロ経済――公的金融機関の政策評価」『大阪大学 Discussion Papers in Economics and Business』No.07-37。
○真鍋雅史（2009）「小泉改革の検証――基礎的財政収支変動の要因分析」関西社会経済研究所抜本的税財政改革研究会『2008年度報告書』、第1章、pp7-20。
○真鍋雅史（2010）「制度部門間の資金循環統計の推計」『金融経済研究』第30号 pp.42-62。
○真鍋雅史（2014）「法人課税、設備投資と財政収支――復興特別法人税廃止の経済財政効果と今後の展望」『兵庫県立大学大学院シミュレーション学研究科 Discussion Paper』No.2。

検証4　バブル後の金融市場

バブルは10年に一度やってくる

シティグループ証券株式会社取締役副会長
藤田 勉

1　世界の金融市場の歴史

宗教による制約

欧州の国際金融センターの歴史は宗教と密接な関係を持っている。

よく知られているように、『旧約聖書』はユダヤ教、キリスト教、イスラム教という3つの宗教を生んだ源泉であるが、その『旧約聖書』では、原則として利息を取ることを禁止している。もっとも、「ただし、外国人からは利息を取ることができる」という但書がついている。ここで「外国人」とは異教徒のことであり、例えばキリスト教徒は、同じキリスト教徒から利息を取ることはできないが、ユダヤ人やイスラム教徒から利息を取ることはできるということである。

さて、1077年に「カノッサの屈辱」と言われる事件が起きた。聖職叙任権をめぐってローマ教皇グレゴリウス7世と対立していた神聖ローマ皇帝ハインリヒ4世が、カノッサ城門で教皇からの破門の解除を願ったという事件で、これによってローマ教皇の権威が世俗の皇帝よりも上にあることが誰の目にも明らかになった。

1096年には十字軍がスタートし、1215年にはイタリアのローマで第4回ラテラノ公会議が開催された。この時代はキリスト教の権限が絶頂期を迎え、ローマ教皇の権限が最も強かったと言われている。

ラテラノ公会議で教皇イノンケンティウス3世は、キリスト教の原理に還ることを指示した。例えば、キリスト教徒に対して、金融業で利息を取ることは卑しい行為であるとしてこれを戒めた。また、ユダヤ人に対して厳しい職業制限を科し、公的なポジションからユダヤ人をすべて追放した。さらに、ユダヤ人を「ゲットー」に集住させ、ユダヤ人への特別な服装（例えば、帽子をかぶるなど）を義務付けた。こうした徹底したユダヤ人差別は、20世紀になってヒトラーが行なったのとほぼ同じことだった。

ところで、厳しい職業制限を科されたユダヤ人は、同じユダヤ人には金を貸すことはできないが、異教徒であるキリスト教徒には金を貸してもいいので、圧倒的に人口が多いキリスト教徒に対して金を貸すようになり、金融業が育っていった。

時代はさらに下り、15世紀にイタリアでルネッサンスが本格化した後、イタリア都市国家が金融の中心地になった。そして、金融市場という観点からみると、いわゆる「マーチャントバンク」が始まった。「利息」ではなく「手形」という形で実質的な手数料として利息相当を受けるというシステムである。現在の商社と同じような、金融と商人が一体となったマーチャントバンクという経営形態がイタリアで生まれたのである。

その後、新大陸を求めて、スペインやポルトガルが航海に乗り出した大航海時代に入ると、金融の中心地はイタリアからスペイン、ポルトガルに移っていった。同時に、ユダヤ人の多くがスペインやポルトガルに移住した。

国際金融都市アムステルダムの発展

コロンブスによるアメリカ大陸発見と同じ1492年に、スペインのレコンキスタが完成する。イベリア半島を支配していたサラセン帝国を追い出し、スペインの地はキリスト教徒の手に戻ったのである。1492年以降、キリスト教徒(カトリック教徒)以外のスペイン居住が認められなくなり、ユダヤ人追放令がスタートし、ユダヤ人は新大陸やポルトガル、あるいは当時スペイン領だったオランダに移住した。

なかでも宗教革命があったオランダは、他の宗教に比較的寛容だったため、16世紀には、多数のユダヤ人がアムステルダムに移住した。そして、金融と商業はきわめて密接な関係があり、世界の貿易の中心地だったアムステルダムは、同時に国際金融センターになった。1602年には世界初の株式会社である東インド会社がオランダで設立され、株式市場もアムステルダムで本格的に始動した。

ロンドンの国際金融センター化

17世紀には、3回にわたる英蘭戦争でイギリスに全敗したオランダは没落の一途をたどり、かわってイギリスが台頭した。アメリカにあったオランダの植民地ニューアムステルダムはイギリス領になってニューヨークに改められた。さらに、1688年には名誉革命(無血革命)で、オランダ総督ウィリアム3世とメアリー2世がイギリス国王に就き、多くのユダヤ系の商人や金融従事者がオランダからイギリスに移住した。

18世紀にはイギリスで産業革命が成功し、植民地経営も順調だった。そして、19世紀初めのナポレオン戦争が契機となって、国際金融センターの機能は徐々にアムステルダムからロンドンにシフトし始めるようになった。さらに、19世紀後半にドイツやロシアで発生した「ポグロム」(ユダヤ人虐殺)で、ロスチャイルド、シュローダー、ウォーバーグ、クラインオート・ベンソンなどのドイツ系ユダヤ資本が次々にロンドンに拠点を移し、19世紀後半にはロンドンが国際金融センターとして栄えることになった。

英国では金融制度の自主規制が発達

イギリスは、その後、ユダヤ人をはじめとする金融業者仲間が中心となって、ギルドと同じ発想で、弁護士や会計士、不動産業者など、金融に密接に関係があるグループをすべて巻き込んで、金融制度をつくりあげていった。自主規制の考え方であり、そこで決めたルールに従わなかった場合には除外するというのが基本的なイギリスの金融制度の仕組みだった。イギリスにはその名残がいまだに色濃く残っており、裁判や政府の規制に依存せず、市場の専門家が判断をするという金融制度で、柔軟性が高いという特徴がある。

もう一つのポイントは、イギリスでは国際化が先行し、1960年代にユーロドル市場が発達したことである。当時は、ブレトンウッズ体制のもとで1ドル360円の固定相場制の時代であり、金融市場にはさまざまな規制がかけられ、資本の移動は制限されていた。

そのような状況の中で、ヨーロッパだけで通用するようになったのがユーロドル市場だった。また、ユーロドル市場の金利を決めるのが、LIBOR(London Interbank Offered Rate)であり、アメリカのマニュファクチュラーズ・ハノーバー・トラストとロスチャイルドがロンドンで始めたのが最初である。なお、LIBORが意図的に操作されていると して最近大きな話題になったことは記憶に新しい。

さらに、1986年には「ビッグバン」で世界の金融自由化をリードし、証券取引所改革や銀証分離などを積極的に行なった。

EU全体が英国の金融制度を導入

1990年代以降は、EU全体がイギリスの金融制度を導入するようになった。1993年にEUが発足し、99年にはユーロが誕生した。同時に、ユーロを生かすために、世界で最も発達した金融制度を持つイギリスを基本として、EU全体の制度整備をはかるための「金融サービス行動計画」(FSAP)を策定した。統合通貨ユーロと金融サービス行動計画を両輪として金融ビジネスを広げようとしたのである。

現在のEU全体の金融制度の根幹は、すべてイギリスのものであり、それに多少のフレーバーを加えたということである。その代表な例はTOB指令であり、日本のTOBとはまったく異なり、基本は自主規制であって、自らがつくった規制を法令化し、EU全体で埋めているということである。また、日本でもおなじみの国際財務報告基準(IFRS)もイギリスの会計基準をベースにしたもので、2005年にEU全体で強制導入し、これを世界に広めている。

また、2000年以降、金融市場のグローバル化が加速するなかで、加盟28カ国・人口6億人を擁するEUは、イギリスの金融制度に加えて、英語、時差、カナダ、オーストラリア、シンガポール、香港などの旧植民地の繁栄によって大きな恩恵を受けている。その結果として、国際金融センター地図は大きく塗り替えられている。かつては国際金融センターと言われたフランクフルト、チューリッヒはロンドンとの競争に完全に負けて地位が大きく低下し、東京も香港やシンガポールとの競争に敗れつつある。ロンドンとニューヨークを中核として、香港、シンガポールなどの旧植民地系のアングロサクソン諸国が国際金融センターとして活躍している。

アメリカの金融市場の歴史

次に、アメリカの金融市場の歴史を概観しよう。

アメリカでは19世紀後半に石油、鉄鉱、鉄道などの産業が勃興し、その成功によって金融資産が蓄積された。また、ヨーロッパとは異なり、いわゆるマーチャントバンクが存在しなかったアメリカでは、株式や債券などの直接金融が盛んになった。

20世紀初頭には、IBM、GM、AT&T、GEなどの新しい産業が勃興し、「狂騒の20

年代」（Roaring Twenties）と言われるアメリカの繁栄をもたらした。しかし、1929年に大暴落が起こり、その後大恐慌となり、30年代の世界恐慌に発展した。

図4-1 アメリカの経済成長率と失業率

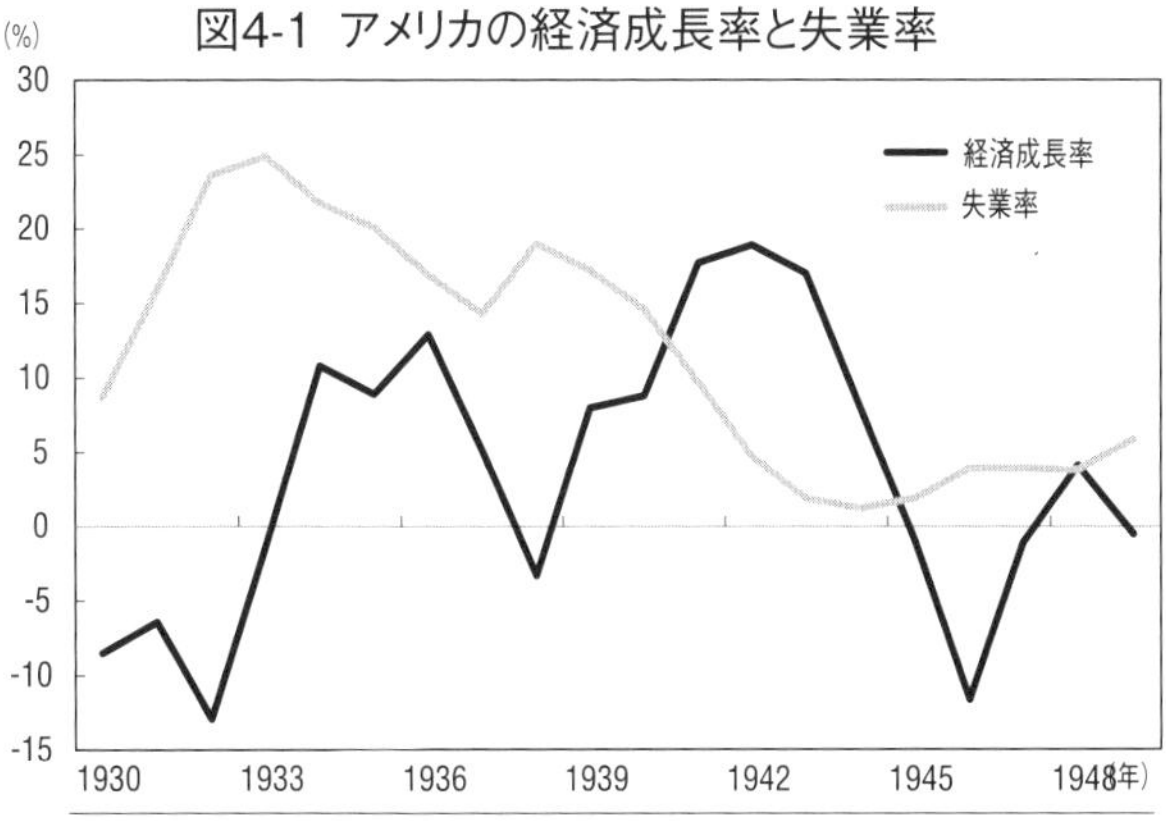

出所）BEA、米国労働省、シティグループ証券

アメリカの経済成長率（図4－1）は、30年には大きく落ち込んでおり、その後、ニューディール政策でいったんは立ち直るものの37年をピークに、再び悪化して経済危機は続いた。そして、大暴落から引き起こされた大恐慌の傷痕が本当に癒えたのは、アメリカが第二次世界大戦に参戦した41年だった。

また、大恐慌の只中にあった33年に証券法が成立し、34年には証券取引所法が成立してSECが設立され、アメリカの会計監査制度が整備された。世界の本格的な、近代的な金融法制は、この時期に初めてできたのであり、バブルとバブルの崩壊が世界の証券法制、金融法制を近代化させたと言える。

ちなみに、90年代末から2000年初めにかけてエンロン事件やワールドコム事件などの不正会計スキャンダルが多発したことを受けて、監査制度やディスクロージャーの強化・徹底、コーポレートガバナンスのあり方などに関して抜本的な改革を行なうことを目的に、02年に「企業改革法」(「サーベンス・オクスレー法」)が制定された。さらに、2000年代後期の大不況を受けて、ウォール街の改革と消費者保護を目的としたドッド・フランク法が10年に成立している。

世界のマネーは10年に一度大きくシフトする

さて、90年代以降のバブルをまとめてみると、世界のマネーは10年に一度大きくシフトしていることがわかる。

90年代は、IT革命が起こり、ITバブルで株高になった。また、冷戦が終結した結果、軍備費が大きく減って「平和の配当」が生まれた。ITバブルと「平和の配当」の恩恵を受けたのは先進国であり、なかでもアメリカの株式が大きく上昇した。一方で、アジアや中南米の新興国では危機が頻発した。アジア危機や中南米危機で、通貨も大幅に下落してハイパーインフレが起きた。要するに、90年代は「株式・先進国優位」の時代だった。

2000年代にはそれが一転して、「債券優位・新興国優位」に変わった。2000年代の最も大きな特徴は、2000年のITバブルの崩壊と、07年のサブプライムローン危機に端を発した08年のリーマン・ショックという二つの大型金融危機が起こったことである。大型危機が起こり、株価が下がり、当然のことながら債券が優位になる。さらに、ディスインフレで景気が悪くなり、金利が低下して、全世界的にゼロ金利になった。その一方でBRICsが台頭し、資源価格が高騰し、ドル安になった。

しかし、10年代には、再び、「株式・先進国優位」の時代になりつつある。09年末から15年末の投資収益率（年平均）を見ると、世界株式は13・3％であるのに対して、世界国債は3・9％にとどまっている。また、アメリカの経常収支はシェール革命の影響で大きく改善して、ドルが復活している。一方、BRICsなどの中進国は、賃金が上がり、資源価格が低迷し、新しい産業がほとんど育っていないという問題点を抱えている。

2　バブル発生の条件

バブルの歴史

ここでもう一度バブルの歴史を細かく見ていきたい。

世界最初のバブルは1637年にオランダの国際金融センターを舞台にした「チューリップ・バブル」だといわれている。オスマントルコから、世界の貿易の中心地だったオランダにもたらされたチューリップの球根を多くの人が買い求め、やがてそれが投機の対象となり、価格が暴騰した後バブルがはじけたのである。

1720年にはイギリスで、「南海泡沫事件」が起きた。当時は、政府に対して株式会社設立の届け出を行ない、政府がこれを認可するという仕組みだったが、この事件はそのような株式会社制度を悪用して起きた事例である。実は、政府による審査はないのも同然だったので、まったく実体のない会社が株式を大量に発行し、その株式が市場で高値を付けるという具合に株価が高騰した。しかし、そもそも実体のない会社なので、やがてバブルがはじけたのである。

ただし、以上の二つのバブル崩壊は、そもそも金融市場が小さかったため、さほど大きな影響を及ぼさなかった。それに対して、世界中に大きな影響を及ぼしたのは、「狂騒の20年代」のバブルで、これがはじけて1929年の大暴落を招いたことはすでにふれた。ただし、この時のバブルは、成長率、株式市場の規模、株価を見ても、それほど驚くようなバブルではなかった。ただ、当時の株式会社制度や会計制度、もしくは証券取引の監視制度などがきわめて不十分だったために、大きなひずみが生まれたのである。

1980年代以降の3つのバブル

さて、1980年代以降、世界的な規模で3つの大きなバブルが起きた。

一つは、80年代終わりの日本の資産バブルである。このバブルのそもそもの発端はプラザ合意にあり、85年にニューヨークのプラザホテルで開催されたG5（先進5カ国蔵相・中央銀行総裁会議）でドル高是正に合意したことだった。各国の協調介入によって1ドル242円から121円に一気に円高になったが、日本もその一端を担うために介入したという、歴史的に見てもきわめて珍しいケースだった。

加えて、原油価格が大幅に値下がりした。73年と79年の二度にわたる石油ショックで石油価格が大きく値上がりして、80年には最高1バレル40ドルをつけたものが、86年には1バレル7ドルまで下落した。

急激な円高に直面して日銀は金融緩和を行ない、金利は低下した。当時、株式市場では、これを「トリプルメリット」と呼んでいた。円高になって輸入コストが下がり原油価格が下がるので、いろいろなモノのコストが下がり、金利が下がったのである。

当時の日本企業の自己資本比率は約20％弱であり、「トリプルメリット」によって株価は上昇した。それに加えて、当時の日本企業の実力もあった。日本の電機企業は当時の最新のハイテク商品であるＶＴＲ、ＣＤやＤＲＡＭなどの世界市場で8～9割のシェアを占めていたので、多少の円高でも困ることはなかったし、そもそも競争相手も日本企業なので、円高でもさほど大きな影響を受けなかったという事情もあった。そして、日本の資産バブルが発生した。

90年代後半には、アメリカでＩＴ革命が起きて、移動体通信（いわゆる携帯）、インターネット、パソコンが急激に進展した。現在は当たり前のようにスマートフォン（スマホ）が使われているが、90年代初めにパソコンを持っている人はいなかったし、携帯電話やインターネットを使っている人はいなかった。しかし、90年代末には多くの人がパソコンを利用するようになり、現在では一人で数台のパソコンを持ち、スマホを操ることが当然の世の中になった。

また、前述のように、90年の東西冷戦の終結により、国防費が削減されて「平和の配当」が生まれ、アメリカでＩＴバブルが起きた。

直近では、２００５年から08年にかけて世界同時バブルが起きている。きっかけはアメリカの住宅バブルであり、リーマン・ショックがアメリカの住宅バブルの崩壊によって起きたことは確かである。しかし、アメリカの住宅バブルの他にも、新興国バブル、ＢＲＩＣｓの急成長による資源エネルギーバブル、２０００年代にＥＵの制度の統合が進んだ結果としてのユーロバブルなどを含めた世界同時バブルが起きたのである。

バブルと危機は繰り返す

世界の株式相場は「危機→株価上昇」というパターンを繰り返してきた。危機が起きるたびに極端な金融緩和や景気対策が行なわれて、バブルを生み出してきたのである。例えば、日本の資産バブルのもとになった「危機」は「プラザ合意」であり、1987年10月のブラックマンデーだった。いまだに1日の株価下落率としては、ブラックマンデーが最高であり、当時は29年の大暴落の再来だと言われていた。

また、97年のアジア危機と98年のLTCM（Long-Term Capital Management）危機（ヘッジファンドの危機）に直面して強烈な金融緩和が行なわれた結果としてITバブルが発生した。

さらに、アメリカでは2001年に同時多発テロ（9・11）とアフガン紛争があり、同じ年にエンロン事件が起き、03年にはイラク戦争などがあったために、アメリカの景気の底は2000年12月だったにもかかわらず、グリーンスパンFRB議長は03年6月まで金融緩和を継続した。それが結果として、07年のアメリカの住宅バブルを引き起こしたのである。

図4-2 日米株式相場の推移

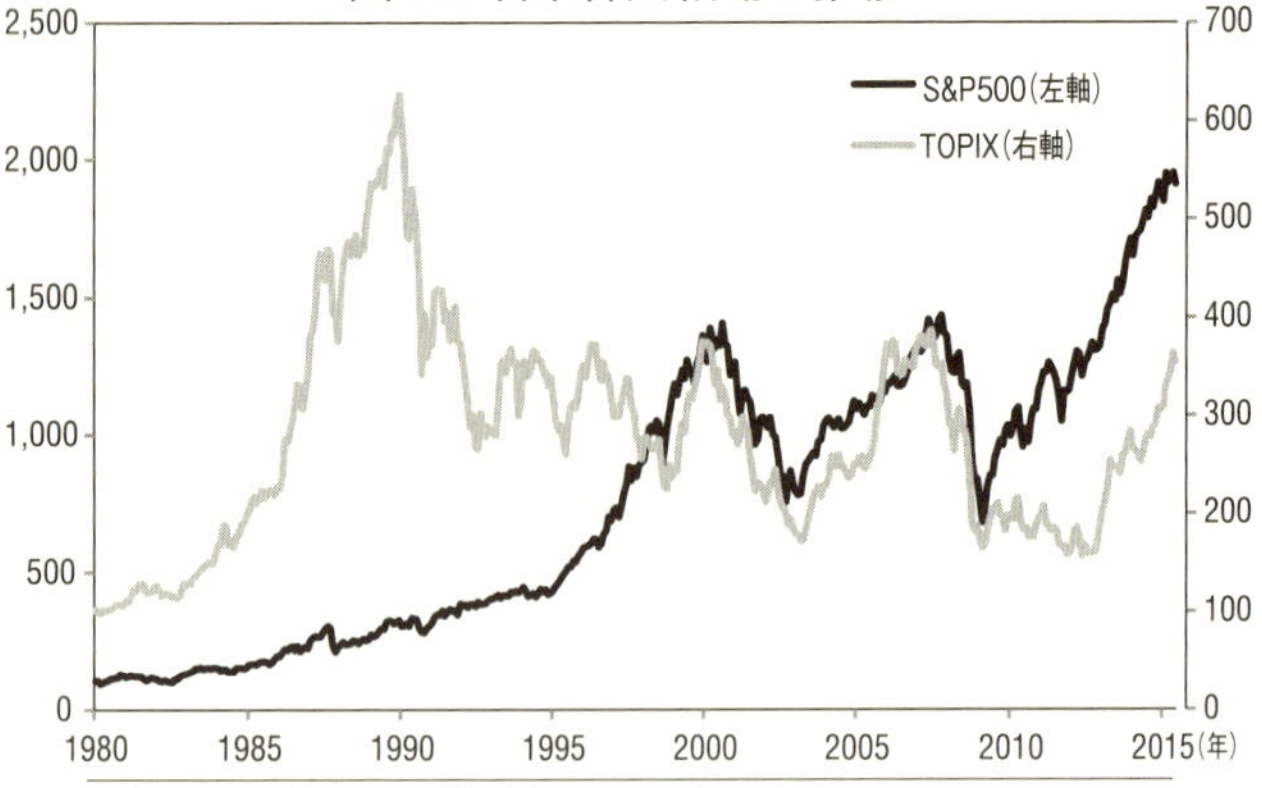

注）1979年末=100
出所）データストリーム、シティグループ証券

なぜ、バブルは発生するか

では、なぜバブルが発生するのか。

バブルが発生する理由として考えられるのは、好景気・低インフレ・低金利という3条件が重なった結果として、「好景気＋カネ余り」が生まれるということである。一般的には景気が良いとインフレ率が上昇するが、何らかの理由でインフレ率が低いときにバブルが発生する。

また、最近起こっていることは、ディスインフレーション（インフレ率の持続的な低下）とフィリップス曲線のフラット化（好況でもインフレ率が安定化）であり、20世紀の常識とは大きく変わってきている。一般的には、景気が良くなればインフレ率は上がる。好景気で低金利（もしくは超金利緩和）があると、基本的にはインフレ率は上がるというのが世の中の常識だったが、14年のユーロ圏のインフレ率は、0・4％であり、アメリカは1・3％である。つまり、世界のインフレ率が構造的に低位安定しているので、ヨーロッパで景気刺激政策をとってもインフレ率はなかなか上がらないという状況が発生している。

バブル発生の可能性は？

世界のインフレ率が構造的に低位安定している要因として考えられるのは、一つはグローバリゼーションとIT技術の進展であり、もう一つは中央銀行の金融政策の能力の向上である。

図4－3は、世界とG7のインフレ率の推移を示しているが、80年代から90年代にかけて世界のインフレ率はかなり高かったことがわかる。ブラジルやアルゼンチン、トルコなどの新興国がハイパーインフレに見舞われたことがその理由である。当時は、どちらかといえば経済成長率の動きに目を向けていて、仮にインフレ率が高くても景気が良ければよいという発想だった。

しかし、金融政策が発達した結果、インフレ率を抑えた方が経済成長率は高まることが証明され、現在の経済政策はその方向に移っている。最近では、ブラジル、インド、インドネシア、トルコ、南アフリカの「フラジャイル・ファイブ」の金融市場の整備が課題とされ、インフレを退治することが経済成長率を上げることだ、という共通理解が得られる

図4-3　世界とG7のインフレ率の推移

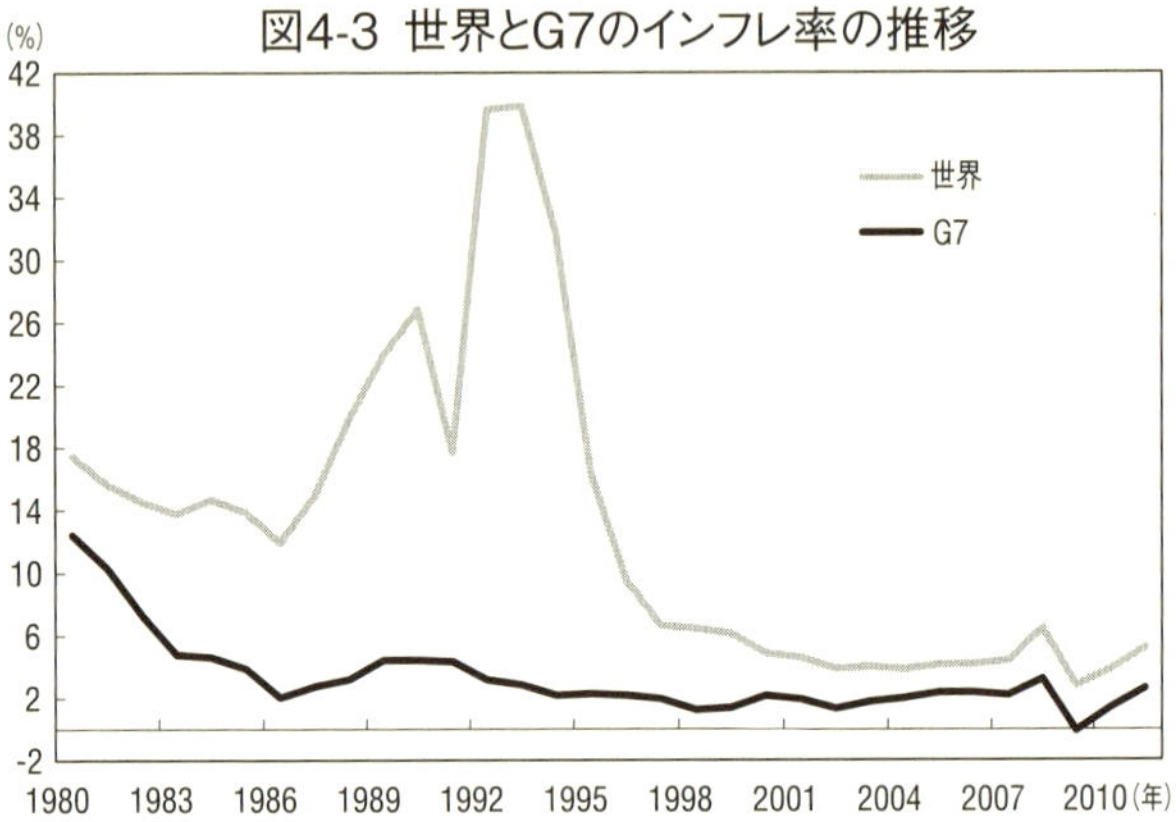

出所）IMF、シティグループ証券

表4-1　世界の経済成長率、インフレ率、長期金利の推移

	経済成長率	インフレ率	長期金利
1980年代	3.2	16.1	7.4
1990年代	3.1	20.1	6.1
2000年代	3.9	4.3	3.3
2010年代	3.3	3.4	1.9

注）経済成長率、インフレ率（2000年代）はシティグループ証券予想。長期金利（2010年代）は、2010年〜2015年末までの平均。

出所）IMF、シティグループ証券

ようになっている。

ただ、図4－3を見ると、2010年に入ってからインフレ率は上昇しつつあることがわかる。また、表4－1を見ると、世界の成長率は上昇している一方で、インフレ率は大きく下がってきている。逆に言うと、次の景気のピークも、相当な確率でインフレ率は低く、かつ、低金利である可能性が高い。

バブルを防ぐことはできない

では、発生するとわかっているバブルを防ぐことはできるだろうか。残念ながら、「バブルを防ぐことはできない」というのが私の結論である。実際、02年にグリーンスパンFRB議長は、「バブルは、崩壊して初めてバブルとわかる」という名言を吐いている。バブルの最中には、それがバブルだとはわからないということであり、実際、アメリカの住宅バブルのときも、それがバブルであることはまったくわからず、崩壊して初めてわかったということである。06年にはコーンFRB副議長も「バブルの早期認識は困難」と言っている。

加えて、バブルは正当化される。例えば、日本では1980年代に「Qレシオ」ということが言われた。これは、トービンのQを援用して、資産が値上がりしているのだから株価が上昇してもPBR（株価純資産倍率）で見れば同じなので、株価は決して高くはないとして正当化された。

90年代にはIT革命による「ニューエコノミー」だとして、アメリカの株価が正当化された。最近では、リーマン・ショックから立ち直った後の世界経済は、それ以前の経済とは別物になっていて低金利は当たり前の意味で「ニューノーマル」という言葉が使われている。

バブル崩壊に気づくのも遅れる

また、バブル崩壊に気づくのも遅れる。例えば、日本では1989年12月に史上最高値を記録した後バブルは崩壊するが、日銀はバブル崩壊後も三度の利上げを実施している。また、ITバブルのピークは2000年2月だったが、日銀はその半年後に、つまりバブルが崩壊している最中に、一種の利上げを実施し、その誤りに気づいてさらに半年後には再び利下げを実施している。後から批判するのは簡単だが、バブル崩壊を認識するのは難しいということである。

さらに、政策対応も遅れるのが常である。アメリカ連邦準備制度理事会（FRB）の考え方は、「資産価格に配慮する金融政策は不適切であり、バブル崩壊後に迅速に対処する」というものである。バブルが起こるかどうかわからないということを判断しながら金融政策を行なうことはないという考えであり、バブルの発生や崩壊を念頭に置いて金融政策は打たないということである。そして、バブルは崩壊しないとわからないので、崩壊してから迅速に動くというのが基本的な考え方である。一方、BIS(国際決済銀行)の考え方は、「早めに金融の引き締めを実施して、バブルを抑制することは理想だが、その実行は困難」というものである。

正解は「FRBとBISの考え方の中間にある」であろう。FRBは物価と雇用の二つを見て金融政策を行なっているが、資産価格もある程度反映させることが望ましい。

バブルは姿を変えてやってくる

さて、バブルは姿を変えてやってくる。そうであるがゆえに、バブルの認識は難しい。一つには、歴史的に同じパターンのバブルはないことである。バブルの主役はそれぞれ異なり、1980年代の日本では不動産や金融株が暴騰したが、同じことは二度とやってこない。90年代にはアメリカでIT株が暴騰したが、今後ITバブルが起こることはない。また、2000年代にアメリカで住宅バブルが起きているので、今後は同じことは起きない可能性が高い。

二つめのポイントは、日米欧の金融緩和が長期化するということである。ドラギ欧州中央銀行総裁、イエレンFRB議長、そして黒田日銀総裁の任期は2018年から19年までだからである。

三つめのポイントは、バブルとその崩壊が巨大化していることである。この15年間で、98年ころのアジア危機、ロシア危機、LTCM危機、2000年のITバブルと崩壊、08年のリーマン・ショックという三回のバブルが発生し崩壊しているが、バブルとバブル崩壊は次第に巨大化している。これは、金融市場が経済よりもより巨大化したことと、グローバル化とIT化が進展したことによるものである。

以上を総合して考えると、2010年代後半の次回の世界景気のピーク時に、バブル発生の三条件が揃う可能性がある。株価がかなり大きく上がって相場がオーバーシュートし、結果としてバブルが発生するかもしれない。しかし、そのバブルを防ぐことは難しいと考えている。

3　世界の金融市場の展望

世界の株式相場は乱高下を始めた

２０１２年以降、アベノミクスの成功を背景に、順調に上昇してきた日本株相場だが、15年に入って大きな波乱が起こりつつある。その要因として、ギリシア危機と中国株式市場の乱高下が挙げられる。

15年からギリシア危機が深刻化している。この危機は、09年にギリシア政府が財政赤字を粉飾していたことが発覚したことから始まった。巨額の財政赤字は国家財政に対する信頼を失わせ、その結果、ギリシア国債が暴落した。

そこで、ギリシアは財政緊縮策を条件に、ＥＵやＩＭＦなどから支援を受けた。ところが、財政緊縮策に対する反発が強く、15年、緊縮財政に反対するチプラス政権が誕生した。これが、第二次ギリシア危機の始まりだ。

チプラス首相は、ＥＵとの合意の変更を求め、国民投票を実施した。国民は大差でＥＵ支援条件の受け入れ拒否を支持した。これを機に、中国株の乱高下も加わって、世界の金融市場は大混乱に陥った。

今後、基本的には、世界的株高シナリオが考えられる。しかし、世界の景気サイクルが消えてなくなったのではない限り、永遠に、景気が拡大するわけではない。いつかは景気が悪化に転じて、その結果、株価は大きく下落に転じることになる。景気の下降局面とギリシア危機が重なれば、大きな危機に発展するかもしれない。

歴史的に、株価下落に転じた時に、ゆっくり株価が下がったことは一度もない。バブル崩壊、金融危機、ITバブル崩壊、リーマン・ショックがその例だ。そして、円高に転じた時に、ゆっくり円高になったことも一度もない。ニクソンショック、プラザ合意、東日本大震災などがその例だ。

世界の株式相場は09年3月に底打ちして、7年を経て、安値から3倍近く上がった。円ドル相場は、75円から125円まで50円も円安になった。つまり、すでに、株高と円安は長く続いたのだ。歴史は繰り返すという。そうであれば、株高・円安が転換すれば、強烈な株安・円高になるかもしれない。

アベノミクス相場の持続性

株式市場の最大の焦点は、アベノミクス相場の持続性だ。歴史的に、アベノミクス相場はどのように位置づけるべきものなのだろうか。バブル崩壊後の日本株の推移を振り返ることにしよう。

日経平均は、225の構成銘柄の株価を平均し、連続性を持たせるべくそれを修正したものだ。値がさ株であるファーストリテイリング、ファナック、ＪＲ東海などの影響を受けやすい。このため、時価総額平均であるＴＯＰＩＸの方が実態をより適切に表す。日経平均をＴＯＰＩＸで除した数字をＮＴ倍率と呼ぶ。以下、ＮＴ倍率を12倍として、日経平均を計算することにする。

１９９０年のバブル崩壊後、四半世紀にわたって、日本株はボックス圏で推移してきた。バブル崩壊後のＴＯＰＩＸの高値は２００７年の１８１６(日経平均換算約２２０００円)、安値は11年の６９５（同約８０００円）だ。

日本以外の世界の主要市場は、リーマン・ショック前の07年の高値を大きく上回っている。過去10年間（15年末）の株価上昇率（ＭＳＣＩ）は、世界の71％と比較して、日本は13％と大きく差がついている。つまり、アベノミクス相場があったにせよ、長期的には、日本株は相対的に不振だったということだ。

この間の株価の特徴は、第一に、下げ相場のたびに、安値を切り下げていることだ。つまり、相場のサイクルのたびに、底値はその前の底値を下回っている。第二に、上げ相場のたびに、高値を切り上げていることだ。つまり、07年の高値はその前の高値を上回っている。

それでは、アベノミクス相場は、高値を抜いた後に、これまで同様に、株価は反転し大

図4-4　TOPIXの推移

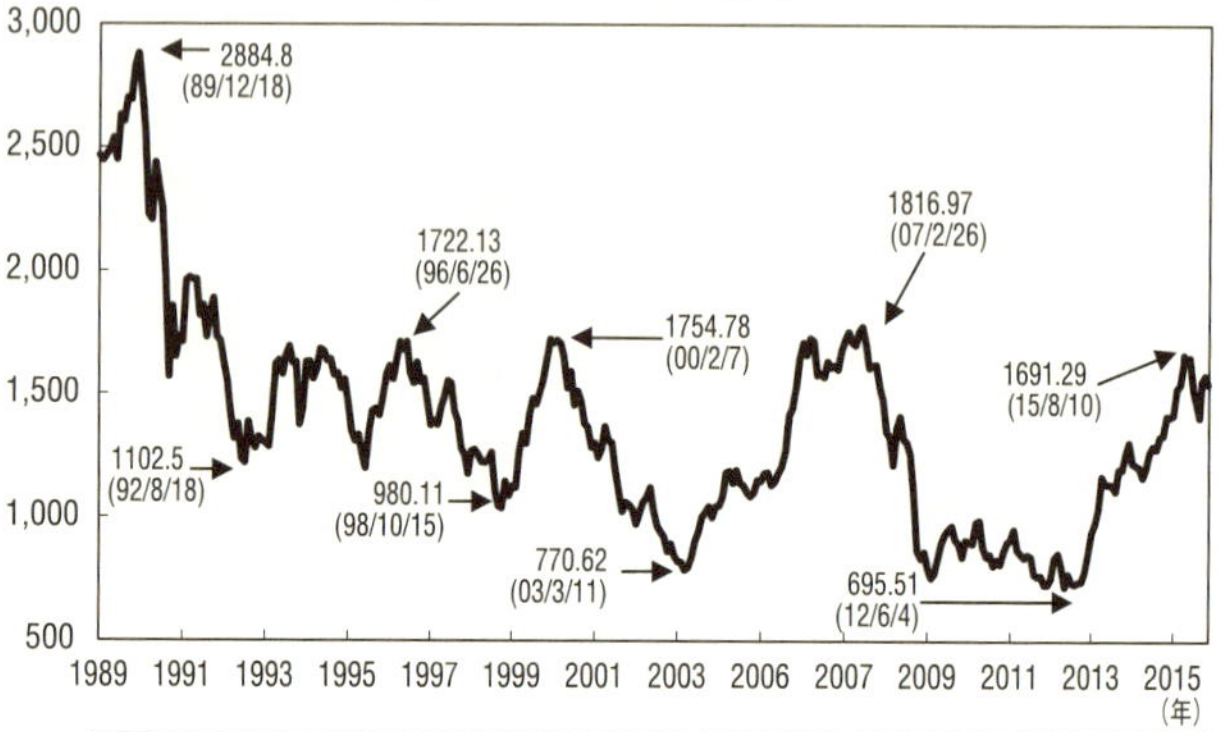

出所）Astra Manager、シティグループ証券

きく下がるのだろうか。それとも、四半世紀続いたボックス圏を抜け出て、長期上昇相場になるのだろうか。相場の持続性を予想するにあたって、最も重要なのは、企業の利益成長の持続性だ。

日本企業の収益は、たいへん好調だ。アベノミクス相場が始まる前に、輸出企業を中心にリストラが進み、企業全体が筋肉質になっていた。そこに、世界的な景気回復、円安、株高が一気に進み、利益は急回復した。

電機や自動車など主力輸出企業の利益は急回復しているが、円安や景気回復などマクロの環境の好転とリストラ効果の影響が大きい。米国のＩＴ企業や薬品企業のように、画期的な新製品・サービスが世界的に大ヒットした日本企業は、それほど多くない。よって、アベノミクス相場の歴史的な位置づけは、本格的な株価上昇というよりは、回復や復活という表現が適切だ。

仮に、世界的な超金融緩和が続くのであれば、世界的に株高が一段と長く続く可能性がある。つまり、過去のバブル発生と同じパターンになり得る。

しかし、景気サイクルが存在する以上、やがては、相場が反転することになるだろう。大きく株高と円安になるようであれば、過去の経験則からは、その反動で強烈な株安と円高がやってくることになる。

前述の通り、バブルの教訓は、①危機の中で次のバブルの芽が生まれる、②バブルの認識が遅れる、③バブル崩壊に気づくのも遅れる、④バブルは姿を変えてやってくる、⑤崩壊しないバブルはない、ということだ。歴史が繰り返すとすれば、知らぬ間にバブルは生まれ、そして、それはバブルであるが故に崩壊する。

なお、本書の記載中、意見にわたる部分は、筆者の個人的見解に基づくものであり、筆者の現在所属する組織または過去に所属した組織の見解を示すものではない。本書は筆者個人名による出版物であり、本書の文責はすべて筆者個人にある。

第 II 部

公共政策を振り返る

検証5 社会保障

増え続けた年金・医療費

跡田直澄
嘉悦大学特任教授

1　はじめに

バブルが崩壊し、経済成長が低迷し続けてきたにもかかわらず、社会保障給付費は増加し続け、2009年には100兆円を超え、2012年には109兆円となり、GDPの約5分の1の規模に達している。この給付額のうち公費負担（中央政府の国庫負担＋地方政府等の他の公費負担）は42兆円にまで増大し、中でも中央政府の国庫負担は30兆円となっており、一般会計予算の約3分の1を占めるに至っている。人口構成の急速な高齢化が進むなかで、2012年以前の政府の経済運営と社会保障政策の失敗が加わり、経済規模の拡大以上に社会保障規模が拡大してしまったのである。

2015年には団塊の世代が65歳に到達し、年金受給を始めることになる。それに伴う給付と国庫負担の増大、さらに高齢者医療費や介護保険に対する国庫負担の増大は、一般会計予算における社会保障関係費の拡大の一因となっている。また、長期不況に、政権交代後の無責任な政府による政策的な制度の改悪も加わったため、雇用保険給付さらには生活保護費や児童福祉費の支給も増大させてしまった。

近年、日本の社会保障制度は高齢化により大変なことになると喧伝されているが、現行の制度はそれほど脆弱なものなのであろうか。本稿では、その点を再考するため、左記の三点を検討してみることにした。

- 高齢化による社会保障のために消費増税が行なわれるという議論がなされているが、本当だろうか。
- 社会保障が財政赤字の原因だといわれているが、本当だろうか。
- 社会保障は経済に対してマイナスの影響を与え経済衰退に繋がるといわれているが、本当だろうか。

これらの疑問に答えるために、以下では、社会保障給付と財源の動向を1985年から振り返り、高齢化のために必要となる給付と財源について検討する。さらに、財政赤字と社会保障の関係及び社会保障と消費や雇用といったマクロ経済との関係を調べ、今後の社会保障改革のあり方を議論することにしたい。

2　社会保障と経済成長

給付の動向

図5－1に示した社会保障給付費の推移から、いくつかの特徴を読み取ることができる。第一は、社会保障給付費の総額は2009年に100兆円を超え、12年には109兆円に達したことである。これは日本のGDPの約5分の1に相当する規模である。第二は、社会保障給付費は2000年代初頭までは着実に増加してきたことである。つまり、バブルが崩壊してGDPの成長が低迷していたにもかかわらず、社会保障給付費は増加し続けてきたということである。

第三には、2000年代に入って以降、前半の小泉政権時には社会保障給付費の伸びが抑制されたものの、09年ころから再び増大してしまったことである。これはリーマンショック（08年9月）によって雇用関係費が増大したことや、民主党政権の誕生（09年7月）により、ばらまき的社会保障給付が増えたことによるものである。第四には、社会保障給付の約半分は年金給付で12年では54兆円、医療給付は同年で35兆円であり、両者で全体の

図5-1 社会保障給付費の動向と内訳

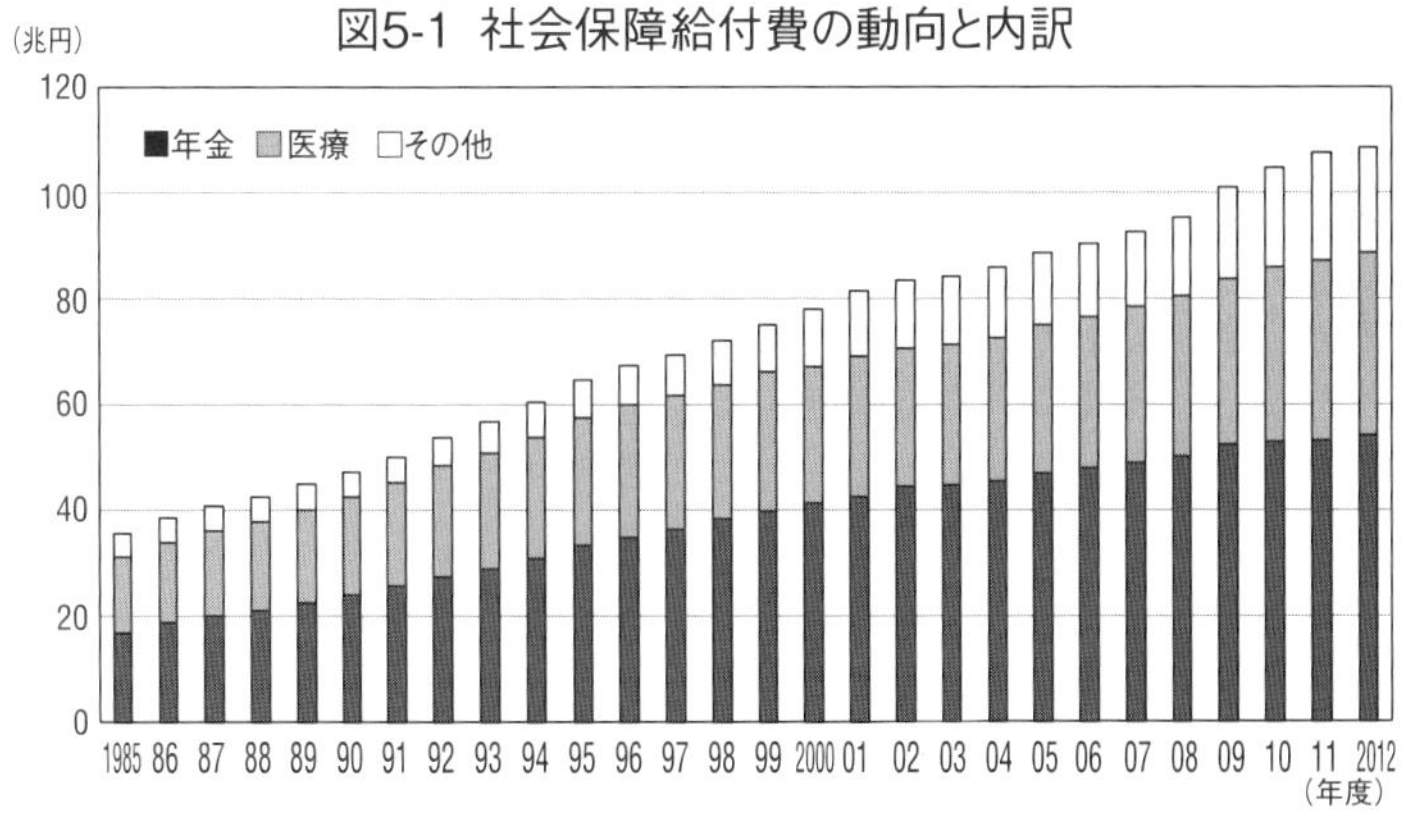

出所）『社会保障費用統計（国立社会保障・人口問題研究所）』「集計表２　社会保障給付費収支表」より作成

90％近くを占めていることである。ただ、近年はその他の給付も増加傾向にあり、20兆円規模に達している。

経済成長と社会保障給付費

図５－２は、経済成長と社会保障給付費の関係を示したものである。１９８５年にはＧＤＰ成長率は約７・５％、社会保障給付増加率は約６％だったが、２０１０年には経済成長率は約１％、社会保障給付の増加率は４％弱、12年には同０％と１％になっている。大胆にまとめるならば、リーマンショック時（08年と09年）を除けば、日本の経済成長率と社会保障給付増加率の関係は図の右上から左下へと移動してきたといえる。

　ここで注目すべきは、85年から90年代前半ま

図5-2 経済成長と社会保障給付費

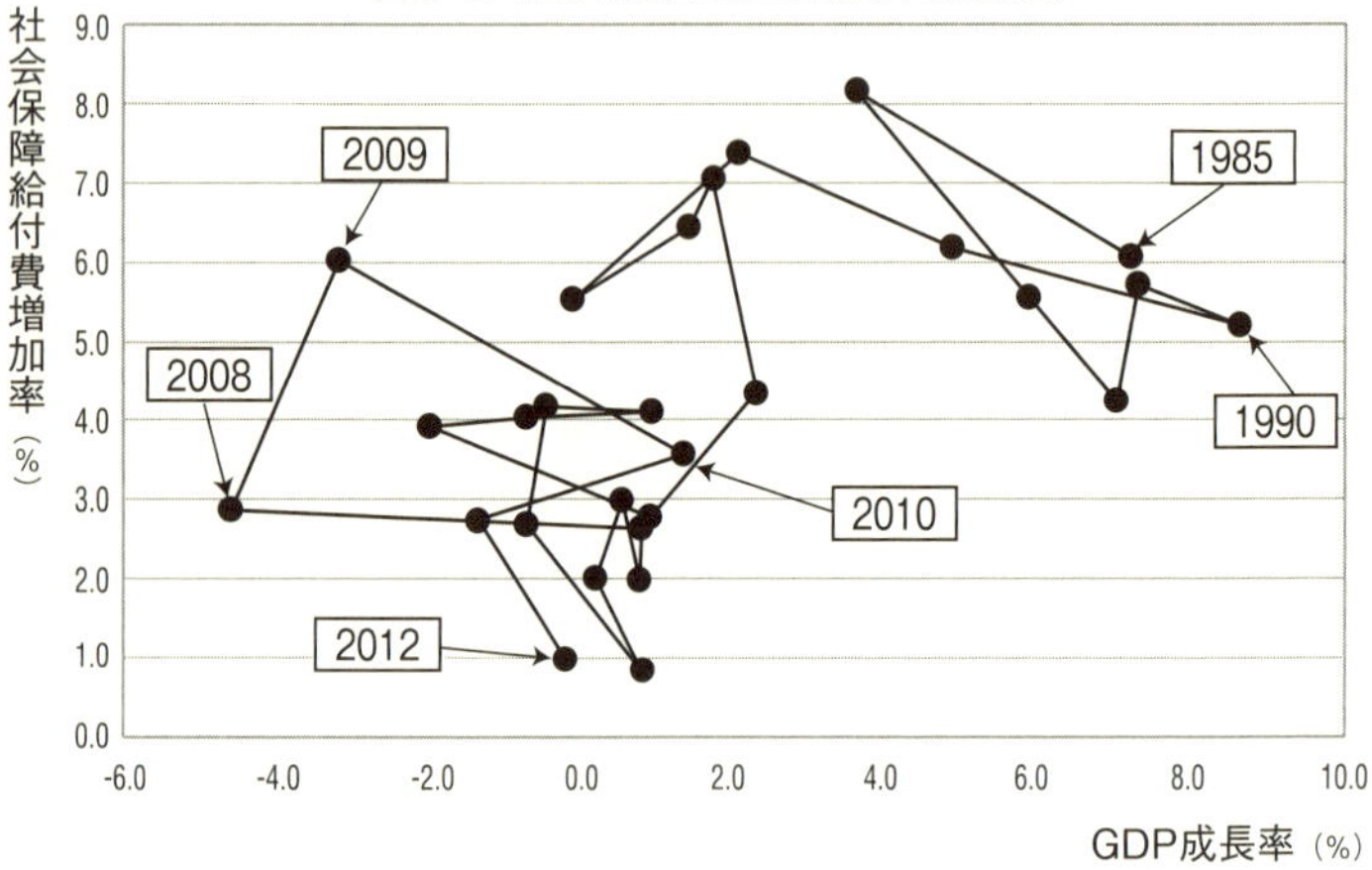

出所）社会保障給付費増加率は図1と同じ。GDP成長率は『国民経済計画（内閣府）』より作成。

では、経済成長率が上がるにしたがって社会保障給付が低下するという理想的な傾向にあったが、92年以降は基本的に経済成長率が低下をする中で、社会保障給付がそれを上回るかたちで伸びていることである。それが、社会保障が財政の足を引っ張っていると言われる原因になっている。

しかし、もう少し細かく見ると、小泉政権下の2002年から06年は社会保障給付の伸びはやや抑制され、07年以降に再び伸びが拡大していることがわかる。例えば、08年と09年には経済はマイナス成長であるにもかかわらず、社会保障給付は08年3%、09年6%の伸びを示している。

図5-3 社会保障費収入の動向と内訳

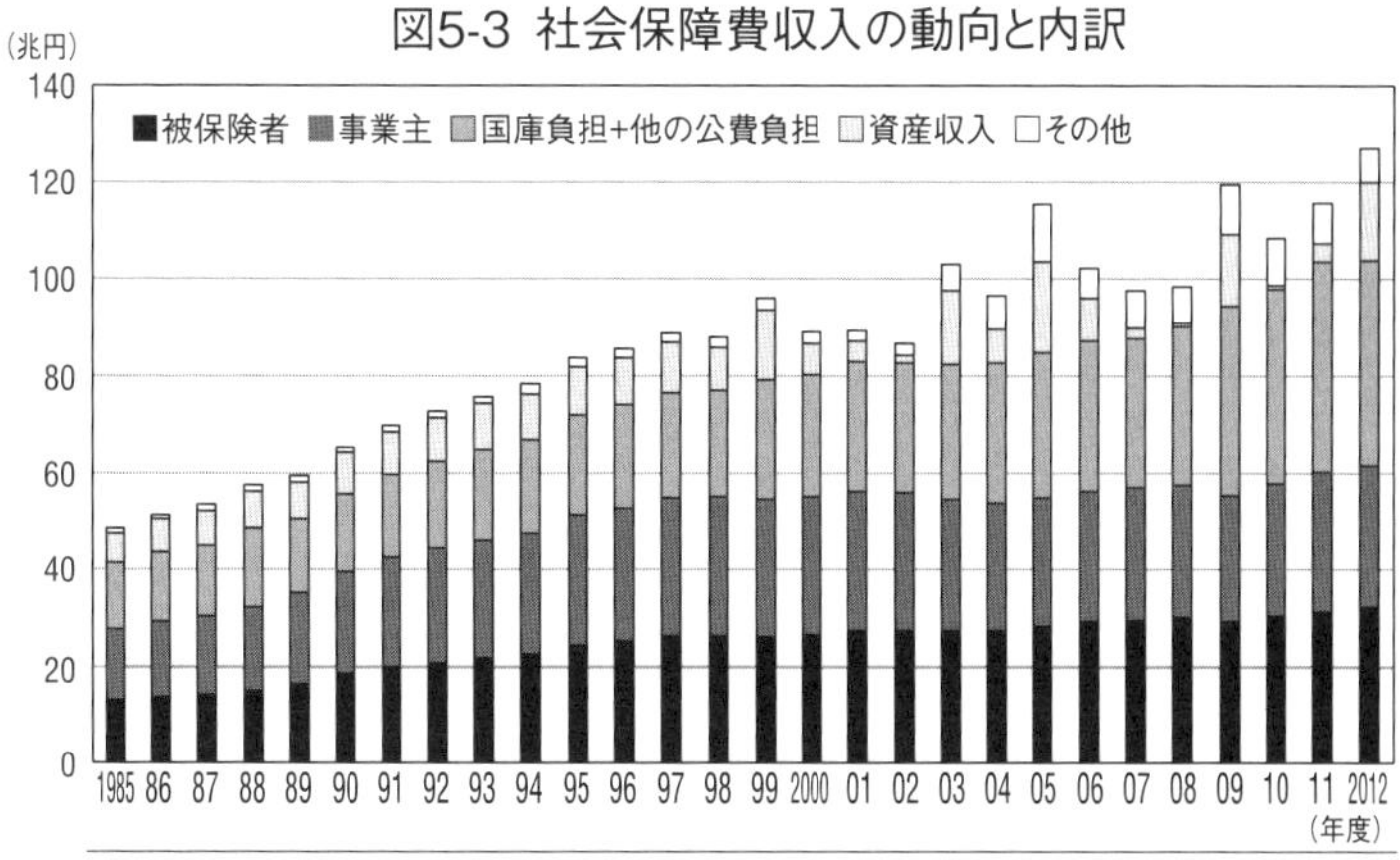

出所）『社会保障費用統計（国立社会保障・人口問題研究所）』「集計表２　社会保障給付費収支表」より作成

社会保障費収入と国庫負担

図５－３は社会保障費収入の推移を示している。一見してわかるように、バブルが崩壊して以降も、社会保障費収入は１９９７年までは順調に伸びてきた。経済は停滞していたが、保険料収入はなんとか維持されてきたということである。しかし、98年に微減して以降は、かなり大きな凹凸が発生している。

もう少し詳しく見ると、98年以降はバブル崩壊後の経済停滞の影響が出て、保険料収入の減少、とりわけ事業主負担の伸びが停滞している。また、99年以降、資産収入（利子収入）が大きく変動している。しかし、その他収入（資産売却益等）は２００３年以降増大している。なお、09年度と11年度の公費負担

図5-4　公的負担とその内訳

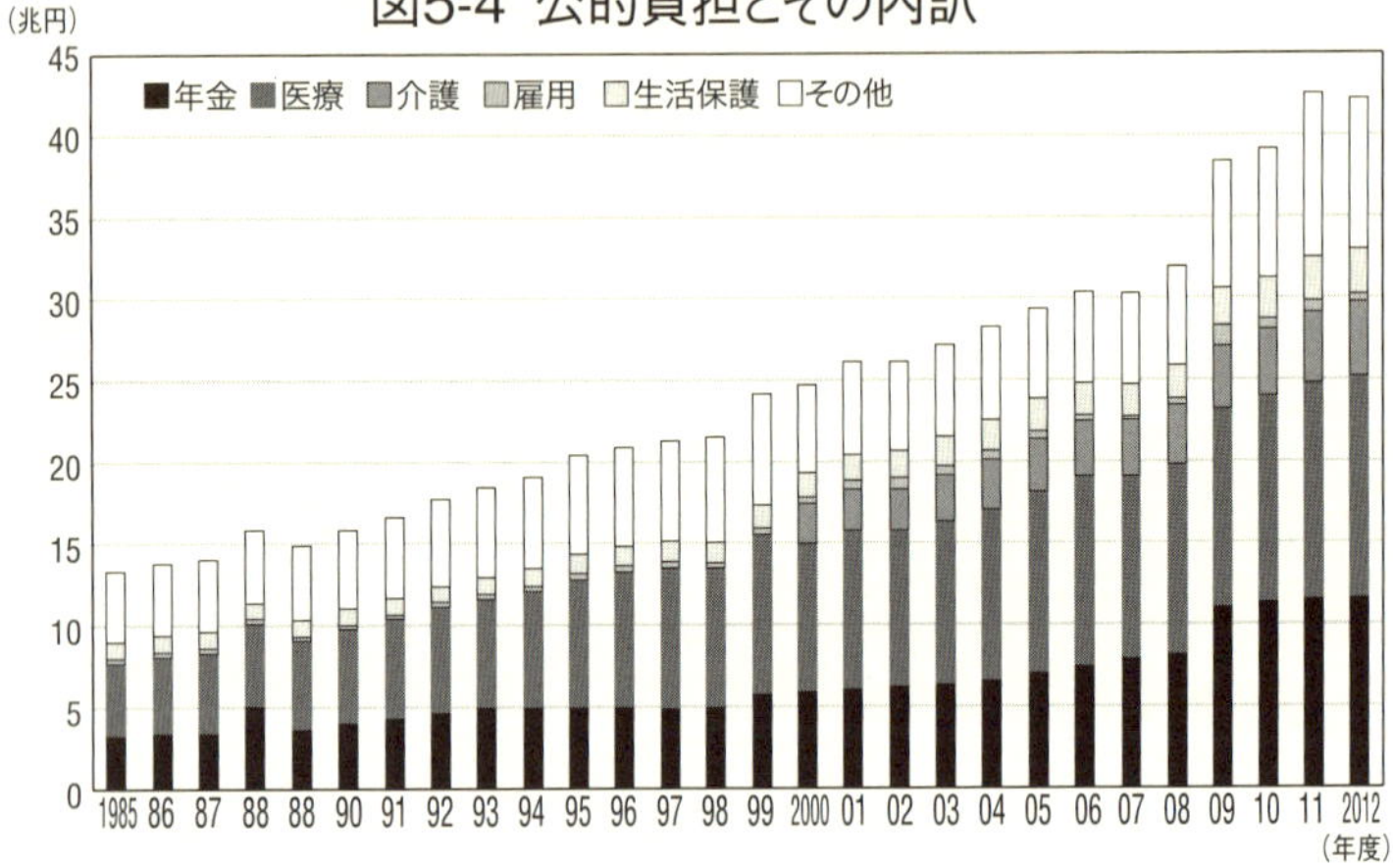

出所)『社会保障費用統計(国立社会保障・人口問題研究所)』「集計表2　社会保障給付費収支表」より作成

増加については後で説明する。

公費負担とその内訳

図5－4は、国庫負担と他の公費負担を合計した公費負担の推移を、年金や医療などの費目別に示したものである。全体的には、1985年から2009年までは、緩やかにしかし着実に増加してきた。その増加額が比較的大きかったのは医療に対する公費負担であった。

ところが、08年から09年に5兆円強の大きなジャンプが起こっている。リーマンショックによる失業対策で雇用保険への公費負担が08年から09年に1兆円ほど増加しているが、最大の増加要因は年金への2・9兆円の公費負担増である。この増加分には高齢化による増加分も含まれるものの、多くは基礎年金への国庫負担割合の3分の1から2分の1への引き上げを、この年から本格的に実施したことによるものである。また、11年度にも、約5兆円公費負担が増加している。これは、他の公費負担で2・1兆円の増加と年金の国庫負担での1・4兆円の増加が主因と考えられる。こうした近年の公費負担の増大が財政再建を阻んでいるとされ、社会保障が財政赤字の主因という議論を生み出している。

3　年金と経済成長

年金給付と財源の動向

次に、「年金」に絞ってその給付の動向を振り返ってみよう。特徴的な変動はあまり見られず、高齢化の進展に伴って給付は2010年までほぼ安定的に増大してきた。詳細にみると、01年ごろまでは順調に拡大（5%～8%）したが、02年以降、伸びがやや鈍化（3%前後）している。01年ごろまでは被用者が増大したが、それ以降停滞したことがその原因と考えられる。また、1997年以降公務員は縮少しているが、地域（国民年金）は一

図5-5 年金の公費負担の推移

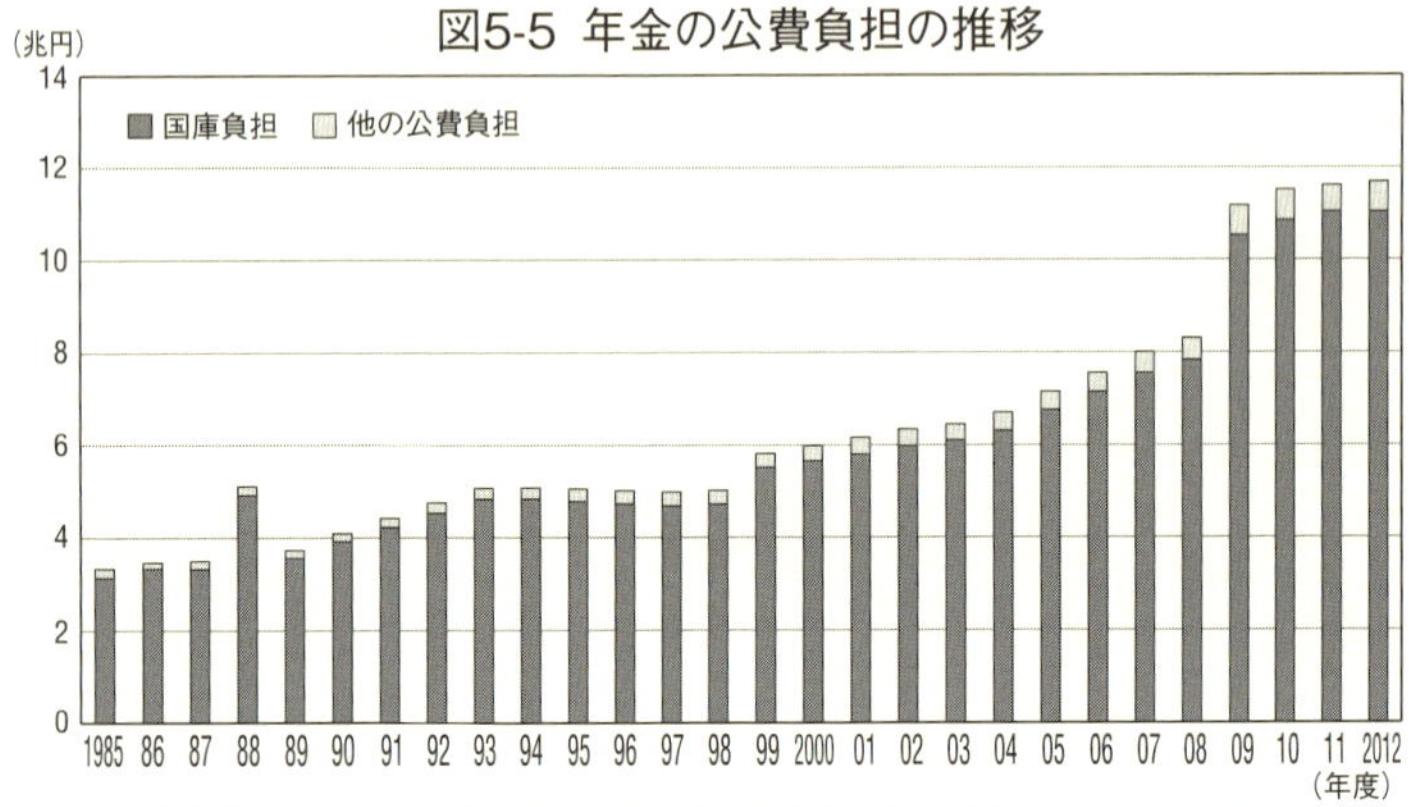

出所)『社会保障費用統計（国立社会保障・人口問題研究所）』「集計表２　社会保障給付費収支表」より作成

貫して拡大傾向を示している。ただし、２０１３年から15年にかけて急激な年金給付増が見込まれていた。「団塊の世代」が65歳に到達し、これまでより約１００万人多い人々が年金受給を始めることになるからである。なお、年金収入の推移は社会保障収入のそれ（**図５―３**）と同じような動きをしている。したがって、社会保障収入の変動を生み出している原因が年金収入にあるということができる。

2分の1国庫負担と団塊の世代の影響

図５―５に示した年金収入における公費負担の近年の増加については「2分の1国庫負担」化が強く影響している。２００４年に基礎年金の国庫負担を2分の1に引き上げる制度改革が決定され、05年以降は国庫負担の部分が少しず

つ大きくなり、09年度から2分の1相当分が本格的に振り込まれることになったため、このような動きが出ている。つまり、制度改革による負担増であり、高齢化による増加部分がどれほどあるのかがむしろ問題であると思われる。

09年度の公費負担増は約2・86兆円であった。通常の高齢化の進展に対応する国庫負担の増加額は2000年から12年まで（09年除く）の12年間の平均で約2500億円であった。したがって、2分の1国庫負担による負担増はおおよそ2・6兆円と考えられる。

では、団塊の世代の参入が始まった段階で負担増はどうなるかといえば、おそらく約1・5倍の4000億円程度と見込まれる。

しかし、それほどの増大は3年間だけのものであり、その後は徐々に元に戻っていく。長期的には、年間3000億円弱の追加的財源があればなんとかやりくりできるということであり、それほど巨額な新たな財源が必要になるわけではない。一時的に2兆円弱の財源は必要であるが、積立金で賄うことも可能な額であり、むしろ高齢高所得層への不要不急の年金（とりわけ基礎年金）給付の停止措置などで、財源を捻出することを検討すべき段階にきていると言えよう。

4　医療

医療給付の動向

医療給付費は1997年までは高齢者分の拡大がやや大きいものの、それ以外の被用者・公務員・地域といった区分のすべての分野で増加していた。その後、97年以降2004年まで被用者は縮小し、公務員、地域、高齢者は停滞傾向にあった。特に、2000年から04年ごろには明確に抑制されている。これは、小泉内閣において経済財政諮問会議などで、経済成長率の範囲内に医療費の増加を抑制する必要があるという強いメッセージが出された結果と考えられる。

しかし、05年以降、全分野で再び増大傾向にあって、なかでも地域の増大が顕著であり、10年は高齢者についても著しい増大を見せている。いったんは医療費抑制に成功したものの、その後は再びタガが緩んで増加し、とりわけ民主党政権下の09年からは大幅な増加となっている。

図5-6 経済成長と医療給付費

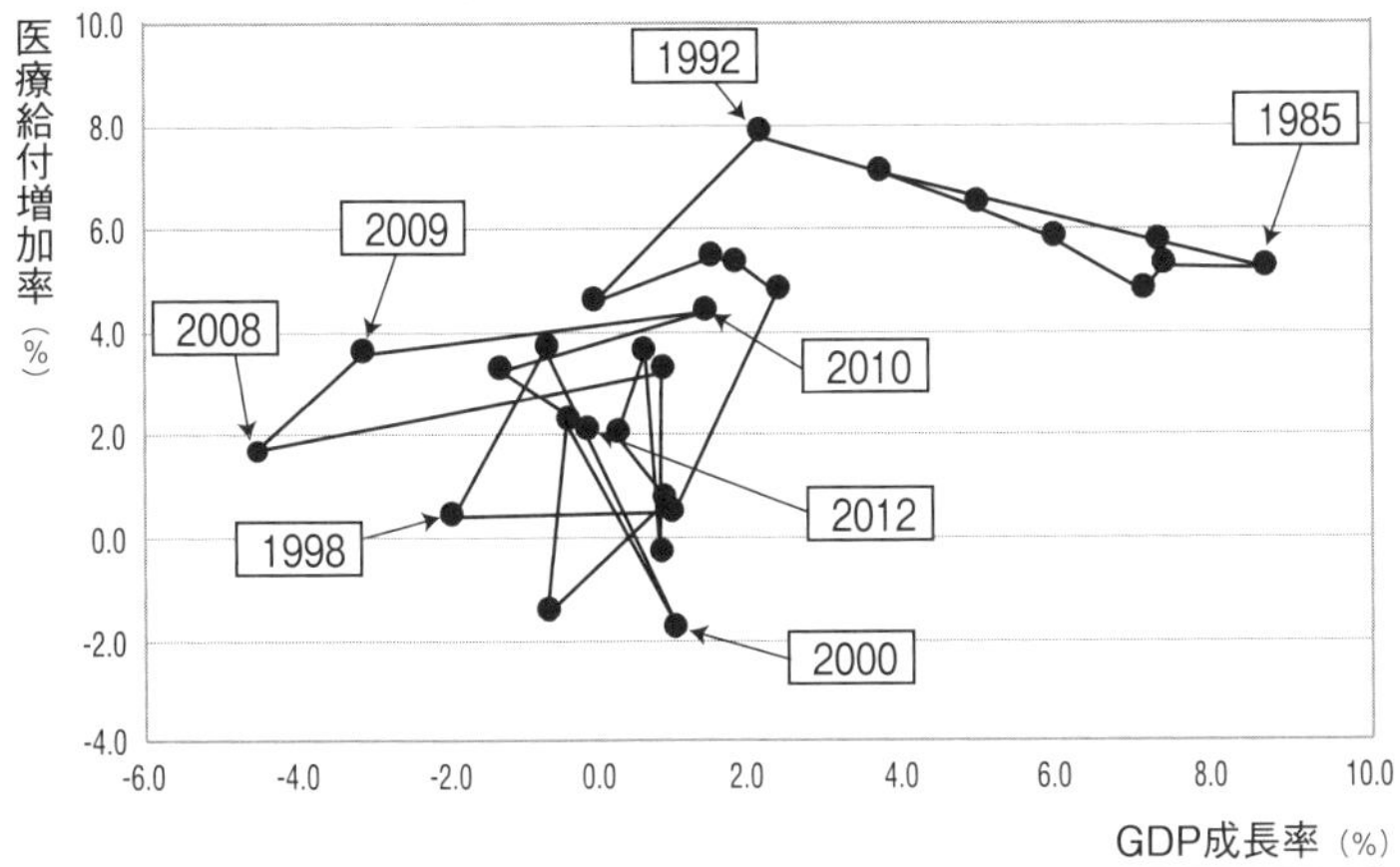

出所）医療給付増加率は図1と同じ。GDP成長率は『国民経済計画(内閣府)』より作成。

経済成長と医療給付費

医療給付費の増加と経済成長との関係を**図5－6**でみると、1996年ごろまでは、医療給付費は6％前後で増大し、97年以降は2％前後の伸びに抑制され、2009年と10年には4％前後で増大し、自民党政権に戻り、最近年は再び抑制傾向となっている。問題は、成長率が著しく低下した1992年以降、97年、2000年、02年、04年以外では、医療給付費の伸びが成長率を上回っていることである。つまり、90年代当初までは、経済が高成長していれば医療給付費の増加をその範囲内に抑制できるという関係があったものの、経済が低成長になって以降は、医療給付費は経済成長率を

図5-7 医療財源収入の動向と内訳

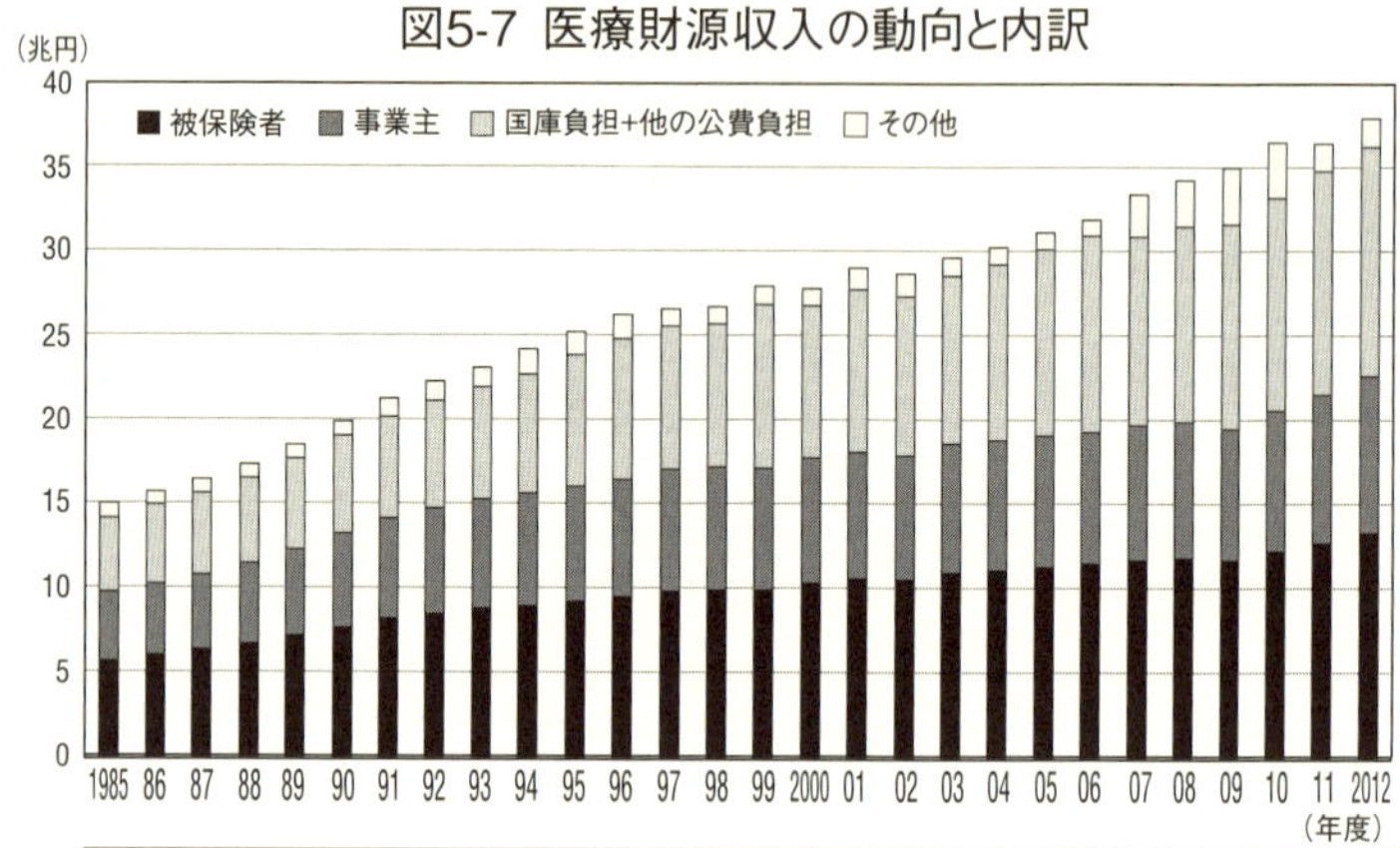

出所）『社会保障費用統計（国立社会保障・人口問題研究所）』「集計表２　社会保障給付費収支表」より作成

超えて増加する傾向を持ってしまったのである。

医療財源収入とその内訳

医療財源収入の動向を図５－７でみると、１９９６年までは順調に拡大し、97年頃から収入の伸びが鈍化している。なかでも事業主負担の鈍化傾向が顕著であり、成長の鈍化による保険料収入の低下が原因である。それを補うために、公費負担は一貫して増大傾向にあり、近年は「その他収入」（高額療養費補助など）の増大も顕著である。

公費負担の変化を詳細に見ると、２０００年から12年までの13年間の平均では年間約２９０億円の増加である。単年度の増加額の大きな変化は、診療報酬の改定や介護保険新設前後などの制度変更を反映したものであり、それらの影響を取り除くと公費負担の通常の年間増は2000億円程と見積もることができる。この程度であれば、単年度の医療費の増加を抑制することで、財源を捻出することは可能であろうし、むしろそうした努力を検討すべきであろう。ただし、団塊の世代が75歳に到達する2025年からの数年はやはりこの1・5倍から2倍ほどの財源の確保が問題となると予測される。

しかし、これも年金同様、数年の一時的な問題であるから、消費税などで恒常的な財源を準備する必要があるとは言い難い。

5 介護

介護給付の動向

介護保険については、公的保険として新設する必要性にははなはだ疑問があったにもかかわらず、介護の専門性は低く、給付も増えないとして、半ば強引に公的介護保険制度がつくられたという経緯がある。蓋を開けてみれば、導入以来急速に増大し、給付費は導入当初の2000年度の3兆円から12年度には8兆円を超える規模になっている。わずか12

年で3倍近く増加している。おそらく今後、介護保険は日本の社会保障費の増大にボディブローのように効いてくる要因になると思われる。

介護財源収入の動向

図5-8 介護財源収入の動向と内訳

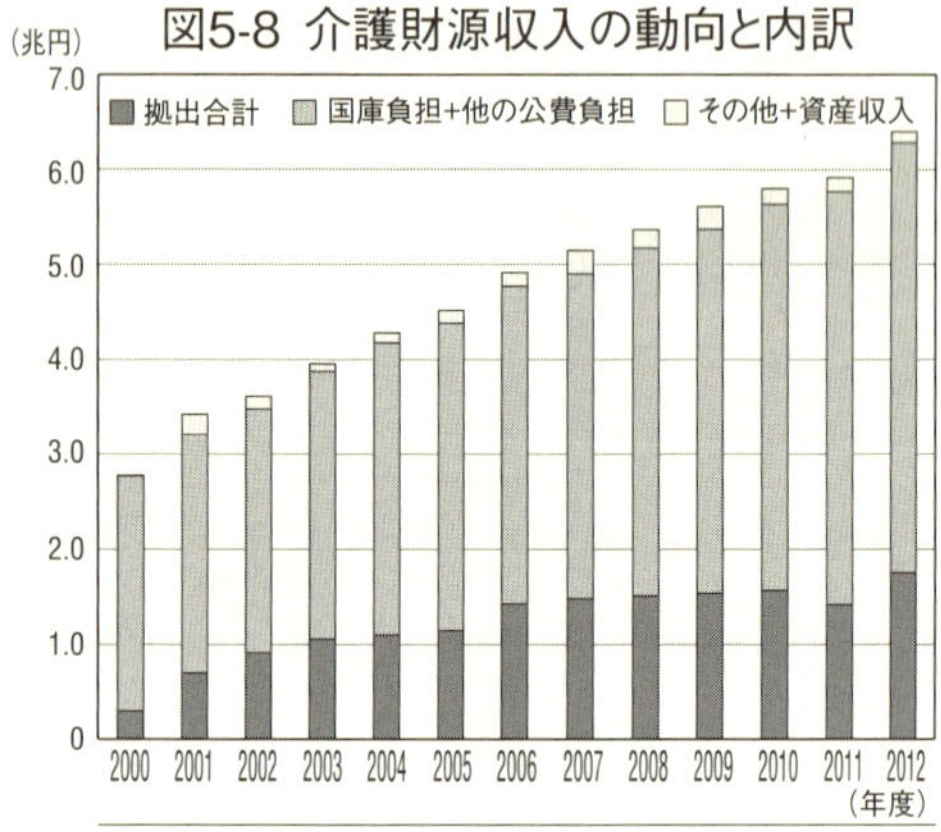

出所)『社会保障費用統計(国立社会保障・人口問題研究所)』
「集計表2 社会保障給付費収支表」より作成

介護財源収入は、図5－8に示した通り、被保険者の保険料収入も徐々に伸びているが、圧倒的に大きいのは公費負担であり、しかもそれが増加をしていることが問題である。2012年度の増加額は1800億円程であり、2001年からの12年間の平均でも年当たり1700億円程増加をしている。

周知のように、年金や医療の公費負担はほとんどすべて国庫負担であるが、介護の場合、国庫負担は3分の1で、残りの3分の2は地方負担になっている。つまり、国の財政に直接影響を与えているのは600億円程であり、残りの1100億円から1200億円程は地方負担になっている。社会保障の国庫負担という面ではさほど大きなものではないかもしれないが、最終的には地方負担分は地方交付税で面倒をみることになるので、国の財政にとっては大きな負担となることに変わりはない。

現状はまだ制度整備を進めている段階でもあるので、給付が増大し続けている。21世紀の最大の失敗政策といえるものであるが、一度こうした保険を作ってしまうと後戻りはできない。医療との役割分担を明確にしつつ、給付の効率化・適正化を指針として、制度の大幅な見直しを進める必要がある。介護も団塊の世代が75歳に到達する2025年あたりが給付のピークになると予想されるので、いかにして給付を抑制し、公費負担の削減につなげるかを早急に検討すべきである。

6　雇用

保険給付費の動向

高齢社会が財政に与える影響を考えるうえで金額的に大きな制度は「年金」、「医療」と「介護」であるが、近年では、「雇用」や「生活保護」、そして「児童福祉」（「児童手当」）

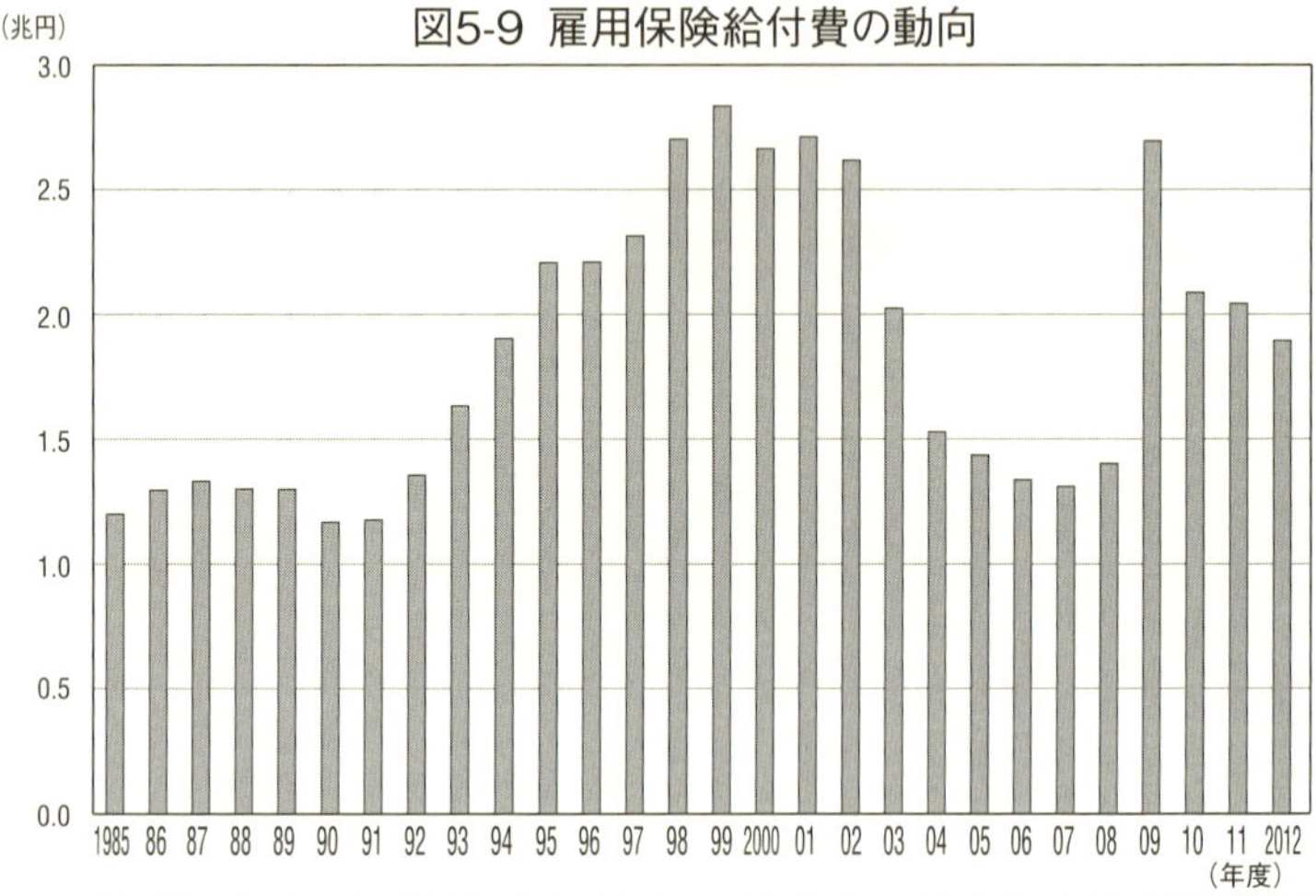

出所)『社会保障費用統計(国立社会保障・人口問題研究所)』「集計表2 社会保障給付費収支表」より作成

も大きな支出額になっている。

図5－9は雇用保険給付費の動向を示している。基本的には失業給付が中心であり、1980年代後半までの景気が安定している状態では、おおむね1・5兆円弱の給付がなされていたことがわかる。しかし、その後の不況により、1993年から03年までは雇用保険給付が拡大し、ピークの99年には3・4兆円に膨らみ、失業が大きな経済問題となっていた。

その後、2004年~07年まで雇用保険給付は減少していくが、これは小泉改革による経済拡大の進展によるものである。そして、09年にはリーマンショックによる景気後退で、再び3・3兆円に増大している。

つまり、経済成長率が上がれば雇用保険給

付が下がり、景気が後退すれば増大するという関係が存在しているのである。

保険収入の動向

雇用保険の財源は、基本的には、被保険者負担部分と事業主負担部分で構成されている。そして、被保険者収入及び事業主収入は景気状況に大きく左右される。景気が悪化すると失業が発生して雇用者が減り、雇用保険料を払う人が少なくなり事業者からの収入も減るという具合に、景気低迷期には収入が低下・停滞している。例えば、2001年から06年にかけては、景気拡大によって雇用者が増え、被保険者収入と事業主収入が大きく増加している。

一方、景気低迷による財源不足分は、その他収入（資産取り崩し）及び国庫負担等で補ってきた。例えば、労働保険特別会計は5兆円規模の基金と土地などを持っており、それを売り払うことで資産収入を得ることができる。実際、1999年・2000年のその他収入が大きく伸びている。また、09年と10年には、国庫負担を大幅に増大させることで雇用保険収入を賄っている。ちなみに、05年に被用者の保険収入が伸びているのは、02年9月に厚生労働省職業安定局長から、私立学校の教員などの雇用保険加入手続きをとっていない事業所に対して、計画的な適用の促進を図るようにとの通達が出されたことが大きく影響した結果である。国家公務員、国立学校及び私立学校の教員がすべて失業保険に加入することになった結果、被保険者収入と事業主収入が増えたのである。

要するに、失業による雇用保険給付を抑制できるかどうかは、景気の安定化を図ることに尽きるのである。経済を成長させ、雇用を増大さることができれば、雇用保険給付は自然に減少する。財源不足による国庫負担追加という問題は、失業を減らし、景気の安定化を図ることによって解消される。したがって、今後の財政を考えるうえでは雇用保険をさほど重視する必要はないのである。

7　生活保護

給付の動向

「生活保護」については、景気が比較的に安定していた時期（1991年頃まで）でも1・3〜1・5兆円の生活保護給付が行なわれていた。しかし、バブル崩壊後（93年以降）ほぼ一貫して給付額が増加している。そして、2004年頃からは小泉改革効果で多少安定するものの、リーマンショック後の09年からは大幅に増加し始め、給付額は3兆円を超え、

12年には3・5兆円に達している。また、生活保護給付費の内訳（医療給付・現金給付）を見ると、医療給付が安定的に増加していたこと、また08年頃までは医療給付の方が多かったことがわかる。しかし、09年以降は現金＋現物の方が急速に大きくなっている。

さらに、生活保護給付費と経済成長の関係をみると、07年から09年にかけて大きく四角形を描いているものの、傾向的には右下がりの関係（負の関係）にあることがわかる。つまり、生活保護給付は景気と無関係ではなく、経済が順調であれば減少し、不況になると増大する傾向にあるということである。

世帯類型別の被保護世帯の推移

ここで、世帯類型別の被保護世帯の推移を図5－10で見てみよう。1980年代後半でも20万を超える高齢者世帯が生活保護を受けていたことがわかる。このような世帯は、病気等の理由で年金保険料を払うことができなかったか、あるいはずっと生活保護を受けてきてそのまま高齢になったかである。

94年以降、景気の悪化とともに生活保護世帯の全体数が増えるなかで、高齢化が本格化してきたためか、高齢者被保護世帯も増えている。実は、本来であれば高齢者は年金で生活することができるはずであったが、年金保険料を40年間フルに納めなかった人は満額の

図5-10 世帯類型別の被保護世帯数

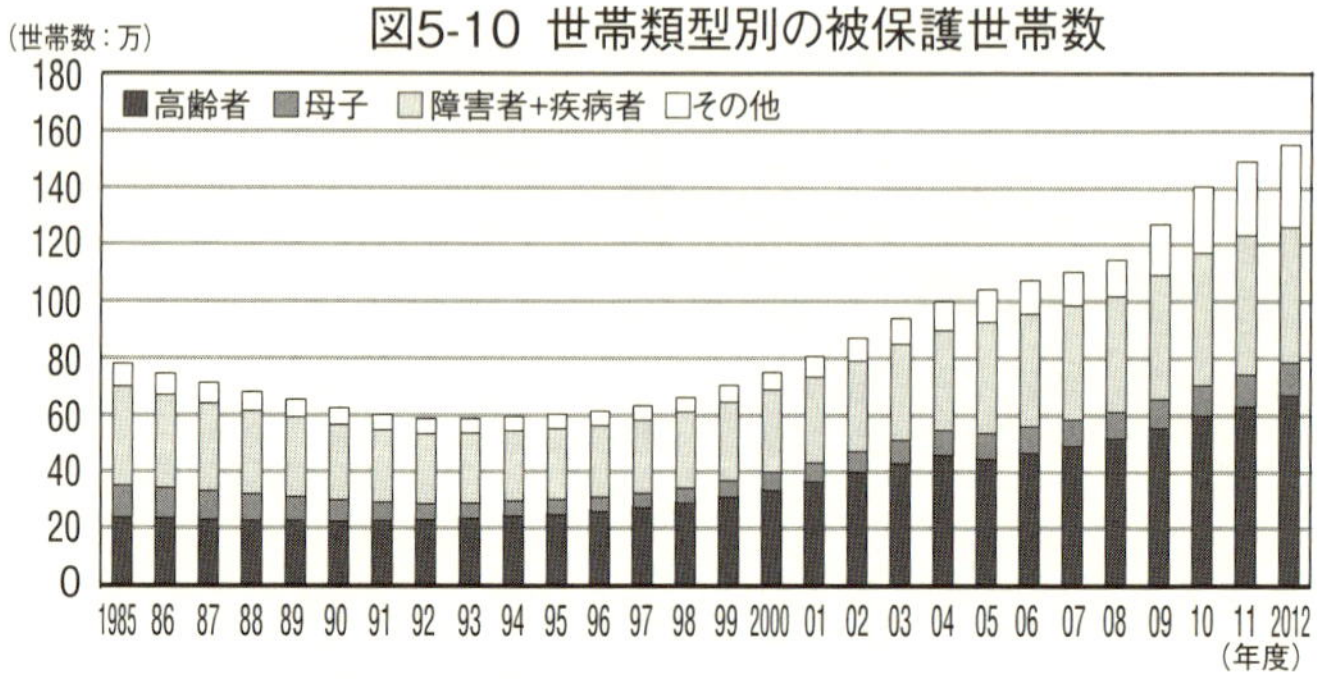

出所）厚生労働省社会援護局保護課『被保護者調査』「第４表 現に保護を受けた世帯数、世帯類型別（１か月平均）」より作成

年金を受け取ることができない。国民年金の場合、40歳になるまでは約40％の人が未納であり、40歳を過ぎた頃から徐々に納め始めて、最終的には70～80％の人が年金保険料を納めている。

つまり、約20％の人は年金保険料をまったく納めないのであるが、そのうちの約４割は、年金保険料を負担する能力がありながら納めなかった人だとみられている。被保護高齢者世帯は、90年当時の25万世帯から最近では65万世帯に増加しているが、仮に年金納付能力がありながら未納した世帯がこの増加分に含まれているとすると問題である。例えば、関西の某市の南部地域では、高齢ホームレスの生活保護化を特定の政治勢力が促進していて、行政による制御が有効に機能せず、そうした生活保護が増加している。

年金保険料未納であるがゆえに年金を受け取るこ

とができず、生活保護を受けることができるような制度、ないしは、これまでの自らの履歴を明らかにしない状態でも生活保護が受けられるような制度が、高齢者生活保護世帯の増加の一部分を占めているとするならば、制度存亡の危機と言わざるを得ない。

また、「その他世帯」が近年異常に増え、直近(2011年)では約25万世帯になっている。実は、このうちの09年から11年までの増加分の多くは、長期の失業で生活が困窮している人たちを生活保護化したことによるものである。つまり、民主党政権の時に制度が拡大解釈されて、最終的にすべて生活保護に委ねてしまった結果である。生活保護制度を本質的に崩壊させるような誤った政策によって、生活保護世帯数が増加し、現在はおそらく160万世帯を超え、約200万人が生活保護を受けていると予想される。これは景気による生活保護の増加というよりは、制度が拡大解釈されて引き起こされている現象である。

さらに、「障害者世帯」と「疾病者世帯」については、従来は、社会福祉のなかで措置していた障害者等を生活保護に移管するという制度改正を行なったことが、1999年以降の増加につながっている。また、「母子世帯」に関しては、いったんは削減・抑制を行なったが、民主党政権時に再び母子世帯の適用を拡大したために増加している。

要するに、制度を拡大解釈したり、変更したことが、結果として生活保護世帯を増やしている部分がかなりあり、必ずしも長期にわたる景気悪化のなかで生活保護が増えているとは言えないということである。まずは、制度を厳格に規定し直し、安易な生活保護化を徹底的に排除することが重要である。また、92年以前において、公的年金がないか少ない高齢者であっても生活保護を受給せずにいられたのは、経済が安定的に推移し、高齢者にも雇用の機会があったためとも考えられる。この点では、経済の安定成長政策が、生活保護世帯及び生活保護費の削減にも有効な政策といえるのである。

8　家族手当

家族手当給付費の動向

家族手当については、図5－11を見れば明らかなように、1999年頃までは5000億円程度だったものが、2000年に約1兆円に達し、民主党政権下の10年には高所得層にも広くばらら撒いた結果、2・5兆円を上回る数字になっている。「子ども手当」だけで2兆円増えていて、こうした必ずしも必要としないところにまで給付を行なうことによって社会保障給付費が急増した。つまり、社会保障が財政の足を引っ張っているというよりは、馬鹿げた政策を実行することによって社会保障給付を増大させ、財政を悪化させたという

図5-11 家族手当給付費

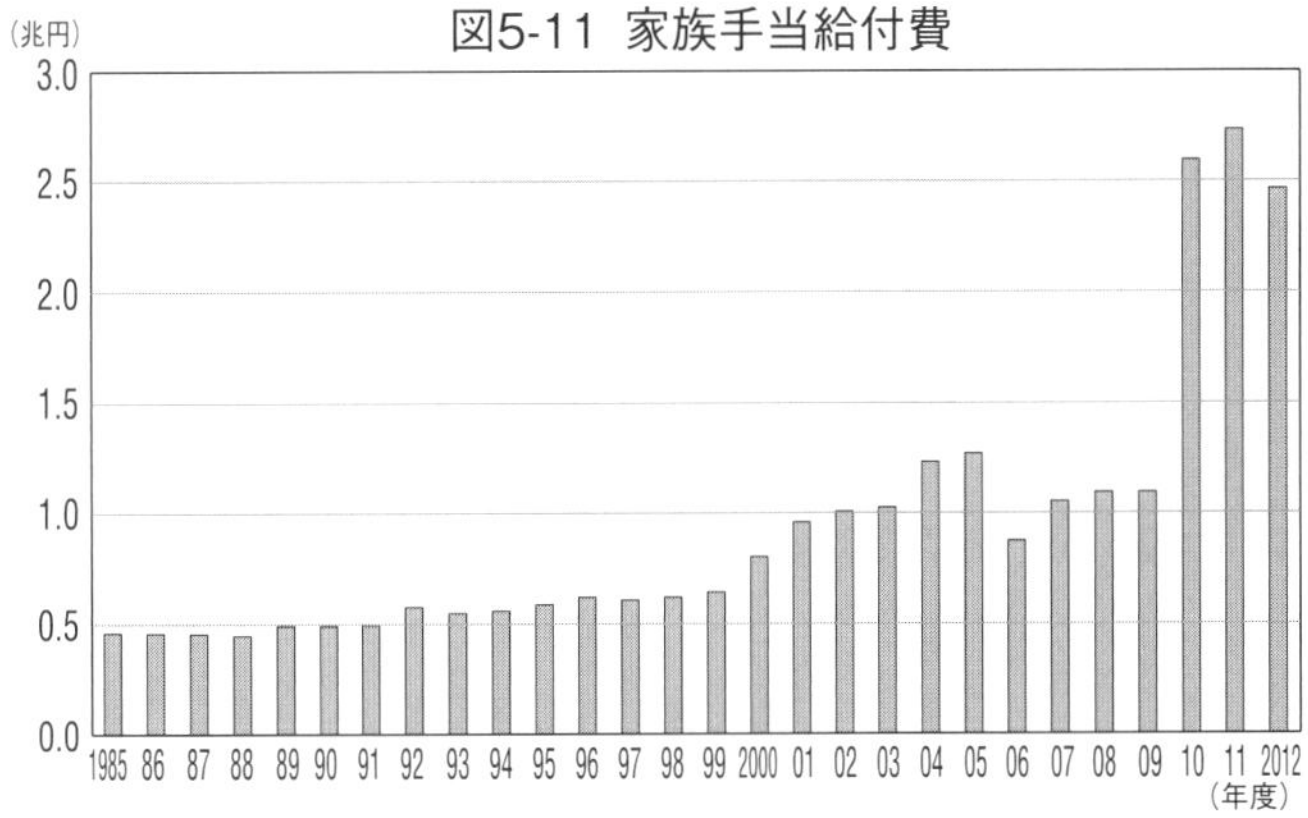

出所)『社会保障費用統計(国立社会保障・人口問題研究所)』「集計表2 社会保障給付費収支表」より作成

のが近年の動向である。自民党政権になり、多少の抑制が行われているが、一度拡大したものはなかなか削減できていないというのが現状である。

なお、家族手当の財源のほとんどは国庫負担だが、事業者負担も徐々に増えて、10年では4000億円レベルに達している。無闇な給付拡大で事業主負担を増大させることは、経済活動の弱体化につながるので、厳に慎むべき政策である。

9 社会保障と財政

社会保障関係費の動向

これまでは、主に厚生労働省の『社会保障統計』に基づいて議論してきたが、ここからは財政との関係を議論するため、財務省の『財政統計』の数値に基づいて議論していくことにする。一般会計予算における社会保障関係費は、**図5—12**に示したように、ここ10年間の平均で見れば、毎年、9500億円ほど増加している。財務省が社会保障に対して毎年1兆円の財源が必要という数値的根拠は確かにここにある。

しかし、年金・医療などの社会保険の増加額はここ10年間の単純平均で6900億円ほどである。しかも2分の1国庫負担化による2009年の影響を取り除けば、平均増加額は4800億円ほどに過ぎない。他の社会保障関係費は、景気対策を万全に行ない、制度の厳格化を実施すれば、これまでのずさんな増加を大幅に抑制できる。したがって、毎年1兆円の財源が必要ということにはならない。もし現行の給付体制を維持するならば、ここ4から5年ほどは毎年5000億円ほどの財源は必要となるであろう。しかし、その後は、新規に年金受給年齢に到達する人口が大きく減少していくので、追加財源はほぼ半減していくと予想できる。

団塊の世代が受給年齢に到達し始めた13年には、社会保険への社会保障関係費も5300億円増加しているが、2016年以降には増加額は徐々に低下していくことになる。一方、医療費は25年にピークを迎えるとみられているが、そのころ75歳を迎える団塊の世代の人口は現在の3分の2程度に減少しているると予測されるので、年金の国庫負担分が約3分の1削減できる計算になる。したがって、その分を医療・介護への国庫負担に回すことができるので、今後10年間を考えるならば、高齢化による社会保障関係費の増加は年間5000億円程度とみられる。

もちろん、この財源をどのように捻出するかは大きな問題である。10年間、毎年5000億円ということであれば、5兆円である。消費税の増税で賄うとすれば2%であるから、実は先の8%への引き上げで、すでに十分に賄えているわけである。しかし、社会保障の不足財源を消費税という逆進性のある税で賄うというのは本末転倒の政策と言わざるを得ない。社会保障財源は、社会保障制度のなかで捻出すべきものである。年金であれば、本当に不足するならば、保険料の引き上げで賄うべきである。

だが、現在の給付制度には大きな無駄がまだある。一つは、高所得の高齢者への基礎年金の給付である。年収1000万円を超える65歳以上の企業の役員クラスでも基礎年金を受給している実態がある。年金を保険として運営している日本で、この人たちに一体どのような保険事故が発生しているのであろうか。制度の根本を見直す必要がある。また、年金の所得代替率を50%ほどとしている現行給付水準もいっそう引き下げる方向で見直すべきであろう。さらに、医療と介護についても、公的保険給付を強力に抑制し、自助ないし

図5-12 社会保障関係費(決算)

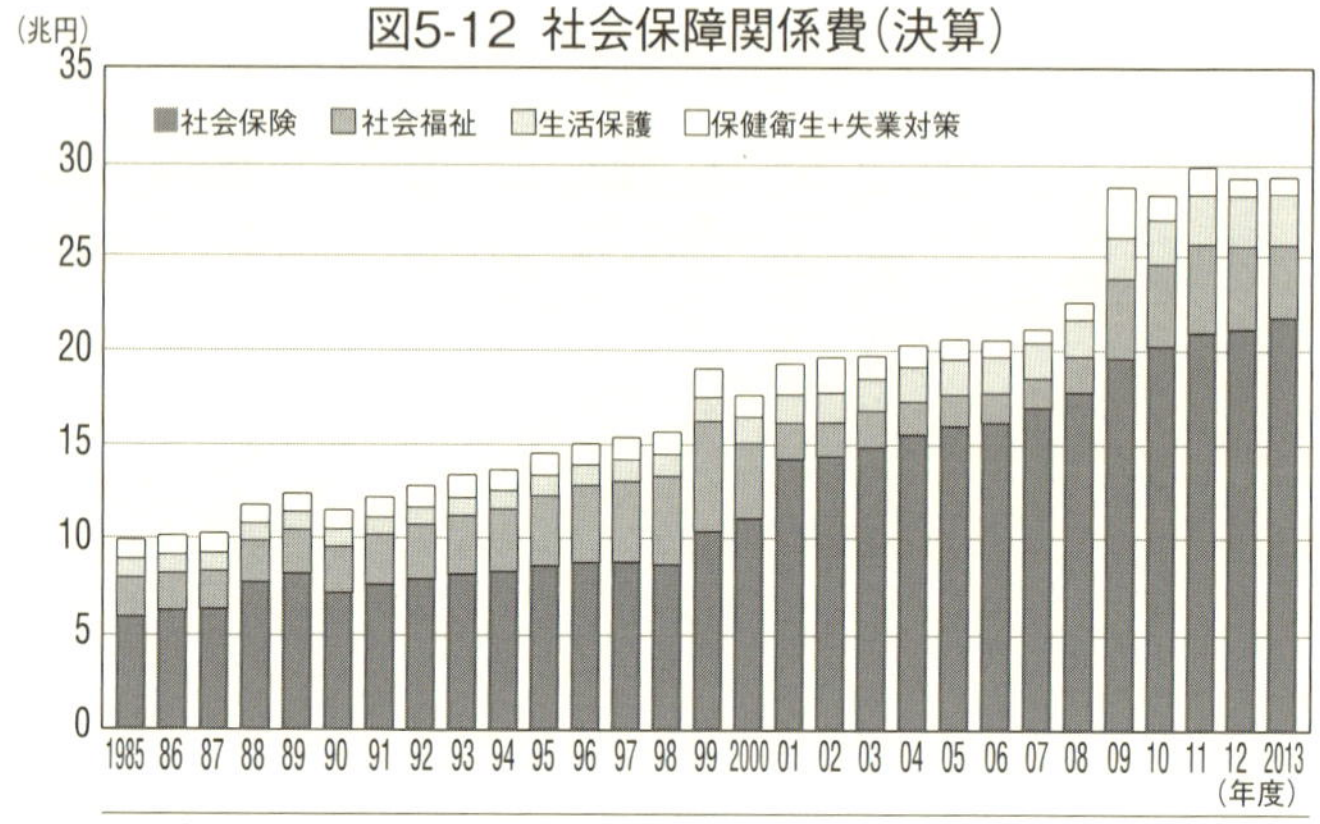

出所)『財務統計(財務省)』「主要経費別決算額」より作成

は民間保険の普及を図り、社会保障関係費の増加幅を抑制すべきである。

また、図5―12を見れば明らかなように、近年の社会保障関係費の増大要因は、社会保険費だけでなく、家族手当引き上げによる社会福祉費、生活保護費、失業対策費の増加にもある。しかし、景気の安定化によってより多くの人が就職できるようになれば、失業対策費を削減することができる。また、生活保護については支給条件を厳格化すれば大幅に削減可能である。現在の生活保護費の問題は、ホームレスの生活保護化や高齢者低年金世帯の生活保護化に起因するところがある。これは、年金制度の維持存続に関わる問題であるから、保護制度の厳格な適用を再検討すべきであろう。

冷たいようだが、自助努力をしてこなかった人たちの生活を維持するために、なぜ若い世代が負担しなければならないのか。そんなことを続けていれば、若い人たちがやる気を失ってしまうことは明らかである。もちろん、なんらかの方法で彼らを救済することは必要だが、それは民間団体等への支援というかたちで対処すべきである。

さらに、家族手当は給付対象を大幅に削減し、バブル崩壊以前の水準である約1兆円まで戻すべきである。

財政赤字と社会保障費

図5―13は、縦軸に財政赤字（長期債務残高増加額）、横軸に一般会計決算における社会保障関係費をとって、2次元のグラフで両者の関係を描いたものである。1998年に大きく上に振れているが、この年に国鉄債務の処理を行なったためである。民営化前の債務ではあるが、現在のＪＲ各社がこの巨額債務になんら責任を取ろうとしない。リニアへの巨額投資を自前でするなどと言っているが、その一部を国庫に返納してはと言いたいところであるが…。

この図を詳細に見ていこう。まず、80年代後半期、いわゆる好況期は社会保障関係費の増加があっても財政赤字は増加せず、むしろ減少していた。しかし、バブル崩壊後90年代に入り、社会保障の増加と財政赤字の増加が正の相関をもってしまった。その後、長期の経済停滞が続くものの、1999年から2008年までは、社会保障関係費は増加するものの、財政赤字を明確には増加させていない。むしろ減少させたといえる。

ところが、リーマンショックの09年には、再び、社会保障関係費の大幅な増加が財政赤字の拡大と正の相関をもってしまった。世界的な不況の中で、大規模な景気対策・失業対策が講じられたので、やむを得ない状況にあったといえよう。この年を例外とすれば、以降は両者の間には負の関係がかなり明確に現れている。

つまり、90年代の長期不況期と09年の一時的な世界不況期には、社会保障関係費と財政赤字の間にかなり明確な正の相関関係があったが、他の時期にはむしろ負の相関関係があったといえるのである。もちろん、計量的にきちんと整理する必要があるが、少なくとも、社会保障が財政赤字を創り出してきたという単純な議論は正確ではないといえよう。

また、高齢化に伴い、年金・医療・介護のために大きな財源が必要になるので増税しなくてはならないという議論が成り立たないことも、これまでに明らかにしてきた。繰り返しになるが、高齢化のために今後必要な財源は毎年約5000億円であり、その程度であれば、年金給付や医療・介護給付の削減で十分に対応することができるので、社会保障のための増税は必要ないということである。

さらに、生活保護や家族手当などでは、社会保障としての制度のあり方を再検討するこ

図5-13 財政赤字と社会保障費

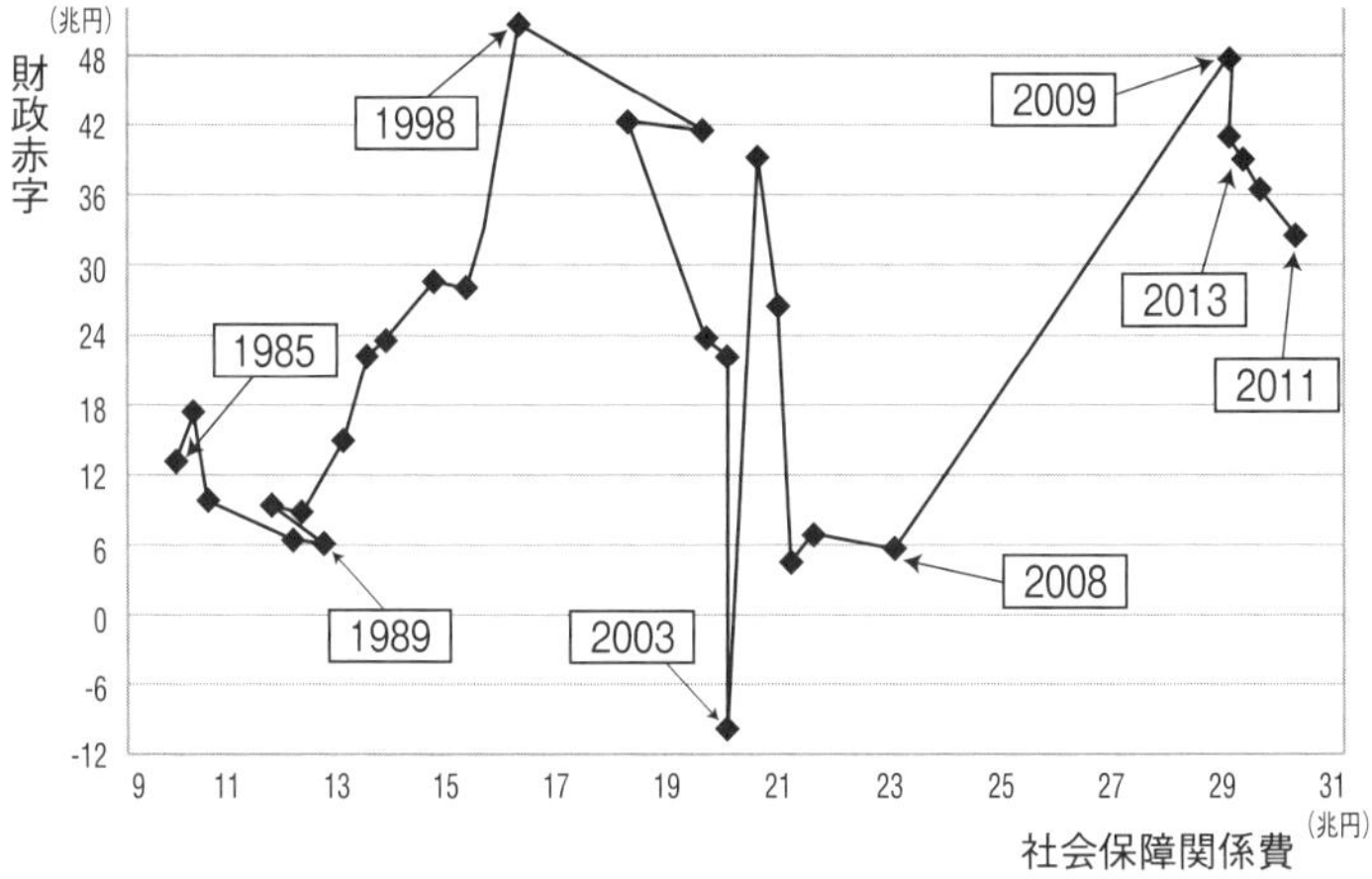

出所)『財政統計(財務省)』および財務省資料より作成。
注)財政赤字は(普通国債+交付国債等+借入金)の増加額。

とで、その給付の抑制を図るべきである。

いずれにしても、これまでの悪しき制度改革を是正し、本来の制度の意義を再確認しながら、給付の抑制を図るとともに、景気の安定化、経済の成長を促進する経済政策を実施していくことが、社会保障関係費の抑制さらには財政赤字の抑制にも強く貢献することになる。

社会保障とマクロ経済

マクロの消費や雇用と社会保障との関係を最後に見ておこう。**図5－14**に示したように、1996年以前には、消費と社会保障の間にかなり明確な正の相関関係があった。しかし、1997年以降、社会保障の増加にもかかわらず、消費の水

図5-14 家計消費と社会保障関係費

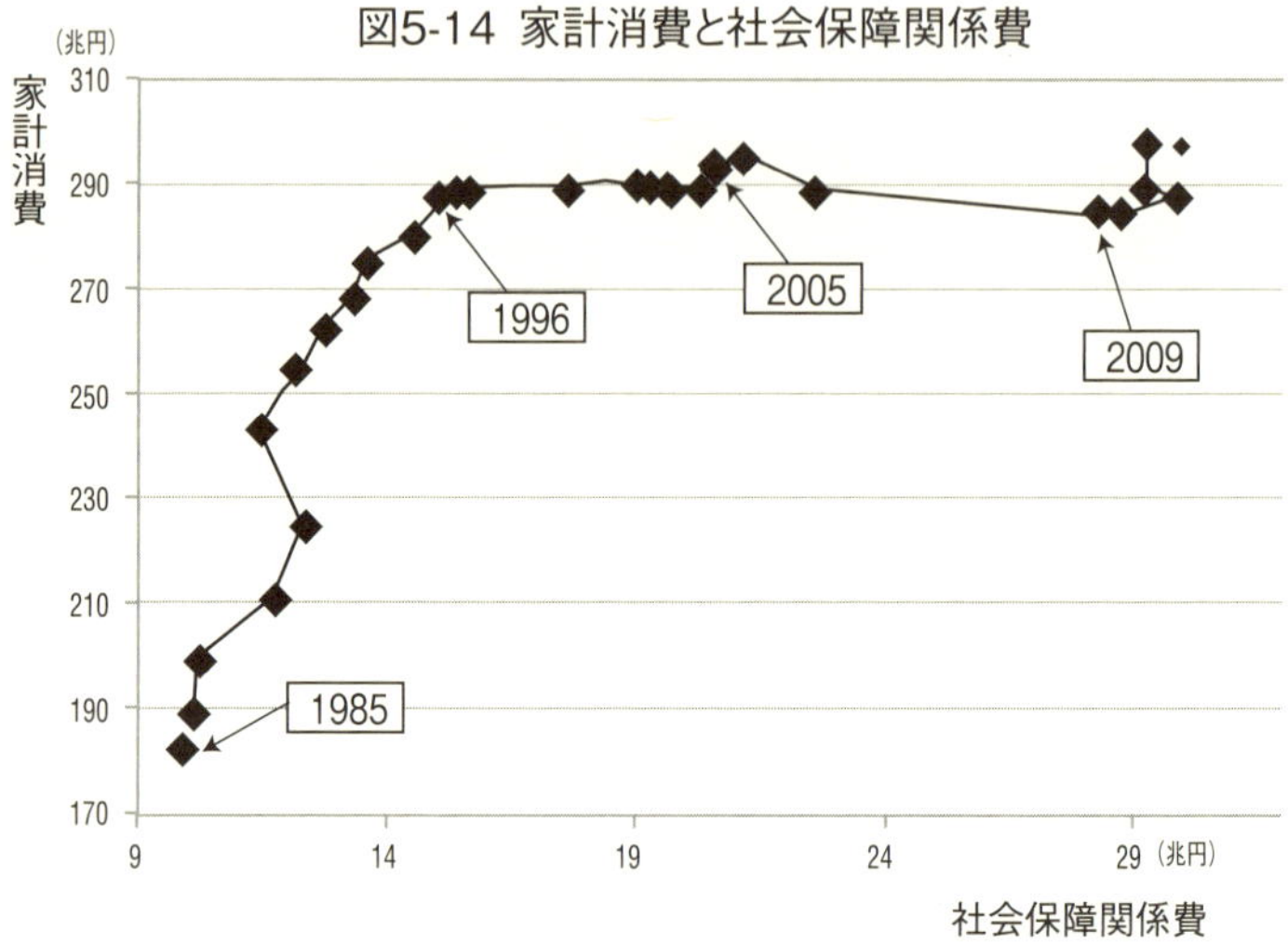

出所）社会保障給付増加率は図1と同じ。家計消費は『国民経済計画(内閣府)』より作成。

準は290兆円レベルで停滞している。90年代後半以降、社会保障費は家計消費と無関係になったかに見えるが、むしろ消費を下支えしてきたと考えられる。

　高齢化によって増加する年金給付、不況下で増加した生活保護や雇用給付、制度改悪により増大した家族手当はいずれも現金給付であり、消費に直結するものである。医療や介護は現金給付が中心であるが、結果的にはすべて消費となる。したがって、90年代後半以降の社会保障給付は景気対策化していたと考えられる。高齢化のための社会保障費も、結果的には、景気悪化に対する社会保障費と化していたということである。したがって、基本的に社会保障は景気に対してプラスの

表5-1 雇用状況の推移

（単位:万人）

	1985年	1990年	1995年	2000年	2005年	2010年	2014年
労働力人口	5,963	6,384	6,666	6,766	6,651	6,632	6,587
就業者数	5,807	6,249	6,457	6,446	6,356	6,298	6,351
就業率（%）	61.4%	61.9%	61.4%	59.5%	57.7%	56.7%	57.3%
完全失業者数	156	134	210	320	294	334	236
完全失業率（%）	2.6%	2.1%	3.2%	4.7%	4.4%	5.0%	3.6%
非労働力人口	3.450	3,657	3,836	4,057	4,346	4,473	4,489
15歳以上人口	9,465	10,089	10,510	10.836	11,008	11,111	11,082

出所）『労働力調査（総務省統計局）』「長期時系列表２ 就業状態別15歳以上人口－全国」より作成。

効果をもっていると予想されるので、社会保障費が増えることに対してはそれほど神経質になる必要はない。しかし、社会保障政策は本質的な景気対策ではないので、金融政策を柱とした景気対策と成長政策により、経済を安定成長軌道に戻すことが不可欠であることはいうまでもない。

また、社会保障と雇用の関係を**表5－1**で見ると、２０１４年の就業率は57・３％で、１９９０年の61・９％と比べると、いまだに４・６％ポイント低いレベルに留まっている。一方、失業者をみると、２０１４年は２３６万人であり、１９９０年（１３４万人）よりまだ１００万人多いレベルにある。完全失業率でみれば、90年の２・１％に対してなお３・６％レベルに留まっている。また、非労働力は90年の３６５７万人から14年には４４８９万人に増えている。もちろん、この８００万人ほどの増加がすべて高齢による退職者として非労働力化しているならば問題はない。

しかし、単年度で約１００万人、10年間で約１０００万人が65歳に到達し、8割が非労働力化したとは考えられない。約70％の人は、70歳頃までなんらかのかたちで働いていて、非労働力化はしてない実態を考えると、非労働力化した800万人の多くは働く場がないため、仕方なく非労働力化したと考えられる。これらはバブル後25年たっても、まだ経済も雇用も完全に回復していないということであり、「失われた20年」を象徴する数字といえるかもしれない。

しかし、失業の増加は社会保障給付の増大となるが、一般会計の社会保障関係費との関係で見ると、90年代と2008年から10年には正の相関がみられるが、他の時期にはむしろ負の相関がみられる。つまり、社会保障関係費の増大は景気を刺激し、失業を減少させる状況を創り出していたということである。この点でも、社会保障関係費の増大は必ずしも財政赤字を創り出す主因とはいえないのである。

10　むすび――今後の社会保障のあり方

政府の社会保障支出と公共投資支出（一般政府総固定資産形成）の合計値を積み上げグラフとして描いたものが**図5－15**である。1997年以降、公共投資が削減されていく過程で、それを補うように社会保障関係費が増大してきた。これまで見てきたように、社会

図5-15 公共投資と社会保障

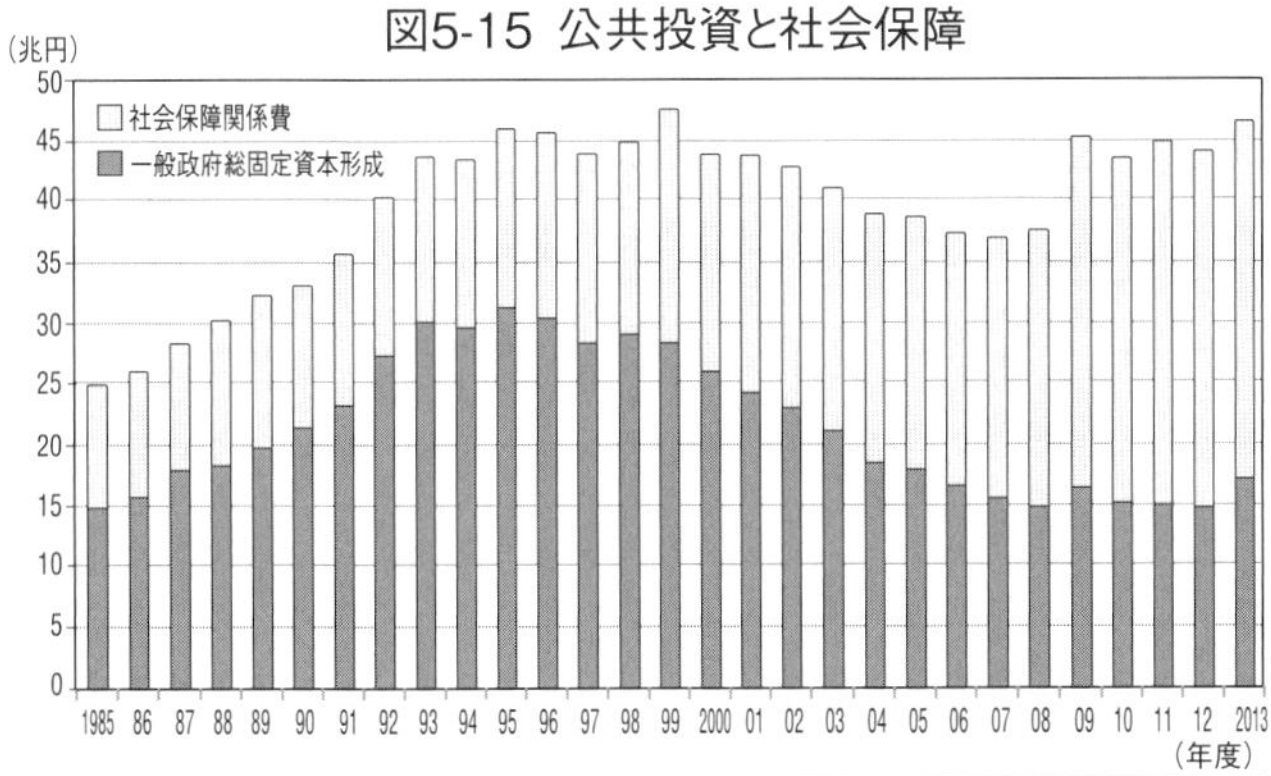

出所)社会保障給付増加率は図1と同じ。GDP成長率は『国民経済計画(内閣府)』より作成。

保障関係費の増加には確かに高齢化対応の部分もあったが、長期の景気停滞に対する制度改変で増加してきた部分もある。さらに、09年以降はリーマンショック対策と民主党政権の出鱈目な政策により、社会保障が公共投資の代わりの景気対策として利用されてしまった感がある。的確なマクロ経済政策を行なわず、景気停滞による悪影響を社会保障給付の拡大で補うだけでは、何の解決にもならない。しかも、制度の改変等でさらに給付の拡大を図ってしまった。安倍内閣では、的確なマクロ経済政策が実施されている。これにより、ばらまき的に増大した社会保障給付は次第に削減されると予想できる。残るは、制度の悪しき改編の是正を図り、本格的な高齢社会に向けて、真に必要な改革を実施していく必要がある。

社会保障に関して、これからまず行なうべきことは、景気の拡大・安定化の実現と民主党政権時の誤った制度改変の是正によって、雇用、生活保護、児童手当を中心とした社会保障給付を削減することである。

年金については、給付の抑制と個人年金の拡充、そして年金保険料を年金税にする。具体的には、支給開始年齢を67歳に引き上げるとともに、現役勤労者世帯の平均年収（650万円）を上回る高齢就業者への基礎年金給付（最低でも国庫負担分支給）を停止すると同時に、個人年金の税制優遇を拡大（全額所得控除）し、国民年金保険料は国民年金税として徴収することである。

医療費については、包括支払制度を拡充し、後期高齢者医療制度を再構築することによって、公的医療給付を抑制するとともに、ジェネリック使用を徹底し、さらに規制緩和と税制優遇などを用いて疾病型民間医療保険の整備・拡充を早急に進める必要がある。

介護については、要介護度認定を厳格化（再審査体制の整備）と予防介護を徹底することによって、公的介護給付を抑制し、さらに医療と同様に規制緩和と税制優遇などを用いて民間介護保険の整備・拡充を図ることが必要である。

生活保護、雇用、児童福祉については、前述のように、安易な生活保護化の禁止と民間支援団体の支援への切り替えを図ること、雇用面では失業期間の短縮を最大の目標とし、ハローワークの活性化と民間の有料職業紹介を全業種で認めること、家族手当では所得制限を付加し、給付額の大幅削減を図り、余剰分は公教育の再建に充てることが必要である。日本の社会保障はかなり緻密に作り上げられ、戦後一貫して国民生活に対して大きく貢献してきた。そして、高齢化で大変なことになると大騒ぎしているが、規制緩和は必要であるものの、今の基本制度をそれほど大きく変える必要はない。

あえて変更するとすれば、まず国民年金保険料を「国民年金税」として徴収することが挙げられる。現在は、年金機構が国民年金保険料の徴収を行なっているが、未納者がかなり多い。未納者は高齢化しても年金を受け取ることができないので、生活保護を受けることになる可能性がある。しかし、保険料を税として徴収し、払えない場合にはその旨を登録することにすれば、保険料の半分は国が支払ったかたちにできるので、基礎年金(6万7000円)の半分については確実にすべての人に保障されることになる。もう一つは、高齢高所得層への基礎年金給付の停止措置の実現である。高収入の会社役員への基礎年金給付における国庫負担分を、はるかに低収入の若壮年世代がなぜ負担しなければならないのであろうか。仕事がなく、収入がなくなったことが保険事故と認識され、年金が給付されるのであるから、無駄な給付は早急に削減すべきである。

一方、年金は世代間の社会的扶養システムであるから、その財源調達の中心はあくまでも現役の所得への課税で行なうべきものであり、年金を消費税で賄うというのはまさに愚策である。財政再建策としての消費増税論を否定するものではないが、高齢化対応の社会保障財源としての消費増税論は百害あって一利なしと言っても過言ではない。基本的には現行の制度を大きくは変えることなく、長期的にもより安定した社会保障制度をつくっていく必要がある。

なお、本稿は文部科学省科学研究費補助金、基礎研究（C）課題番号25380375から助成を受けた研究成果の一部である。

検証6　産業政策

政治に翻弄された産業政策

東洋大学副学長・経済学部教授
松原 聡

1. はじめに

産業政策とは、国際競争力の強化や経済成長の促進などの目的を達成するために、政府が特定産業の保護・育成等を行なう政策である。高度成長期には、日本の産業政策は高度成長の秘密だといわれ、世界から賞賛された。

2001年以降、小泉純一郎内閣のもとで、規制改革の流れが政策の主流となり、政府は産業に対して何もせずに市場に任せるべきだという考えも出てきた一方で、経済のグローバル化が進展し、国際競争に勝つための新たな産業政策が必要になっているという面も出てきていた。

もとより完璧な「産業政策」などあり得ない。産業全体の将来を見通して、国際的な経済環境を踏まえて、保護、育成していくべき特定の産業を決め込むことは困難である。また、過去の産業政策を引きずり、経済の実態から見れば齟齬をきたしている思われる産業政策も少なくない。さらに、政策決定の意思のブレによって、恣意的な産業政策が実施され、結果的に政策効果が得られないこともある。

また、産業政策は時として大きくぶれて、その本来の目的を達成できない場合もある。例えば日本のタクシー事業は、2000年の「道路運送法改正法」による規制緩和と、09年の「タクシー適正化・活性化法」によって翻弄されてきた。2000年の法改正で増車が自由化された後に、過度な増車対策として、09年には減車が法律で強制されている。しかし、増車をしたのも、減車を要請したのもタクシー業界である。業界自身に、健全な競争の意義が理解されていないのかもしれない。その業界のいうままに、規制を逆転させていく政治もなさけないと言わざるをえない。

さらに郵政民営化問題でも政治のブレが大きな影響を与えてきた。05年に「郵政民営化法」が成立したが、7年後の2012年には民営化に逆行する「郵政民営化法改正法」が成立した。ここでも、政策の逆転がみられる。

また、電力事業については、1995（平成7）年から、発電部門における競争原理の導入、小売部門における「自由化」の促進、一般電気事業者と新規参入者（新電力）との競争条件均一化を図るための電気事業制度改革が実施され、電力需要全体の約6割を占める需要家（大口需要家）は、どの電気事業会社からでも自由に電気を買うことができるようになっている。しかし、現実には、自由化対象の電力需要の6％ほどが地元の電力会社以外から購入されているにすぎない。ここまで改革が進んでいるにもかかわらず、全体の販売電力量に占める新電力のシェアが低い水準で推移している理由を検証することが重要である。これは、制度の改革に現実が追いついて行けていない例である。

こういった事例を取り上げながら、バブル崩壊後の産業政策の在り方を検証し、その今後の課題を明らかにしていきたい。

2．産業政策とは何か

産業政策（industrial policy）については明確な定義が存在するわけではない。しかし、一般的には、産業政策とは、経済の近代化、国際競争力の強化、経済成長の促進などの目的を達成するために、政府が特定産業の保護・育成等を行なう政策のこととされている。日本では、明治政府による殖産興業政策、第二次世界大戦直後の傾斜生産方式や高度成長期の重化学工業振興策が産業政策として知られている。

日本の産業政策は、経済産業省の所轄とされている。経済産業省の前身である通商産業省は、1949年に商工省を改組して発足した。実は、通商産業省（現・経済産業省）という名称こそが日本の産業政策の特徴を象徴している。本来、行政的には分かれているはずの「通商」と「産業」を、一つの省庁が一体的に行なっていたからである。高度成長期には、それが日本の成長の秘密だといわれ、世界から賞賛された。

一方、そもそも「産業」とは何か、という問題がある。経済産業省設置法第4条（所掌事務）には、60もの項目が並んでいる。32には「鉄鋼、非鉄金属、化学工業品、機械器具、鋳造品、鍛造品、繊維工業品、雑貨工業品、鉱物及びその製品並びにこれらに類するもの（油脂製品、化粧品、農水産機械器具、産業車両、陸用内燃機関、航空機、銃砲、医療用機械器具及び木竹製品並びに土木建築材料（木材を除く。））と製品等が列挙され、さらに49では「石油、可燃性天然ガス、石炭、亜炭その他の鉱物及びこれに類するもの」、52には、「電気、ガス及び熱」が掲げられている。

こういった分野を対象とするものが「産業政策」と考えるのが自然であり、そうなると、例えば農林水産省の所掌の「農業」、金融庁所掌の「金融」、文部科学省所掌の「教育」は、この対象外となる。

ここでは、例えばマクロ的な金融政策政策は検討の対象外とするが、成長戦略に掲げられる農業や人材育成、また、民営化や規制改革の対象としての郵政事業などに対する政策は、広義の産業政策として検討の対象としていく。

さて、1970年代以降は、日本の経常収支の黒字が定着して欧米諸国との貿易摩擦が激化したことから、繊維、鉄鋼、自動車や半導体の輸出自主規制を政府が主導するという形で通商政策の一環としての産業政策が展開された。いわば、マイナスの産業政策である。当時、通産省の内部からも自嘲的に「もはや産業政策はないのかもしれない」という言葉が聞かれ始めていた。

その後、2001年の小泉内閣のもとで、規制改革の流れが主流となり、政府は産業にむしろ何もしないで市場に任せるべきであり、産業に対する規制を撤廃することが、逆に現代の産業政策だという考えも出てきた。

一方、世界の経済は、70年代以降先進国の高度成長が終わり、成熟期ともいえる低成長期に入り込んでいた。さらに、1989年のベルリンの壁崩壊以降、IT革命の進展も相まって経済のグローバル化が進展し、国際競争が激しさを増した。大統領や首相が先頭に立って、自国の新幹線や原子力発電所、空港を売り込むという形で激しい国際受注競争が展開されるようになった。そこで、国内の産業競争力を付けると同時に、国際競争に勝つための新たな産業政策が必要になっているという面も出てきている。

さらに、産業政策を打ち出すことが難しいのは、産業融合の時代を迎えたことにある。例えば、従来は別の産業であった電力産業とガス産業は、電力事業がガスを製造、供給し、ガス事業が電力を供給するようになってきた。二つの産業組織の境目が薄れ、両産業の融合が進むことになる。当然、それらに対する産業政策のスタンスも変わってこざるを得ない。

こういった点を踏まえて、経済活性化、国際競争力強化といった観点から、広く「産業」に対して行われるミクロ的な政策を産業政策と捉えていくこととする。

3．バブル崩壊と日本の産業政策

さて、産業政策のベースとなる経済であるが、日本は１９９０年代にバブルの崩壊という厳しい経済局面を迎えていた。東京証券取引所第一部の平均株価（日経平均株価）で見れば、１９８９年につけた３８９５７円をピークに、翌年には２００００円を割り込み、一気に半額にまで落ち込んだ。バブル崩壊後18年目の２００８年には、６９９５円とバブル時の2割を割り込む最安値を記録している。日本は、２０１３年12月に安倍政権が発足するまで、四半世紀に及ぶ長期のデフレ期が続くことになる。

バブル崩壊は、株価や地価などの資産価格の下落をもたらし、そのことが金融の機能不全を招いていった。ここでは、そのことが日本の基本的な経済力をそいでいったことをまず確認したい。

図6―1は、1990年から四半世紀の、日本、アメリカ、イギリス、ドイツ、中国の名目GDP（ドル）の推移を見たものである。この間、もっとも大きな伸びを見せたのが中国で、3900億ドルが11兆3800億ドルに、なんと30倍となっている。次がアメリカで、5兆9800億ドルが17兆9700億ドルと3倍に。次がイギリスで、1兆900億ドルが、2兆8600億ドルと2・6倍に。次いでドイツが、1兆5900億ドルが3兆3700億ドルと2・2倍に。さて、日本は3兆1000億ドルが4兆1200億ドルと、1・3倍にしかなっていない。バブル崩壊後の日本の国際的地位の低下は顕著である。1995年には18％近くあった日本の世界の名目GDPにおけるシェアは、今や5・5％と3分の1にまで低下してしまっている。

相対的地位で見ても、1990年には、日本はアメリカのほぼ半分のGDPを誇っていたが、2015年には、アメリカの4分の1になってしまっている。

バブル崩壊とその後の25年にわたる不況期は、先進主要国間での日本の地位を相対的に大きく落としていったのである。ちなみに、1990年には、中国は日本の7分の1のGDPであったのが、今や、日本が中国の2・6分の1になってしまっている。

図6-1 主要国の各国GDPの推移

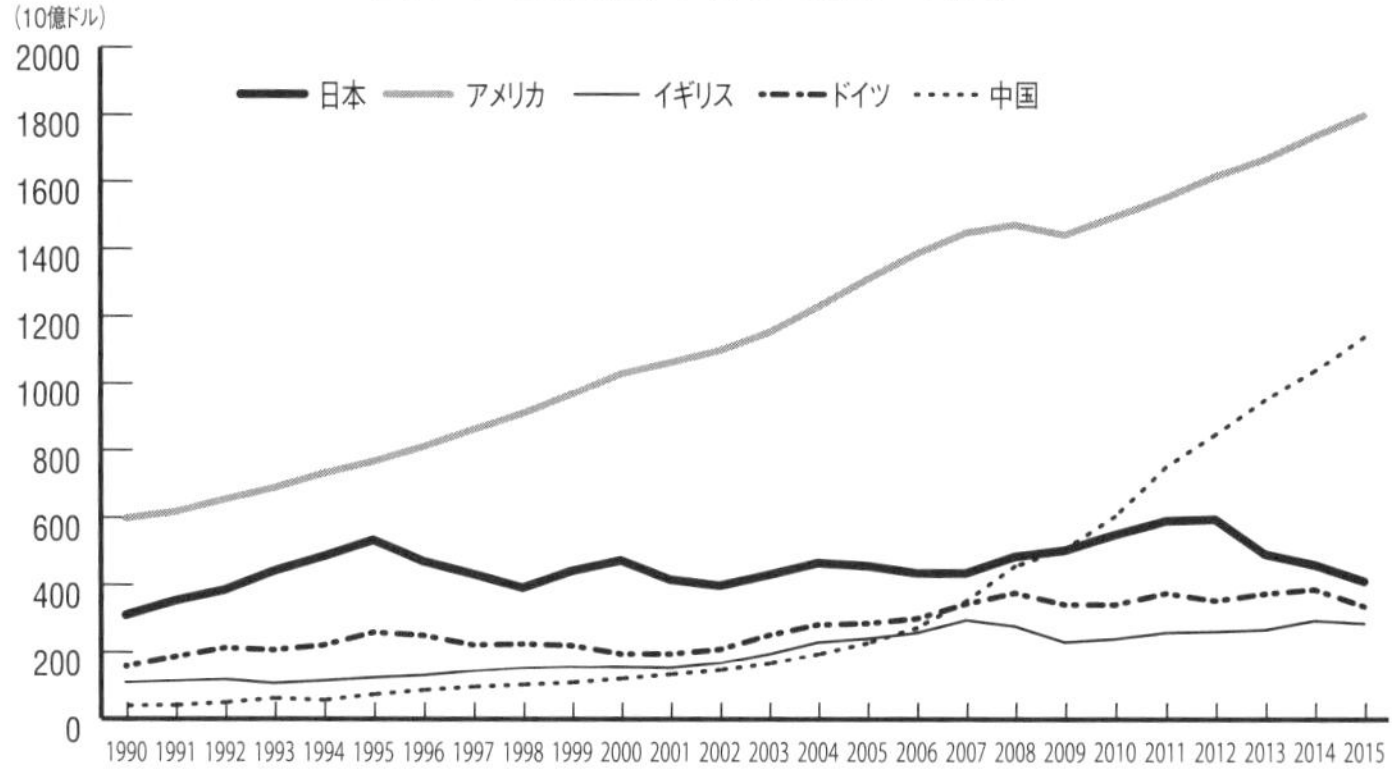

出所）IMF-World Economic Outlook Databases April 2015

日本は、２０１２年12月に発足した安倍政権の経済政策（アベノミクス）によって、デフレ脱却が実現されつつある。その政策の中核は、アベノミクスの３本の矢の１本目の、異次元の金融緩和と呼ばれる金融政策にあるのは間違いない。しかし、この４半世紀にわたる不況で弱体化した日本経済を復活させるには、３本の矢のもう一つである「成長戦略」が欠かせない。この成長戦略こそが、現代の産業政策といっていいだろう。

4．産業政策としての郵政事業改革

１９９０年のバブル崩壊までに、日本では民営化、規制緩和という産業政策が大きく進行していた。日本国有鉄道、日本専売公社、日本電信電話公社の3公社が、1985年から87年にかけて民営化され、また電電公社が独占していた電気通信事業は、大きく規制緩和され、民間の参入が可能となった。この延長にバブル崩壊後の1990年には、第三次行財政改革推進審議会（鈴木永二会長）が設置され、民営化や規制緩和の産業政策も議論されたが、バブル崩壊の経済状況の中で、思い切った改革を推進する環境にはなかった。

この後の改革で注目されるのは、2001年1月の中央省庁再編であった。1府22省庁が1府12省庁に再編され、産業政策の担い手である通商産業省はほぼそのままの機能を、経済産業省に引き継ぐことになった。また、同時に設置された経済財政諮問会議が、省庁横断的に経済政策の決定を担い、その一つとして産業政策にも取り組むこととなった。とりわけ、この経済財政諮問会議は、同年4月に発足した小泉純一郎内閣で、民間から登用された竹中平蔵氏が担当大臣となり、経済財政政策の旗振り役を務めることとなった。ここで進められた政策の一つが、3公社民営化実現後に残された最大の公企業、郵政の民営化であった。

郵政事業は、郵便事業、郵便貯金事業、簡易生命保険事業の3事業を抱える巨大公企業であった。通信・物流の郵便事業、金融の郵便貯金、簡易生命保険事業と、複数の産業分野にまたがる企業である。そもそも、金融業と他の事業の兼営は法律上認められていないので、国営であるが故の、民間でいえば銀行、生保、宅配便が一体となったような特殊なコングロマリット企業であったといえる。

さらに個別の事業についてみると、郵便事業は信書の独占が認められており、郵貯、簡保事業は民間を大きく凌ぐ規模を誇っていた。当時、郵貯の預金残高は約250兆円あったが、民間最大の三菱東京UFJ銀行の預金残高は約100兆円に過ぎなかった。また簡保の総資産額は約114兆円で、業界トップだった日本生命保険の約2倍であった。

郵政民営化とは、巨大な国営コングロマリット企業である郵政事業を、民間の市場に対等な競争関係の中に入れ込んでいく作業であった。公企業の経営形態を民営化するというだけでなく、郵便の独占を見直し、金融の市場の在り方を見直すという、困難な作業であった。

そのためには、民間では許されない3事業の兼営状態を解消すべく、3事業の分割が必要であり、さらに郵貯、簡保は民間をはるかに凌ぐ規模を有していたので、民間の金融市場への参入には、企業分割などを行ない、民間との規模の上での対等な競争条件をもたらす必要も議論されることになった。もう一つの大きな問題は、郵便貯金事業の特殊性にあった。郵貯は、250兆円もの資金の大半を国債等で運用していた。本来、民間に回されるべき資金が、国債等の国の借金の肩代わりに回されていたのである。郵政民営化では、2

50兆円もの大量の資金を、国から民間に回すことで、経済の活性化を図ることを期待されており、同時に、巨大な国債の引き受け手である郵便貯金が、その資金を民間に回すことで国の借金を抑制する役割も期待されていた。

こういった議論を踏まえて、2005年（平成16）年10月、郵政民営化法が成立し、2007（平成19）年10月に、当時の日本郵政公社が民営化・分社化して、持ち株会社である日本郵政株式会社のもと、郵貯と簡保は民間金融機関である株式会社ゆうちょ銀行と株式会社かんぽ生命保険としてスタートし、預金保険機構、生命保険契約者保護機構に加入することとなった。郵便に関しては、日本郵便株式会社として独立し、信書便法が成立し、民間の参入が可能となった。

郵政事業は、日本郵政株式会社という政府が設立した特殊会社のもとに、郵便、郵貯、簡保の3事業が分割しておかれることとなった（当時は、郵便局を保有する郵便局会社があったが、これは後の法改正で郵便会社と一体化することとなった）。

さて、このゆうちょ銀行とかんぽ生命は、法律によって設立された会社ではない。純然たる民間の金融機関である。ただし、その持ち株会社である日本郵政は政府が設立し、かつその株式は100％政府に保有されていた。ゆうちょ銀行とかんぽ生命は、全株式をその日本郵政に保有されていた。

このことが、民間にはない預金限度額、生命保険契約額の制限などが課せられる根拠となっていた。もちろんこの制限は、その資金規模などからみた両社の民間金融機関に対する過度の競争力を抑えるためのものであった。

しかし、郵政改革は郵貯事業や簡保事業を民間の市場に完全に入れ込むことを意図していたので、民営化後の10年、つまり2017年10月までに、日本郵政の保有する両社の株を完全に売却し、両社を名実ともに民間の金融機関とすることにしていた。

ほんのわずかでも政府が株式を保有していると、政府が経営に関与することを意味し、国営の色彩が残ることになる。政府が経営に関与する会社を、政府が倒産させるわけはないので、政府の株保有が残る限り、郵貯、簡保は倒産する心配はない。そうすると当然、他の民間金融機関と対等な競争にはならない。誤解を恐れずに言えば、倒産する可能性がある会社にするというのが、郵貯、簡保の民営化の最大の主旨だったのである。

しかし、2005年10月に「郵政民営化法」成立してから4年後の2009年9月、郵政民営化に反対であった民主党が政権を獲得し、政権獲得直後の2009年12月に「郵政株売却凍結法」を成立させた。このことによって、まず2017年のゆうちょ銀行、かんぽ生命保険の完全民営化は見送られることとなった。さらに、2012（平成24）年4月、「郵政民営化法改正法」が成立した。改正法では、この両社の株の完全売却を義務づけず、ゆうちょ銀行とかんぽ生命に国の関与を残すこととなった。これは小泉内閣が進めた郵政民営化の根幹を揺るがすものであった。

さらに、日本市場での公正競争の実現に注意を払っているアメリカは、アメリカの生命保険会社が、準国営ともいえるかんぽ生命とでは、対等な競争ができないとの強い懸念をもっていた。国際的に競争環境にある企業は、国際的に国の経営関与は許されないのである。

また、信書便法についていえば、信書事業への参入をめざしていたヤマト運輸は、その参入条件のあまりの厳しさに参入を断念し、2015年段階で、全国の信書便事業に参入する事業者は1社も出ていない状況である。

郵政改革については、経営形態の改革などは大きく進んだが、郵貯、簡保の完全民営化が遠のき、信書事業での競争導入も実現しないという状況にある。

5. タクシーの規制緩和

さて、次に見るのが、需給規制に守られていたタクシー事業に対する規制緩和の産業政策である。タクシー業界は、過度の競争回避のため、事業への参入が厳しく制限されていた。参入制限は、最も強い競争抑制策の一つである。競争が抑制されれば、料金は高止まりする。この業界に競争をより導入するために、参入規制の緩和が図られた。このことによって、競争が激しくなり、タクシー運転手の労働が強化され、乗客の安全が損なわれるとの懸念もあった。しかし、これは競争を抑制することではなく、タクシー運転手の労働環境を規制することで担保できるもので、参入規制緩和に反対する根拠にはならないものであった。

バブル以降約25～26万台で推移していた日本のタクシー台数は、2001年から増加し始めて、ピークの2006(平成18)年には27万3740台に達したあと、徐々に減少している(図6－2)。実は、これは規制緩和、規制改革の是非を考える上で、政治の失敗あるいは政治のブレを示す格好の例である。

2000(平成12)年5月19日に「道路運送法改正法」が成立した。これは、まさに規制改革の流れを受けたもので、需給調整規制を原則的に撤廃することと、事実上の運賃の上限価格制(つまり、低価格を認めること)を柱とするものだった。そして、2002年2月1日に「改正道路運送法」が施行された。

この結果需給条項が撤廃されたため、タクシー会社は増車が可能となった。京都のMKタクシーの東京参入が話題になったのもこの頃である。実質的には東京の大手のタクシー

図6-2 タクシーの台数の推移

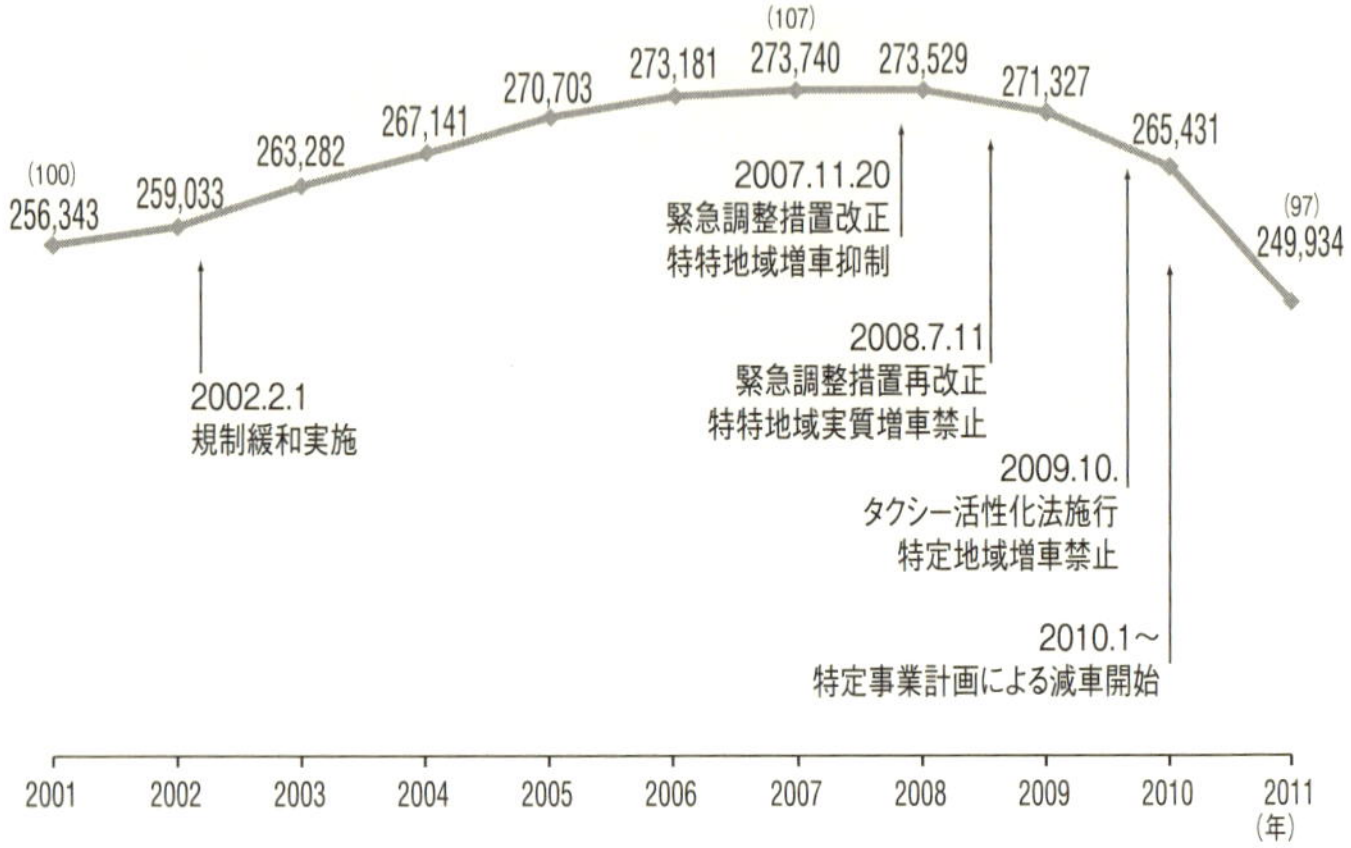

会社が車両を増やしていった。

しかし、タクシー台数が増加するにしたがって、タクシー1台当たりの売り上げが減少した。NHKをはじめとするマスコミは、これを「規制緩和の影」ととらえ、タクシー運転手の労働環境の悪化と、そのことによって乗客の安全が損なわれかねないという趣旨の報道を繰り返した。タクシー台数がピークに達した2006年頃のことだった。

2006（平成18）年9月に小泉政権が幕を閉じるとともに、規制緩和に対する風当たりが強くなっていった。そして、これは行き過ぎた規制緩和だったということで、2009（平成21）年6月19日に「タクシー適正化・活性化法」が成立し、同年10月

1日に施行された。

タクシー適正化・活性化法のポイントは三つある。第一は、協調的減車である。その結果、タクシー台数は徐々に減少していくことになった。第二は、参入・増車の抑制である。協調的に減車しても、新規参入や増車する事業者が出ては意味がなくなるからである。第三は、低額運賃の適正化である。低過ぎる料金ではタクシーを運行することができなくなったのである。かつて大阪では初乗り500円の「ワンコインタクシー」が走っていたが、現在は値上げして、社名を変更して営業している。

タクシー規制に関する産業政策は、まさに政治のブレを象徴的に表している。2000年の「道路運送法改正法」に反対したのは社民党と共産党だけだった。しかし、「タクシー活性化法」は全政党が賛成している。つまり、社民党と共産党だけが一貫していて、他の政党はブレたということである。さらに、その見直しも、一部地域の義務的な減車まで進められようとしている。

政治のブレによって産業政策の方針が変わってしまうのは、理屈としてはおかしい。政府が「タクシー台数を増やせ」と言ったのではなく、民間の営利企業が自らの判断で増車した結果、タクシーの総台数が増えたのである。過当競争でタクシー運転手の労働が厳しくなり、乗客の安全が損なわれるとするのは、筋違いの話である。タクシー運転手の労働条件を厳格に守らせればいいことである。しかし、その頃の世間の風潮では、タクシーの規制緩和には逆風が吹いていて、タクシー会社が自らの判断で増車したにもかかわらず、タクシー業界が悲鳴を上げて、政策が悪かったような話になってしまった。

タクシーの台数を、市場以上に増加させたのはタクシー業界自身である。そこでの淘汰は市場に任せるべきである。この当然の理屈が無視されて、タクシーの総量を政策的にコントロールするという暴論が通用してしまう日本の現状を見つめることもまた、産業政策を考えるひとつの重要な材料となる。

6. 電気事業の自由化

ここからは、費用逓減性から独占が認められてきた代表的な産業である電気事業に対する産業政策を見ていきたい。

電気事業法は、「電気に関する臨時措置に関する法律」(昭和27年制定)に代わって昭和39(1964)年に制定された。その後、日本の経済構造や国民生活の変化に伴って電力需要が増大し、電力需給の逼迫化傾向が強まってきたことや、日本の電気事業についての高コスト構造が指摘されるようになった。そこで、1995(平成7)年から数回にわたって、発電部門における競争原理の導入と、小売部門における「自由化」の範囲の拡大を目指すとともに、一般電気事業者と新規参入者（新電力）との競争条件均一化を図る観点から、送電部門の公平性の確保を目的とした電気事業制度改革が実施されている。

１９９５年の電気事業法改正（第１次制度改革）では、①卸電気事業の参入許可を原則として撤廃し、電源調達入札制度を創設して、発電部門における競争原理の導入、②特定電気事業制度を創設し、特定の供給地点における電力小売事業の制度化、③一般電気事業者の自主性を認める方向での料金規制の見直しと選択約款の導入が行なわれた。

１９９９（平成11）年の第２次制度改革では、①小売部門において、特別高圧需要家（原則、契約電力２０００キロワット以上）を対象とした部分自由化の導入、②料金の引下げ等、電気の使用者の利益を阻害する恐れがないと見込まれる場合において、これまでの規制を緩和し、認可制から届出制への移行が行なわれた。

また、２００３（平成15）年の第３次制度改革では、①小売部門において、高圧需要家（原則、契約電力50キロワット以上）まで部分自由化範囲の拡大、②一般電気事業者の送配電部門に係るルール策定・監視等を行なう中立機関（送配電等業務支援機関）の創設、③一般電気事業者の送配電部門における情報遮断、差別的取扱いの禁止等を電気事業法により担保、④全国大の卸電力取引市場を整備が行なわれた。

そして、2008（平成20）年の第4次制度改革では、①卸電力取引所の取引活性化に向けた改革および送電網利用に係る新電力の競争条件の改善、②安定供給の確保および環境適合に向けた取組の推進（グリーン電力卸取引の導入等）が行なわれている。ただし、小売部門の自由化範囲は拡大せず、5年後を目途に範囲拡大の是非について改めて検討するとされた。

このように数回にわたって電気事業法が改正され、規制緩和が行なわれた結果、現在、電力需要全体の約6割強を占める需要家（大口需要家）は、どの電力会社からでも自由に電気を買うことができるようになっている。

例えば、全国のどこにあっても、自由化対象の需要家であれば、東京ガスやダイヤモンドパワーなどの新電力会社や、全国のどの電力会社からでも電気を買うことができる。つまり、経済原則にのっとって、最も安い電力会社から電気を買うことができるようになっている。町のコンビニや一般家庭はいまだに規制の対象にはなっているが、小さなスーパーマーケットであればすでに自由化されてきた。

図6―3は、2003（平成15）年の電力事業の第三次制度改革以降の、販売電力量全体に占める新電力のシェアが順調に伸びていることを示したものである。下の線は50キロワット以上の高圧、上の線は2000キロワット以上の特別高圧、中央の線はその二つを

図6-3 新電力の全販売電力量のシェア

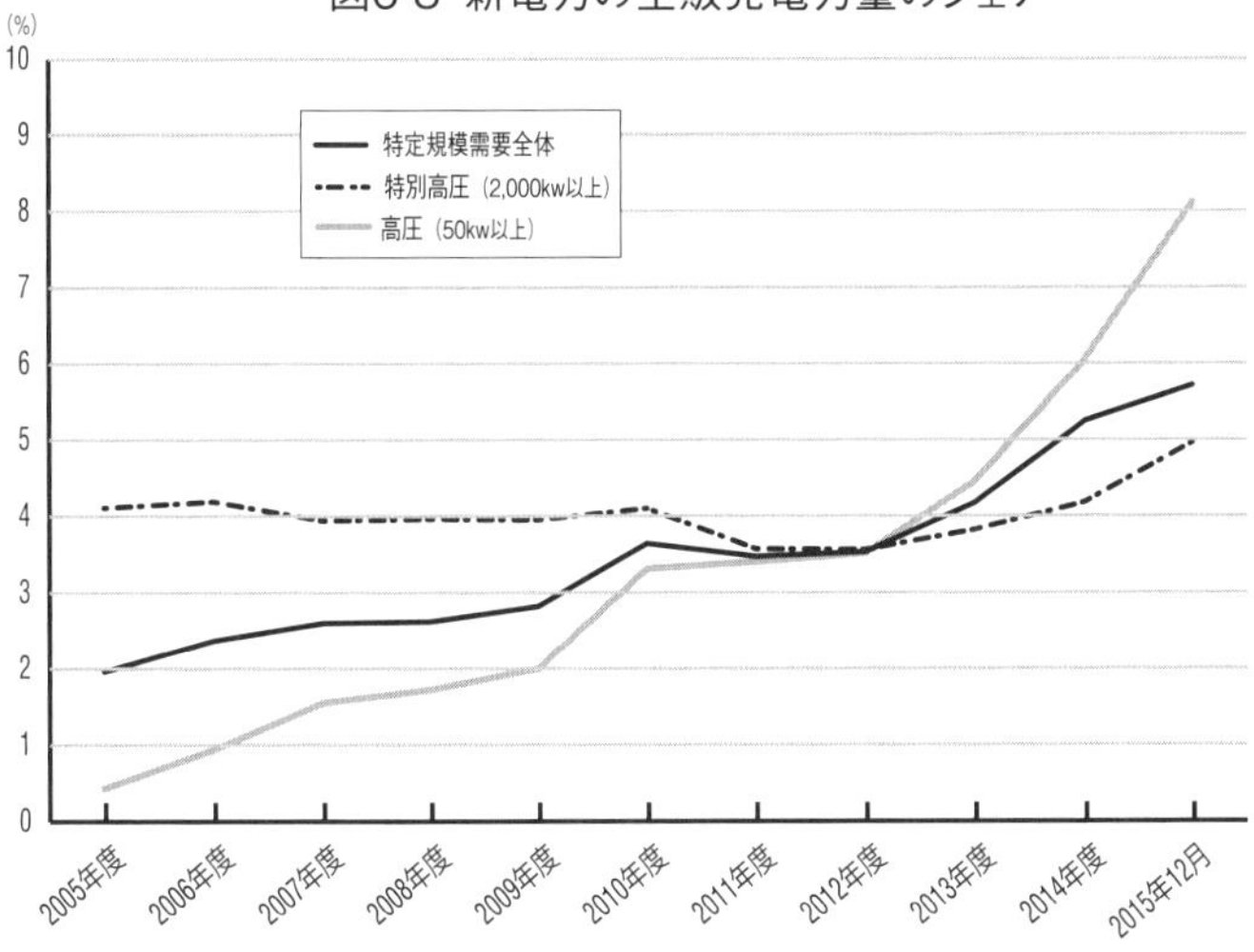

出所）発受電月報「平成22年度度総需要速報概要」より作成

足し合わせた特定規模需要全体の中での新電力のシェアを示している。この図は、資源エネルギー庁「自由化分野における競争の状況」（平成27年11月18日）で使われたものを、最新データを加えて作成したものである。

しかし新電電のシェアが伸びているように見えるこの図は、最大値が1桁台のパーセントとなっている。これを、最大値を100％にして作り直したのが、**図6－4**である。地域独占で長く営まれた電気事業に競争を導入するため、特別高圧の大規模需要家から順に始まった小売自由化は、対象とする需要家が全需要の6割を占めるにいたっても、未だ新電力は6％のシェアしか有していない状況にある。

自由化部門の電気事業の市場構造は、９割以上を地域の電力会社１社が占め、残りの１割未満を、複数の新電力会社が分け合うこととなっている。およそ競争的市場とは言えない状態である。制度上は自由化が進んでも、市場自体の競争環境が整わないことの検証や対策が不十分なまま、政府は２０１３（平成25）年４月に「電力システムに関する改革方針」を閣議決定し、「発送電分離」を含む電力システム改革の実施を３段階に分けて進めることとした。そして２０１３年11月、２０１４年６月、２０１５年６月に三段階それぞれの改正法が成立した。

電力システム改革の目的としては、（１）安定供給の確保、（２）電気料金の最大限の抑制、（３）需要家の選択肢や事業者の事業機会の拡大が掲げられている。その上で、①広域系統運用の拡大、②小売および発電の全面自由化、③法的分離の方式による送配電部門の中立性の一層の確保、という3本柱からなる改革が行なわれることとなった。

ここまで、自由化対象となっていなかった4割ほどの家庭向けなどの電力の自由化は、２０１６（平成28）年4月に実施された。これで、全需要家が自由化対象となり、家庭でも自由に他地域の電力会社を含む小売電気事業者を選べることになる。また、送配電部門の法的分離は、２０２０（平成32年）４月に実施されることとなった。

図6-4 新電力の販売電力量全体に占めるシェア

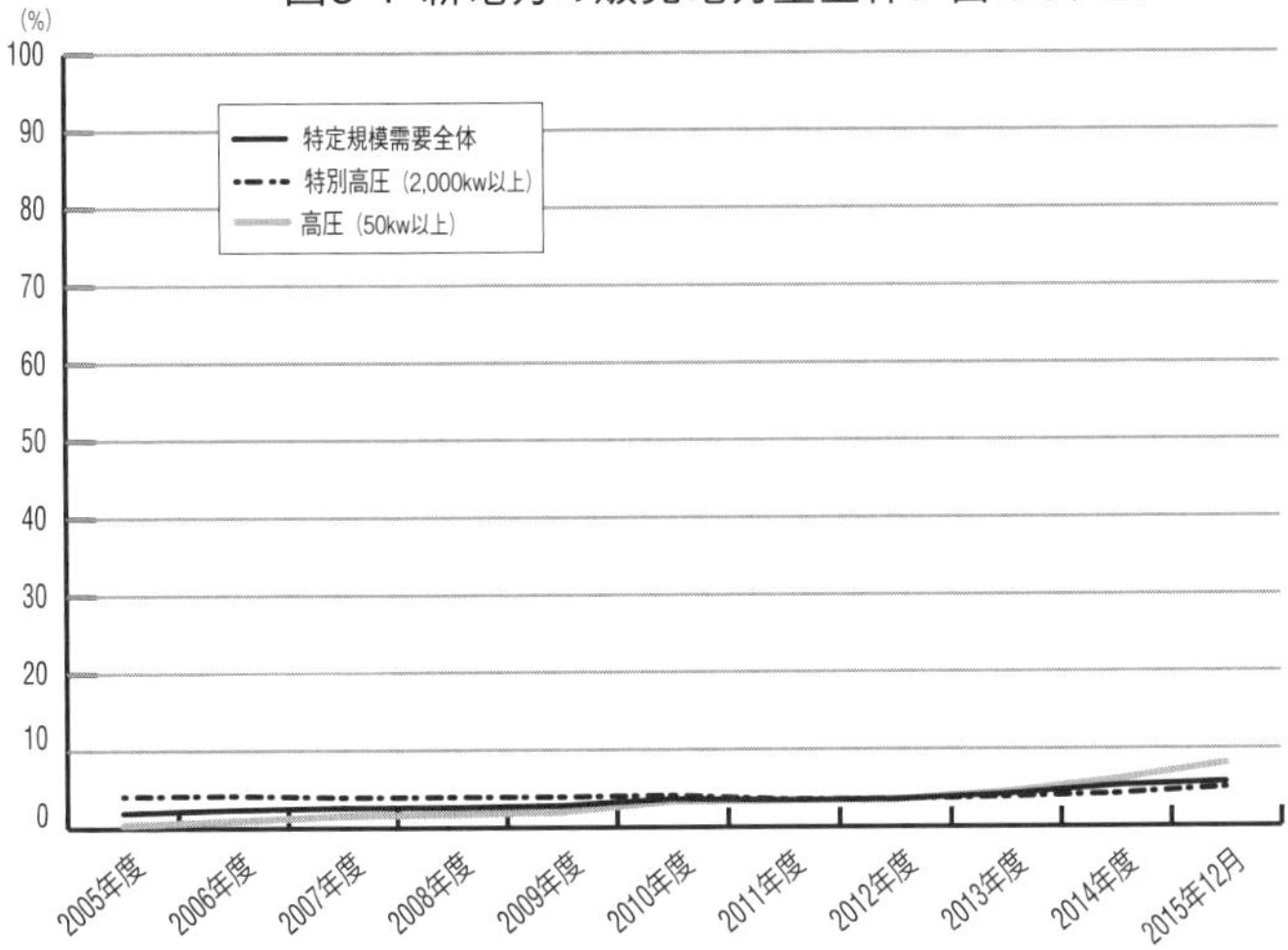

出所）発受電月報「平成22年度度総需要速報概要」より作成

送配電部門を法的に分離する中立性の確保とともに、全面的な電力自由化が行なわれることになり、コンビニや一般家庭でも、電力会社を選んで自由に電気を買うことができるようになるはずである。ただし、第一弾の改正法の附則には、改革の各段階において当該改革の課題を検証し、必要な措置を講じることが盛り込まれている。現在、多くの原子力発電所が停止されており、その再稼働が進まずに電力需給が逼迫する状況があれば、発送電分離が先送りされる可能性はある。

電気事業は、日本の公益事業の中で地域独占を維持した産業である。ここに競争を導入し、電力の安定供給の確保や電気料金の最大限の抑制を図る環境を実現することは重要である。

現在までですでに、大規模需要家から自由化が進み、2013年現在ほぼ6割の需要について、競争的な環境が実現している。その上で、自由化の対象を小規模な小売部門まで拡げ、全面的な自由化を実現すると共に、より一層の中立性確保のため、送配電部門の法的な分離を行なうこととなった。

しかし、すでにみたように、全体の販売電力量に占める新電力のシェアは依然として1桁台の比率で推移している。このような状況の中で、仮に送配電部門を分離したとしても、発電会社がさらに増えて競争が促進され「(1)安定供給の確保、(2)電気料金の最大限の抑制、(3)需要家の選択肢や事業者の事業機会の拡大」の改革の目的が達成されるとは限らない。

例えば、ある大口需要者が電気を新電力会社から買おうとした時には、送電網と配電網を東京電力から借りなければならない。その送電網と配電網の使用料を「託送料」といい、現在は1キロワット時当たり約3円に設定されている。市場成果の観点からは、託送料をどこまで低下させられるかも重要である。競争拡大のために送電網をより充実させることになれば、託送料はさらに高くなってしまう可能性もある。

また、電力会社間をまたぐ送電線を「連系線」とよぶが、この容量確保も改革の市場成果を出すためには必要である。現在、全国の2億キロワット以上の発電容量に対して、中部電力と東京電力間の連系容量は120万キロワットしかない。東京電力の需要家が、大挙して中部電力や関西電力、あるいはその地域にある新電力会社から電気を買おうにも、120万キロワットが上限となる。さらに北海道と東北電力間に至っては、60万キロワットしかない。

また、より本質的な問題は、発電コストの問題である。タクシーの場合は、常識的にみて、2キロメートルあたりの料金は、700円の前後1割程度の範囲に入り、そこでのコスト競争は十分に生じ得る。しかし、電気の場合は、発電費用は1キロワット時あたり、10円以下から40円近くまでの差がある。さらに電力会社の発電部門は、火力、水力、原子力、自然エネルギーなどのさまざまな電源を複合した結果の費用となっている。

自然独占性を根拠に、電気事業は地域独占で長く営まれてきた。それが、電気の小売について、2000年3月の2000キロワット以上の需要家に対する自由化を皮切りに、2005年4月の50キロワット以上の需要家まで対象範囲が拡げられてきた。しかし、すでに見たように、新規参入事業者のシェアは1割に満たないまま推移してきたが、その抜本的な対応がなされないまま、2016年4月、自由化対象範囲は家庭用にまで拡げられ、全面自由化が実現した。

これからは、こういった制度改革が電気の安定供給を確保した上で、市場構造において寡占状態が解消され、また電気料金の低下という明確な市場成果をもたらすことが求められることになる。2020年4月の送配電の法的分離までに、送電線や連系線の容量問題などが解決され、明確な市場成果が出るかどうかを見守りたい。

7. 産業政策としての成長戦略と人材育成

安倍内閣は、デフレ脱却の3本の矢の一つとして、成長戦略を掲げてきた。2014年6月閣議決定で、「投資の促進」、「人材の活躍強化」、「新たな市場の創出」、「世界経済とのさらなる統合」を掲げ、投資の促進では、特区の活用、新たな市場の創出では、農業改革や電力改革、世界経済との統合では、cool Japan を掲げている。ここからはこの中で、産業政策としての人材活躍強化について検討を進めたい。

日本では自由民主党が、2013年4月8日に教育再生実行本部で、「人造りは国造り」というスローガンを掲げて、「成長戦略に資するグローバル人材育成部会提言」を取りまとめている。

「提言」で注目されるのが、「国家戦略としてのICT教育」である。ここで、2010年代中に児童生徒1人1台のタブレットPC(情報端末)を整備することが明記されている。実は、民主党政権時には「2020年」となっていたものを「2010年代中」に前倒しにしている。

さらに、この「提言」を実現するための施策として、「2015年をめどに小・中・高・特別支援学校を通じて、1人1台のタブレットPC(情報端末)、電子黒板、無線LAN等が整備された拠点地域を全都道府県に合計100程度指定し、先導的な教育システムを開発」するとされている。

この、成長戦略の一環として、IT人材育成が掲げられているということは、これも広義の産業政策と考えていいはずである。しかし、産業の国際競争力という観点から見たときに、タイや韓国に比べると遅れている観は否めない。

例えばタイでは、OTPC(One Tablet Per Child)政策が行なわれてきた。これは、デジタル教科書デバイスとして、すべての小中高生(タイでは高校まで義務教育である)に1人1台のタブレットPCを無償配布するという政策である。タイでは2011年に政権交代が行なわれ、民主党を軸とするアピシット政権から、タイ貢献党を軸とするインラック政権に代わった。その政権交代の時のタイ貢献党のマニフェストには三大公約が記されている。一つが、2020年までに高速鉄道を敷設すること。二つ目が、2~3年内にタイ全土にWi-Fi網を完備すること。そして三つ目が、すべての生徒にタブレットPCを配布することである。

タイの小中学生は1学年約80万人で、小学1年生向けに80万台のタブレットPCをすでに配布し終えている。さらに、2013年には中学1年生と高校1年生に160万台のタブレットPCを配布したので、6年後の2019年には、タイのすべての小中高生がタブレットPCを持つことになる。なお、タブレットPCは基本的に家に持ち帰ってもいいことになっているが、その最終的な判断は各学校の校長に委ねられている。地域によっては、生徒が持ち帰ったPCを親がすぐに売り払ってしまう恐れがあるからである。そういった地域を抱えるタイが、タブレットPCを無償配布して、子どもたちの学力を向上させ、IT能力をつけさせることによって国力を増強していくことを目指している。

韓国においても、2012年の私の調査時に、教育省の高官は「韓国には資源がないので、人が資源であり、人を育てる以外にこの国の産業を活性化する道はない」という趣旨のことを語っていた。日本でも1960年代には「資源がない国は人が資源」と言われていたものである。

長期的な日本の産業競争力の基礎となる人材育成について、諸外国に遅れをとることは許されないはずである。

8. 産業政策の課題

バブル崩壊後、日本経済の国際的地位は大きく低下してきた。アベノミクスによって、デフレ脱却が図られつつあるが、産業競争力強化政策は、まだ十分なものが打たれているとは言えない状況にある。郵政民営化における、ゆうちょ銀行、かんぽ生命の完全民営化の見送りなどはその一例である。

また、ここまで様々な事例を通して産業政策を見てきた。デジタル教科書の普及による国民の教育水準の向上もまた、広義の産業政策として検討してきた。さらに、各国の首脳が競って自国産業の売り込みに世界を走るのもまた、産業政策の一つといえよう。

グローバルな視点に立って、冷静に産業政策を再考する時代に入っていると思える。産業政策は、保護や育成の観点から見ると、その産業の事業者には大きなメリットとなる。一方、参入促進を図り、競争を導入するには、事業者には規制に守られた既得権が失われることになる。タクシーの競争導入策が否定されてしまった結果、料金の低下や利用者の選択肢増大や、事業者の事業機会の拡大は得られないこととなった。

また、日本農業の活性化には、株式会社の参入自由化が不可避のはずである。今、後継者不足が深刻になっているが、個人営農が基本であれば当然の結果である。高校生、大学生の就職先に農業が選ばれるためには、株式会社による求人が必要である。農業に従事しようとする若者がいても、個人営農が主力である限り、その供給を受け止めることはできない。しかし、農業にはタクシー以上の強い既得権、そして政治力があり、この改革は進んでいない。

さらに、日本の雇用慣習やそれを支える制度が、自由な労働移動を阻んでいる。産業構造の転換をスムーズに進めるということは、資本も人も、産業を越えて自由に移動する条件を整えなければならない。参入規制などの競争抑制策や、自由な労働移動を阻害する制度をどう変えられるかが、日本の産業政策の最大の課題といえるかもしれない。すでに見たように、日本はバブル崩壊後の四半世紀、デフレが継続する中でほとんど成長できず、世界の中での経済的地位を大きく落としてきた。しかし、2012年12月に発足した安倍晋三内閣の「三本の矢」、とりわけ異次元の金融緩和によって、デフレ状態は解消しつつある。しかし、原油をはじめとした一次産品の価格低下や、中国などの新興国経済の不調などによる世界経済の混乱の影響が、日本にも及びつつある。この時期こそ、将来を見据えたしっかりとした産業政策を進める必要がある。アベノミクスの三本の矢の「成長戦略」がこれにあたる。そしてその中核は、「岩盤規制」を打ち破り、より自由で競争的な経済環境を作り出すことにあったはずである。

残念ながら、現在までのところ、その明確な方向性が打ち出され成果が期待できる状況にあるとは言いがたい。異次元の金融緩和で相当程度の景気回復が実現した今こそ、規制改革を軸に据えた大胆な産業政策の展開が求められるところである。

検証7 日本的雇用の功罪

陳腐化した雇用制度・雇用慣行

島田晴雄
千葉商科大学学長

「失われた20年」とアベノミクス

現在は過去の歴史の産物であり、目の前のことばかりにかまけていると処方箋を間違える。安倍政権の経済政策（アベノミクス）について評価するためには、日本が過去20年にわたって、世界史の中でも珍しい長期デフレを続けてきたことを踏まえなければならない。日本経済は成長力をもっているはずなのに低迷を続けたのである。

アベノミクスの「第一の矢」（金融政策）は大成功したように見える。しかし、このまま2年間も「異次元の」大量のベースマネー供給を続けていくと、政府が発行する国債の大半を日本銀行（日銀）が買い取ること、すなわち日本政府の赤字のファイナンスを日銀が行なっていることを、世界に向けて公言することになる。

また、「第二の矢」（財政政策）については黄信号が点灯している。今年2月の通常国会で自民党は緊急経済対策に基づく平成24年度補正予算13・1兆円を成立させたが、これではスケジュール通りの財政再建ができそうにない。

それを救うのが「第三の矢」（成長戦略）ということになっている。しかし、現状では関係官庁の予算取りのいわば「ホッチキス政策」になっていて、中身の8～9割が民主党時代と変わらない。本来、経済成長は民間の企業とヒトが担うものであり、政府はその後押しをすればよい。成長戦略としては、民間が思い切り活躍ができるように競争条件を整備するだけでよいので、予算はほとんど必要ないはずである。ところが各省庁は、ターゲットごとに支援をするという名目で50億円、100億円単位の予算を組もうとしている。

さらに言えば、日本にとって重要なのは本格的な構造改革である。構造改革とは、「岩盤」（Base rock）を壊すことだが、そもそも既得権の塊である「岩盤」をつくったのは自民党の古いリーダーたちだったので、それを壊すにはよほどの覚悟が必要である。

旧態依然たる制度が残存

日本経済は、約20年の長きにわたるデフレを経験した。これは世界史的にも珍しい事態だが、その最大の理由は、日本の現在の制度がほとんど40年前のままであり、構造改革が行なわれてこなかったことにある。

今から40年前（1973年）に、日本は第一次オイルショックに見舞われ、それまでの高度経済成長から一転して成長率が落ち込んだ。そして、これを切り抜けようと必死に頑張って今日の日本経済がある。問題は、その頃から制度はほとんど進化していないことである。農業や医療、さらには教育も進化していない。

同じ産業に世界規模の企業が多数存在して、互いに足を引っ張り合っている経済も珍しい。高度成長の時には「参入したもの勝ち」で、多数の企業が参入した。ところがその後、世界中は大調整しているにもかかわらず、日本政府も産業界も、調整の先にあるビジネスの姿を描くことができていない。サーカスの空中ブランコで、ブランコに乗って向こう側へ飛び着けばいいのに、そこに何があるかが見えないので、こちら側にみんなしがみついていて互いに潰し合っているようなものである。

エネルギーについては、40年前に猛烈な勢いで原子力発電所（原発）を建造したことが高度成長の礎になったことは事実である。しかし、それが嘘で固めた原発の「安全神話」の上に成り立っていたことに誰も気づかなかった。ところが、福島第一原発事故が起きて、政府や権威といわれる人たちが言っていることを国民はもはや信じようとはしない。私自身は、活断層がない場所にある原発はすべて再稼働すべきだと思っているが、国民はそれを許さないだろう。

一方、この40年で世界は大きく変わった。何よりも、インターネットの世界になり、完全にグローバル化し、経済における国境が消滅した。「環境」がリアルな問題になったと同時に、世界で見ると人口爆発で食糧問題や水問題が深刻になった。このような問題に日本はほとんど対応できていない。

日本国内では、この40年間で人口構造の逆転が起きている。それまで富士山型のピラミッド型だった人口構成が提灯型になり、真ん中より上のほうが重くなっている。このような状況に対しては、社会保障制度や雇用制度を根本から変えるべきなのに、その方向性が見えない。解雇法制一つとっても、50年前の法律が残っている。否、残っているどころか、それに一矢報いようとするすべての提案や行動が弾かれてしまう構造になっている。雇用の分野でもおそろしいほど制度が遅れていて矛盾が広がっている

40年もの長きにわたって、国家・企業・社会の制度を変えなかった国は、世界的に見ても珍しい。おそらく1970年代は、一部の既得権者にとってはきわめて良い時代だったのであり、できればそれを子どもや孫の世代まで永遠に続かせたいと願ったのだろう。

雇用格差と将来不安

さて、いま、労働および雇用に関して重大な現象が起きている。それは、雇用格差が国民の間に「希望格差」を生んでいることである。

将来に対して希望を持てる人と持てない人という「希望格差」の根底には、正規雇用で雇用を守られている人とそうでない人という雇用格差がある。失業者のみならず、フリーター、派遣労働、非正規雇用などの不安定雇用が増大している。終身雇用で守られている人々がいる一方で、将来に希望を持てない人々が増大しているのである。

なぜこのようなことが起きているのか。それはメガトレンドが激変して環境条件が大きく変わったにもかかわらず、40~50年前にでき上がった日本の雇用制度の仕組みがほとんど変わらずに残っているからであり、それが生み出した矛盾が拡大しているのである。

伝統的雇用制度の形成

伝統的な雇用制度といわれている「終身雇用・年功賃金・企業内組合」は、かつて日本の強みだった。それは、完全雇用を実現し、企業内でのキャリア形成が行なわれ、安定的労使関係は技術進歩の基礎だといわれた。それは、ハーバード大学のエズラ・ヴォーゲル教授が『ジャパン・アズ・ナンバーワン』のなかで高く評価した仕組みであり、高度経済成長の背景で機能したものである。

実は、終身雇用制度は日本固有の制度ではない。戦前には官庁と財閥企業の幹部に長期雇用の慣行があったが、ほとんどの企業や一般労働者にはそうした慣行はなかった。

日本経済は1950年代後半から70年代前半まで平均実質10％前後で成長した。いわゆる高度成長の時代である。その当時の人口構造は若く、人口は年率平均2％前後で増加した。労働需要は急速に拡大し、若年労働力供給は豊富だった。急速な経済成長のもとで、企業にとっては労働力を調達、訓練、定着させることが最重要課題であり、雇用調整や解雇など考えられないことだった。

そのような雇用環境のなかで、労働者は当然のように30数年にわたって同じ企業で働いた。結果として、「終身雇用」という慣行が定着したのである。その間、経済成長下の所得水準向上にともなう賃上げ（ベース・アップ＝ベ・ア）が毎年実施された。企業内訓練による熟練向上にともなう昇給もあった。つまり、終身雇用という慣行の結果として年功賃金制になった。

日本的雇用制度の機能

慣行が制度になると、企業の判断や労働者の判断を制約することになる。例えば、年功賃金制度になると、家を買うためのローンや、子供の教育費のためのボーナスを期待するようになる。ボーナスは本来、高度成長期に企業が、固定月例賃金で払うべきものを、まとめて夏と冬に支給していたものだが、いつの間にか期待（あるいは予定）された制度になった。ボーナス制度は、高度成長時代はプラスに働いたと評価されたが、結果として企業行動や投資行動を縛ることになった。

「終身雇用」とは、期間に定めのない雇用のことであり、終身の契約ではない。実際、日本の労働法では、1カ月前に予告すれば解雇でき、1カ月分の給料を支払えば即時に解雇できることになっている。ただし、現実にはほとんど解雇できない。なぜかといえば、いつの間にか終身雇用が制度になってしまったからである。法的な判断をする時には社会的な慣行（制度）が前提になり、制度を覆すのは難しい状況になったのである。

また、高度経済成長の時代には、欧米のような職種別組合や産業別組合が育つ暇がなく、職種別組合や産業別組合が未成熟のまま、企業内の正社員を組合員とする企業内組合が普及した。そして、企業内組合は、労使協調のパートナーとして重視され、正社員の既得権を守る存在になった。

企業内組合は非正社員のことをほとんど考えていない。中小企業のことも考えていない。まさに「労働貴族」である。日本の企業内組合は、労働運動の成果としてではなく、終戦直後のドサクサと急激な成長の中で企業内の正社員を組織したという出自をもっている。彼らは、企業にとってはきわめて労資協調をしやすい相手だった。

また、労働供給は男子労働者と彼を支える専業主婦の世帯が基本だった。当時は日本の世帯の8～9割が男子労働者・専業主婦という世帯構造であり、それ以外の世帯は変則的だと思われていた。そういう中で年功賃金と終身雇用制度が機能し、高度経済成長が実現されたのである。

メガトレンドの変化

ところが社会のメガトレンドが大きく変わった。

第一に、高度成長の終焉である。１９７０年代初めまでの約10年間にわたって年平均10％の高成長を続けてきた日本経済は、１９７０年代後半～１９８０年代は年平均５％前後

図7-1　経済（実質GDP）成長率の推移

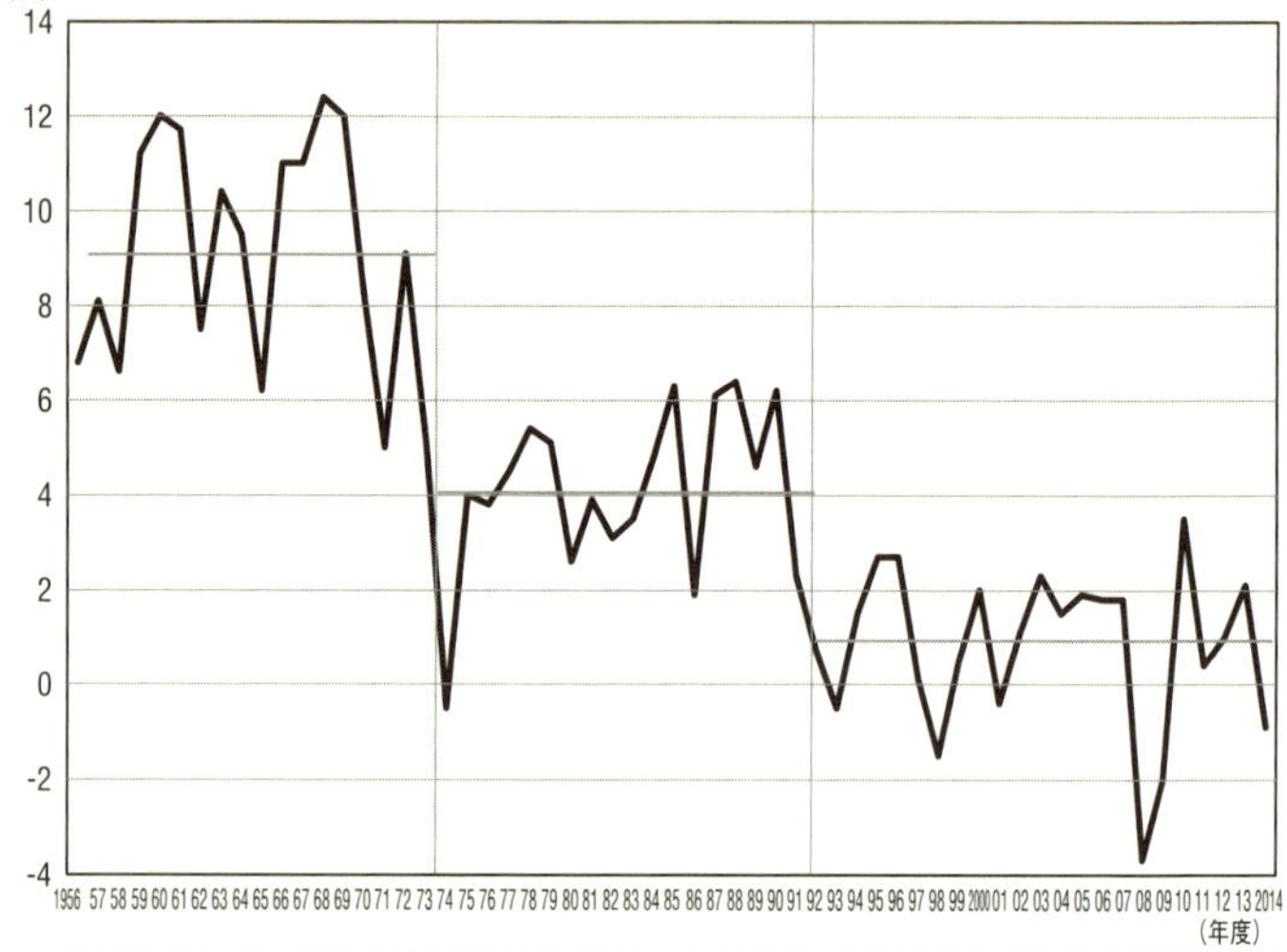

注）年度ベース。
出所）1980 年以前は「平成 12 年版国民経済計算年報」（63SNA ベース）、1981～94 年度は「平成 21 年版国民経済計算年報確報」（93SNA 連鎖方式）、1995 年度以降は「四半期別 GDP 速報（2011 年 10～12 月期・2 次速報）」（93SNA 連鎖方式）。

の中成長に変わった。さらに1990年代に入ってからは1％台の低成長に移行した（**図7－1**）。いわゆる「失われた20年」である。日本のマクロ経済環境が激変したのである。

第二は、グローバリゼーションの進展である。1989年11月のベルリンの壁崩壊以降、東側諸国のほとんどが資本主義経済体制に移行した結果、世界の市場が拡大すると同時に、安価な製品の供給地も拡大した。また、IT（情報技術）の進展はグローバリゼーションをより深化させ、新興諸国との競争激化を招いた。

第三は、1980年代後半から顕著になった若年人口(0〜15歳)の縮小と、女性就業の増大である。それは、結果として、男子若年の相対的減少、主婦・中高年男子・学卒女子の労働参加という形で、労働供給の多様化に結びついている。

このようなメガトレンドの変化の結果、高度成長時代に出来上がった「終身雇用・年功賃金・企業内組合」という日本の雇用制度を支えた根幹がほとんどすべて崩れてしまった。しかし、制度と構造だけが残り、大きな矛盾が表面化している。

失業と不完全就業の蓄積

その矛盾によって最も大きな不利益を被っているのが若年労働者である。

いま、日本の失業率(15〜64歳)は4〜5%だが、25〜35歳は5〜6%、15〜24歳の失業率は8〜10%に達している。完全失業者270万人のうち若年失業者は140〜150万人である。高度成長期には若年失業率は約2%だった。現在はまさに若年者が雇用機会に恵まれない社会になっている(図7-2)。

また、フリーターが約400万人、ニートと呼ばれる人は約80万人いる。さらに、朝から晩まで必死に働いていても暮らしていけるだけの所得が得られない人を「ワーキングプ

図7-2 若年層の完全失業率と失業者数の推移

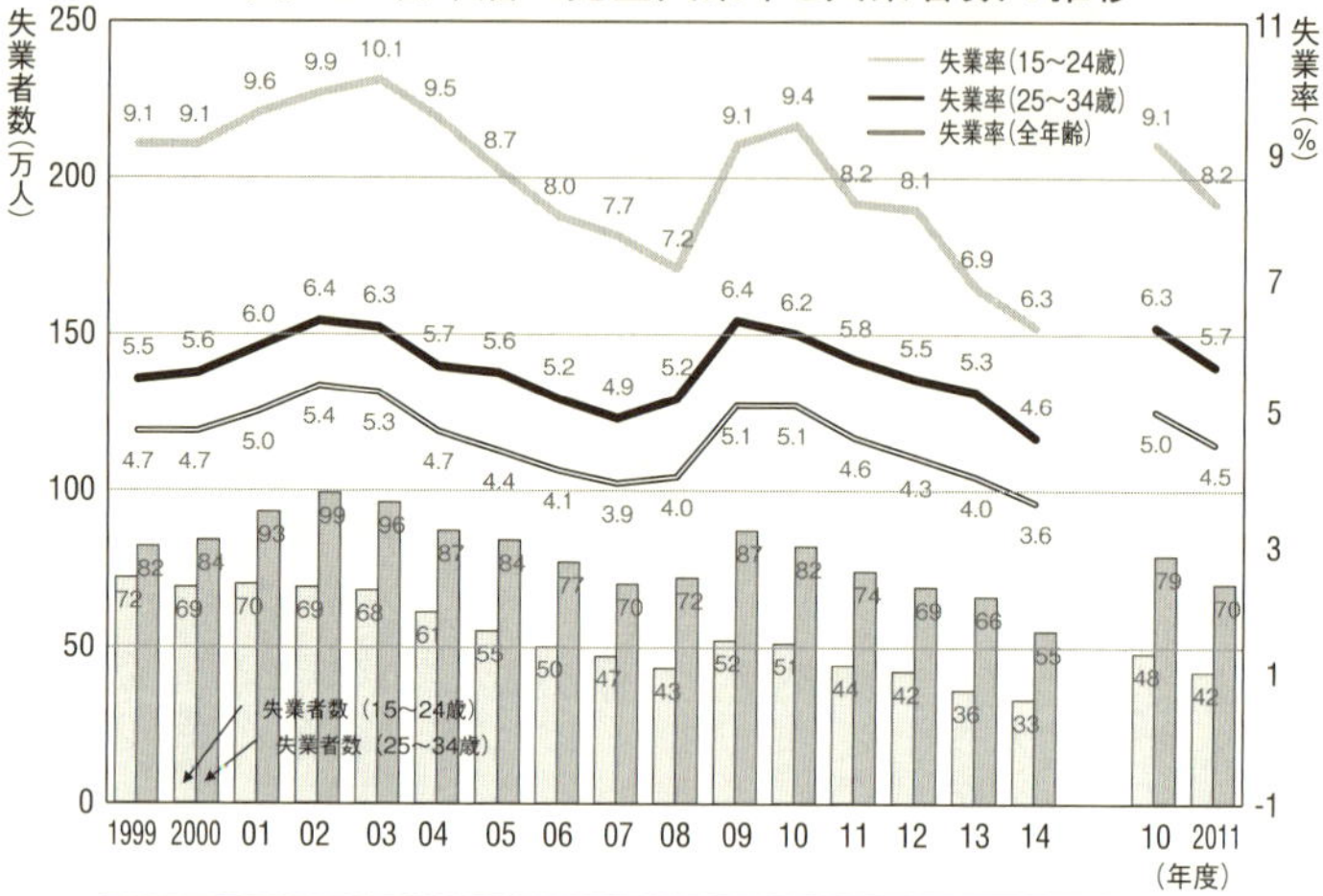

注1）完全失業者数は年平均値。
注2）右端の2010年、2011年の数値は岩手県、宮城県、福島県を除くデータ。
出所）総務省統計局「労働力調査」基本集計。

ア」と呼ぶが、国際基督教大学の八代尚宏教授の推計の通り約1800万人の非正社員をワーキングプアとしてカウントすると、そのうちの約半分（800〜900万人）が若年層であり、労働条件が劣悪なワーキングプアは400〜500万人と考えられている。

以上を足し合わせると、ダブルカウントもあり得るが、少なくとも1000万人以上の若年層が失業もしくは不完全雇用という不安定就業状態にあることになる。

フリーターとニート

ここで、フリーターとニートについ

て、もう少し詳しく見ることにしよう。

「フリーター」とは、フリーアルバイターの略称だが、内閣府の推計と厚生労働省の推計は大きく違っている（図7－3）。2001年の時点で、厚生労働省は200万人と推計し、内閣府は417万人と推計していて、約2倍の開きがある。

数字の違いの根拠は、フリーターの定義の違いにある。厚生労働省は、1991年『労働白書』に出ているように、「フリーターを希望する人」を「フリーター」と定義している。つまり、現在無職者のうち正社員を希望しないでパート、アルバイトを希望する人のみをカウントしているのである。一方、内閣府は、「フリーターにならざるを得ない人。正社員を希望する人も含めてカウント。派遣、契約社員も含む」としている。

厚生労働省と内閣府のどちらの定義がより現実的かは明らかである。正社員など安定した雇用機会が限定ないし減少し、短期の不安定な雇用機会しか恵まれない人々をとらえるには、内閣府の「フリーター」の定義の方がより現実的であり、「正社員を希望せずアルバイトだけ希望する人」（厚生労働省の定義）はむしろ特殊な範疇に属するというべきである。

また、「ニート」（NEET;not in education、employment or training）とは、就職する意思がなく、職業訓練も受けない若者のことで、英国で注目された現象である。日本では厚生労働省（『労働白書』2004年）が、「若年無業者」（非就業、非求職、非通学、非家

図7-3 フリーター数およびニート数の推移

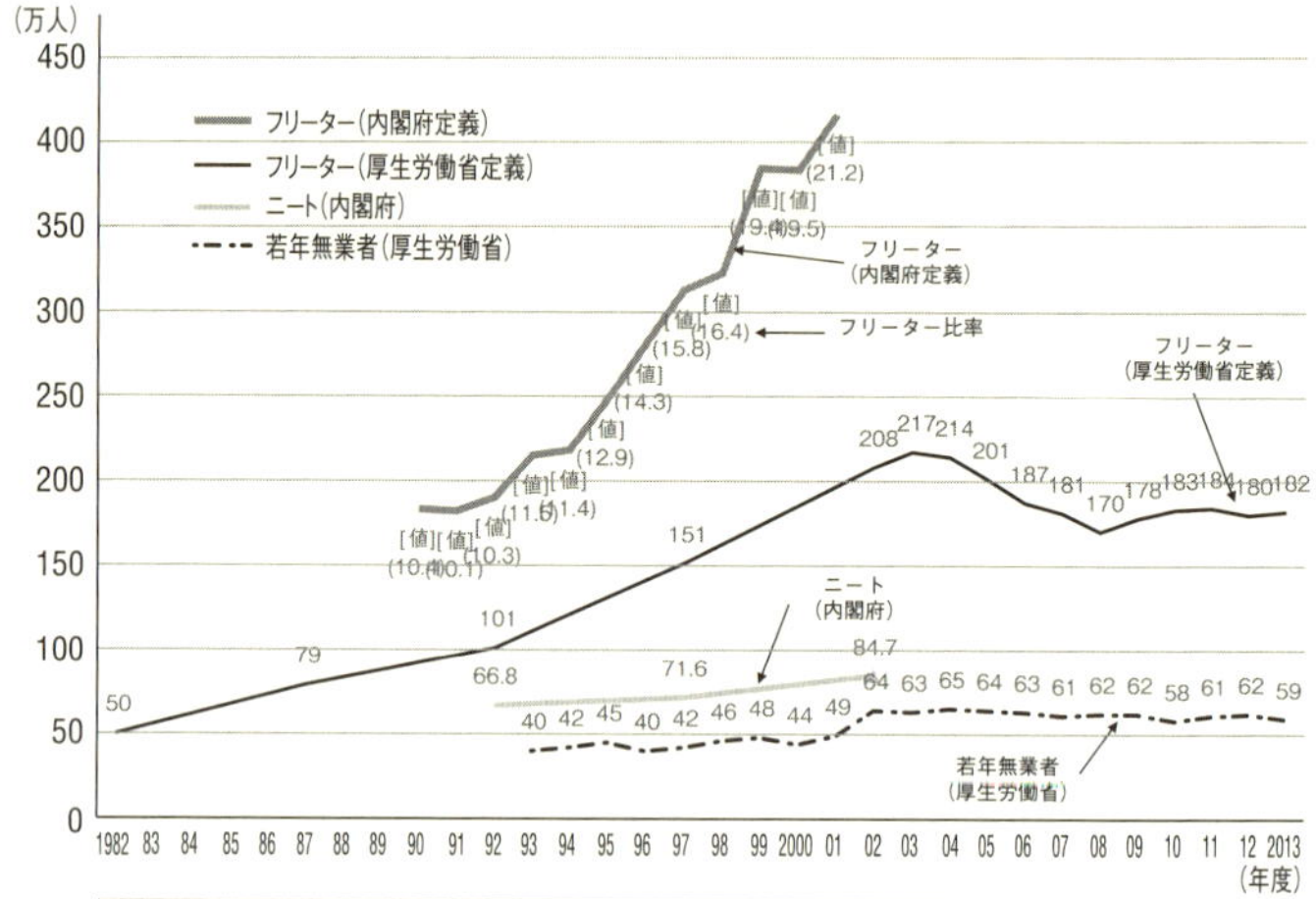

出所）内閣府「若年無業者に関する調査（中間報告）」、『国民生活白書』（2003年版）、厚生労働省『労働経済の分析』（2011年版）。原資料は総務省統計局『就業構造基本調査』「労働力調査」各年。

事）と定義し、２００３年時点で63万人と推計して話題となった。

一方、内閣府はよりきめ細かな定義を行なっている。まず、（１）高校や大学などの学校および予備校・修学校などに通学しておらず、（２）配偶者のいない独身者であり、（３）ふだん収入を伴う仕事をしていない15歳以上34歳以下の個人を「若年無業者」と定義し、そのうち就業希望は表明していながら求職活動は行なっていない「非求職型」と、就職希望を表明していない「非希望型」を「ニート」（通学も仕事もしておらず職業訓練も受けていない人々）」として、「２００２年における２１３万人の若年無業者のうち、非求職型と非希望型の合計は85万人」としている（内閣府「若年無業者に関する調査（中間報告）」２００５年）。

ワーキングプア

「ワーキングプア」（working poor）とは、フルタイムで働いても生活維持さえも困難または生活保護の水準にも満たない就労者層のことである。ワーキングプアは、就労所得があるので生活保護を受けられない。

ワーキングプアは新しい現象で、１９９０年代のアメリカで指摘され、その後、世界各国で社会現象、社会問題として意識されるようになった。アメリカでは社会保障制度が包括的ではないので、公的扶助者の自立促進の流れの中で、この20年近く、働く貧困者が問題視されるようになっている。

日本もまた例外ではない。１９９０年代、グローバル化の下で企業が総人件費の削減を迫られる中で、労働市場の規制緩和（派遣労働の段階的自由化など）が進み、パートや契約社員など非正規雇用が増えた。さらに、１９９０年代のバブル崩壊、デフレの長期化など経済の低迷がつづく中で、「就職氷河期」といわれた時代には、若年者の正社員への雇用が著しく削減され、正社員になれなかった人々が増えた。彼らは、その後も不安定な雇用から抜け出せないでいる。

日本では、勤労収入がある人や一定の資産を持っている人は生活保護を受けることができない。例えば、フランス語で「ジャポン」と呼ばれ、日本を代表する工芸品である能登の輪島塗の職人たちの多くが生活苦に追い込まれている。輪島塗は高価なものが多く、なかなか思うように売れないため仕事が少なくなっているうえに、熟練した職人である彼らは、工場や家屋敷を持っているために生活保護を受けることができないのである。

ワーキングプアは、近年趨勢的に増加しており、総世帯の2割近い世帯がワーキングプア階層にあるという推計もある(後藤道夫「貧困急増の実態とその背景」貧困研究会編『貧困研究第1巻』)。また、低所得者階層も増大しており、国税庁『民間給与実態調査』によると2009年には、年収200万円以下の勤労者が全体の24・5%を占めたことがわかっている。国際基督教大学の八代尚宏教授は、非正規雇用労働者は雇用労働者の3分の1にあたる約1800万人と推定しているが、そのうちのかなりの部分がワーキングプアであり、その多くが年齢の若い層であると推察される。

そもそも日本のセーフティネットは、失業保険にしても生活保護にしても、後で詳しく説明するように、フルタイム正社員の夫と専業主婦の妻と子供という家族構成の世帯が、何かの事情で突然生活できなくなった時に救うための構造になっている。したがって、そもそもワーキングプアに対しては対応できないのである。40～50年前に出来上がった制度の矛盾がこのようなところに如実に表れているが、それを変更する構想すらまだ出ていない現状である。

終身雇用システムへの固執が生む矛盾

すでに指摘したように、このような矛盾の原因は、経済の長期低迷とグローバル競争の激化などメガトレンドの変化にある。企業にとっては労働コスト縮小が至上命令であり、為替レートなど激しい経済変動の中では、「労働」をある程度のバッファー（緩衝材）にしないと企業経営が成り立たなくなっているのである。

そういう状況の中で、とりわけ大企業は終身雇用に固執しようとしている。在籍労働者の既得権保全を最優先しているのである。その見返りとして、企業側は、正社員に対して、職務、労働時間、勤務地に関する無限定就労を強いている。家族はそれに引き摺り回され、共稼ぎ世帯の負担が増大し、子育てが難しくなり、家庭崩壊に至るケースも少なくない。つまり、正社員終身雇用という企業の雇用慣行は、労働者の家庭をほとんど無視していることを前提に成り立っているのである。

そして、非正規雇用の増大、派遣、短期就業者、アルバイト、請負、下請けなど、正規終身安定雇用システムの周辺に不安定就業層が増大している。その結果として、比較的競争力が弱い人たちが、社会的格差、希望格差、生活不安の増大などで悩んでいる。

派遣労働法制の改悪

2009年に政権を獲得した民主党政権は、すぐに派遣労働の規制強化に着手した。正規雇用が本来の雇用のあるべき形であり、短期・不安定な雇用になりがちでワーキングプアの背景の一つになっている派遣労働は規制すべきである、というのが民主党の考えだった。しかし、これは派遣労働法制の改悪といえる。

具体的には、「登録型派遣の原則禁止（専門26業務等は例外）」や「製造業務派遣の原則禁止（1年を超える常時雇用の労働者派遣は例外）」などである。法律でしばって派遣労働を普及させないということだが、そもそも法律で世の中を変えることなどできない。法律で世の中を変えることができれば経済学者の出番はなくなってしまう。世の中は法律で動いていないにもかかわらず、それを理解できずに行なわれる政策に実効性がないのは明らかである。

野党の自民党はこれに反対した。派遣労働が制限されると、正規労働者を雇用するだけの余裕のない企業は、雇用を削減するか、あるいは生産の海外移転を進めるので、立場の弱い労働者の雇用機会がかえって失われることを知っているからである。結局、自民党と公明党の了解をとりつけるために、これらの条項は法案から削除され、2012年度通常国会で次のような改正案が成立した。

- 日雇い派遣（日々または2カ月30日以内の期間と定めて雇用）の原則禁止
- 派遣元事業主に、有期雇用派遣の無期雇用への転換を努力義務化
- 派遣料金に含まれるマージン率などの情報公開を義務化

メガトレンドに逆行する政策

年金支給開始年齢の引き上げに備えて、高齢者雇用の義務付けも法制化された。高齢者雇用を促進すること自体は悪いことではないが、それを義務付けては逆効果になる。高齢者が雇用にふさわしい能力を持ち、あるいはそれを企業が望んで環境整備する中から高齢者雇用が延長されていくのが望ましい姿である。しかし、これが義務付けられると企業はさまざまなコスト計算をして、海外移転がより進むなどの弊害が必ず生まれる。その結果、

守られるべき労働者が被害を受けることになる。

就業状態が不安定な縁辺労働者を法律で守ろうとすると、必ず逆に彼らが被害を受けることになる。それは単純なマーケットの原理であり、これを理解できない人たちは政策遂行能力が欠如しているとしかいいようがない。

最低賃金の引き上げについても同じことがいえる。2009年の民主党のマニフェストには、「全国最低賃金800円、将来的には1000円をめざす」と明記されているが、無理にそのようなことをすれば、企業は雇用を縮小するので、労働者の不利益になることは目に見えている。ちなみに、2012年の最低賃金は都道府県別に決まっていて、全国平均で749円、最低地域（652円）と最高地域（東京、850円）の差は198円になっている。

「雇用調整給付金」も誤った政策である。これは、1970年代後半の成長下方屈折時に、それまでの成長期待下での雇用を維持するため導入されたもので、中小企業の場合には雇用時に得るはずの給料の3分の2、大企業の場合には約2分の1を政府が支給する制度である。

このような誤った雇用政策が導入されるのは、政府が企業雇用依存型の政策ばかり考えていることの証左である。リーマンショック後の2009年には6500億円の雇用調整給付金が支出されている。急激な経済ショックが襲ったような場合には仕方がないかもしれないが、構造不況で企業が淘汰されていくような時に「雇用調整給付金」が支給されると、本来退出すべき企業が生き残ることになる。これはフェアな競争とはいえない。

社会変化に対応しない日本のセーフティネット

以上の例からわかるように、メガトレンドと雇用制度・雇用慣行の矛盾が表面化しているにもかかわらず、誤った政策が制度化されていることが、日本の雇用問題、労働問題の根底にある。そして、日本のセーフティネット（最低生活保障制度）も、過去の成長時代の雇用と生活のあり方を前提として出来上がっている。

日本のセーフティネットの基本は、失業保険、最低賃金と生活保護の三つで、突然何らかの理由で雇用がなくなった時に「失業保険」が適用され、一定の賃金より下がった時には「最低賃金」が保障され、生活できなくなった人で、他に生活の手段がいっさいない人のために「生活保護」がある。

かつて雇用は「正規雇用・フルタイム・定年まで終身雇用」であり、自営業の経営は安定していた。ほとんどすべての人が結婚し、離婚はめったにしなかった。そういう生活の中で、セーフティネットは、病気や怪我、扶養者死亡など、なんらかの事故が起きた時の制度だった。また、最低賃金以下の労働は法律で許容されない。

繰り返しになるが、これは総じて、正規雇用・男子世帯主・フルタイム・長期雇用が前提となり、その条件が何らかの「事故」で崩れた時に彼らを救うための制度である。したがって、「事故」ではない「ワーキングプア」には対応できない。いくら頑張っても生活をギリギリ維持できる程度の給料しか稼ぐことができない人は、セーフティネットを適用されないのである。そのような人が1000万人以上もいる。30〜40年もこの問題を放置している日本は、雇用労働問題で怠けているとしかいいようがない。そして、いま危機的な事態が起きていて、すでに赤ランプが点滅している。

社会的格差の増大と生活困難者の増大

現状は、若い人たちに必要な教育・訓練、保障、安心、展望、希望が見えていない。まさに、19世紀中ごろにカール・マルクスが指摘したように、不完全就業が社会的に「拡大再生産」されている可能性がある。

若い人たちは、いつまでアルバイトを続けられるか心配している。能力を身につける機会が失われ、不完全・不安定就業の拡大再生産が現実のものとなりつつある。その結果、社会的格差の増大と生活困難者の増大が起きている。

そういうカルチャーが出来上がってしまうと、日本はもはや統合された国家ではなくなるかもしれない。否、すでにそれが現実のものになりつつあるといってもいい。政党が雨後の筍のごとく叢生する一方で、国民の投票率は極めて低い。統合された国であれば、もう少しまともな政治家がまともなことを言い、多くの人がそれを理解するはずである。しかし、今の日本では、政治家の言葉を理解する基盤がない。

日本は長期的に労働力縮小

もう一つ指摘すべきは、日本は長期的に労働力が縮小するということである。

日本の労働力はいま縮小しつつある。2010年時点の人口は1億2806万人で、2050年には最も高い予測（出生中位、死亡中位）で9708万人、最も低い予測（出生低位、死亡高位）で9056万人、中間（出生低位、死亡中位）で9186万人と推計されている。

また、2010年の労働力は約6600万人で、2050年には4700～5100万人になると見込まれている。つまり、2050年までに1500〜1800万人の労働力が失われる計算である（**表7―1**）。

現在、日本の人口は1年間に約100万人ずつ減りはじめているので、毎年100万都市一つ分の人口が減っている計算になる。そして2050年には、今の日本から、人口でいえばカナダ一国分が消え、労働力人口でいえばオランダ一国分が消えるのである。

そういう日本の将来像が見えている時に、1000万人もの若者が希望と展望と安心がない中で教育・訓練も満足に受けられない状況にある。2050年には、彼らとその後の世代が労働力の中核を占めていることを考えると、日本は労働市場ですでに死相が現れているといえなくもない。

社会保障のコストと時限爆弾

社会保障にコストがかかりすぎていることは周知の通りである。現在、高齢者人口の割合は約24％で、国民負担率はすでに40％に達している。現在の制度をそのまま平行移動すると、2050年に高齢者人口の割合は約40％になり、国民負担率は73％を超えると見込まれている。年収500万円のサラリーマンの手取りが130万円になる。これでは暮ら

図7-1 日本は長期的に労働力縮小

( )内は労働力率

労働力	労働参加 進まないケース	労働参加 進むケース
2010年	6590万人 (59.9%)	6590万人 (59.9%)
2030年	5584万人 (53.7%)	6180万人 (59.4%)
2050年	4669万人 (53.7%)	5164万人 (59.4%)

注：進まないケース：2006年の労働力率持続、経済成長低め前提。
進むケース：各種施策で労働力率高まる、経済成長高め前提。
今から30〜40年後(21世紀中盤)、4000万人台と予想される。
出典：総務省「労働力調査」労働政策・研修機構「労働力需給の推計」2007年版。

しが成り立たない。

65歳以上の人口のうち、要介護認定を受けている人は約16％（要支援：約4％、要介護：約12％）、現在約250万人いる認知症の人は数十年後には400万人になると見込まれている。認知症患者一人に対してフルタイムのワーカーが2人必要になる。家族で対応しようとすると家族が崩壊することは必至である。

ちなみに、現代病といわれている糖尿病系の病気の最大の原因は「食べ過ぎ」にあるといわれている。寝ている時のエネルギー代謝量を基礎代謝と呼び、起きている時を合わせて生活代謝というが、現在、60代以上の人の場合、必要とされる生活代謝量の2倍を摂取している。生活代謝を超えた分はほとんどすべて腹に付着する。腹に1kgの脂肪が付くと、脂を腐らせないためにできる微細な毛細血管は数百メートルの長さに達するといわれている。心臓はそのすべてに血を送り込まなくてはならないので血圧が上がり、循環器系に過度な負担がかかって血管が老化していく。

このようにして、過剰な食生活が結果として重い介護負担になっていく。つまり、年金の減額や介護負担費の増額をいうよりも、まずは個人でできる健康増進に力を入れることが、結果的に社会保障制度の根本的な解決につながることも忘れてはならない。それもできずに、すべてを次の世代に先送りすると、時限爆弾がついには爆発して、国民負担率73%の世界がやってくるかもしれない。

求められる雇用慣行と労働政策の大転換

日本の労働を取り巻くメガトレンドは大きく変わっているので、それにふさわしい雇用制度と雇用政策、そして生活保障政策の大転換をしなければならない。

経済理論の大原則は、「雇用は生産の派生需要」である。生産が増えなければ雇用は増えない。「雇用機会の源泉は経済成長にある。まさに「経済成長なくして雇用なし」である。

しかし現状は、ようやく経済成長が見え始めた程度で、雇用需要は増えていない。さらに、雇用不安や生活不安が経済活動の制約要因にもなっている。そして、新しい雇用環境にそぐわない旧い雇用システムへの固執がある。

1970年代まではよく機能した正社員終身雇用制度の矛盾が表面化しており、現代の新しい雇用環境のメガトレンドをふまえた合理的な雇用制度、雇用慣行そして雇用政策への転換を図らなくてはならない。高度成長時代の終身雇用の前提は、男子正社員無限定就労と専業主婦の世帯にあったが、いまや多様な労働力、多様な労働形態、マッチングの重要性が高まっているのである。

「同一労働、同一賃金」の大原則実現を

新しい雇用環境を踏まえた雇用政策の一つは、「同一労働、同一賃金」の導入である。約100年前にILOが「同一労働、同一賃金」を条約で謳ったが、日本はいまだにそれが実施されていない。日本では、賃金は労働ではなく地位に基づいて決定されている。入社時期、正社員か否か、学歴、男女で賃金が決まり、非正社員や女性がいくら頑張ってもほとんど賃金に影響を与えることはできない。つまり、大企業・学歴労働者・正社員の特権社会になっている。共産主義国でもこれほどひどくはないかもしれない。

「同一労働、同一賃金」の大原則は、「同等の労働成果に対して同等の報酬」というものである。現実には、正規労働と非正規労働では、報酬、学習・訓練機会に大きな格差がある。

そこで、正規労働と非正規労働の職務、雇用期間の相違は前提としても、同等の労働成果・貢献に対しては同等の報酬、あるいは同等の学習・訓練機会の提供を行なうべきである。

さらに、正規の終身雇用システムの中でも見えない格差が存在している。男女格差であり、キャリア格差などである。「同一労働、同一賃金」の原則のもとで、公正な能力評価と適材適所の実現を図る必要がある。

「同一労働、同一賃金」を実現するためには、まず「同一労働」であることを評価しなければならない。その際、実際の労働の中身は、とりわけサービス業などでは簡単ではないので、正確な評価が必要になる。労働の質の評価に際しては、総合評価、多面評価、公正・客観評価、本人の理解と納得が必要であり、本人の向上努力の目標となり得る評価がなされなければならない。

また、低評価の労働者の処遇としては、降格、配置転換、契約非更新などが行なわれ、同時に再就職の支援なども行なわれなくてはならない。

「労働」ではなく「地位」で給料を決めている日本では、「成果主義」が導入されたとはいえ、成果はほとんど正確に測られてはいない。労働者も納得してないし、相談もしていない。「地位で報酬を決める」という、この悪しき慣習から離脱しなければならないのである。

解雇法制の改革を

二つめは、解雇法制の改革である。雇用制度の裏側は解雇制度で、日本の解雇制度は50年前とほとんど変わっていないからである。

解雇には、特定の個人に対する「指名解雇」と、職場がなくなった場合に行なわれる「整理解雇」がある。

指名解雇は、日本ではどのような理由があっても現実には行なわれることはなく、これは世界でも珍しいことである。実は、50年前の日本では、指名解雇が行なわれることはあった。当時、日本は高度成長期で企業にとっては需要が急増していた時期で、そのようなときに行なわれる「指名解雇」は、その社員の思想に問題があったときだけである。思想や政治的な理由で行なわれる「指名解雇」はすべきではないというのが、当時の社会正義だった。

一方、整理解雇にしても、職場がなくなっただけでは解雇できず、次の4つの条件を満たしてはじめて解雇が認められる。すなわち、①部門の閉鎖などを行なったうえでの必要性、②配置転換などの余地を考えたうえでの必要性、③解雇対象者の選択の妥当性、④労使協議や情報共有などの手続の妥当性である。

ここで驚くべきは、第2の必要性（配置転換その他）に新規採用も含まれていることである。「新規採用ができるくらいであれば既存の労働者を維持せよ」という判例になっている。そこで、景気が悪くなると企業は新規採用の門戸を閉ざし、結局、就職氷河期になって、新卒者が割を食うことになる。実際、バブル崩壊後に起きた就職氷河期に就職できなかった人たちはすでに40代半ばにさしかかっているのに、ずっとアルバイトで生活してきている。50年前の高度成長時代の解雇法制を変えないから、こういうことが起きるのである。

雇用政策の大改革を

能力、意欲、成果が雇用や報酬に反映するのは当然で、反映しない方がむしろ不自然である。それは、不公正を生み出し、労働意欲と向上心を阻害し、企業効率を阻害する。勤怠、努力、成果によって、降格、配転、解雇は不可避と考えるべきである。

そもそも労働市場の流動化は労働者の利益につながるものである。雇用の固定化は、雇用の縮小と雇用機会の国外流出を誘引することによって労働者の不利益になる。派遣法改悪や高齢労働者雇用の義務化は、労働者の利益に逆行するものである。

労働市場の流動化は、再チャレンジを可能にする機会を提供する。派遣サービスは仕事探しと労働市場の流動化を支える重要なインフラである。派遣労働禁止ではなく、派遣労働の雇用条件、教育・訓練機会などの充実を図るべきである。

同時に、非正規雇用のセーフティネットの拡充は不可欠である。正社員を対象とした現行の失業保険（雇用保険）を拡大し、不安定雇用の就業者や不完全就業者の加入資格拡大と給付向上を目指さなければならない。

なお、内閣府に設置された規制改革会議では、「限定正規雇用」と解雇の賃金補償を提言している。「限定正規雇用」とは、「同一労働、同一賃金」にやや近い考え方で、職場や就業時間を限定した職員でも正規雇用とするというものである。就労パターンの多様化を実現し、これまで非正規だった労働者の雇用地位向上、労働力の活用促進を目指すものである。また、「解雇の金銭補償」については、中小企業は賛成していて、中小企業の雇用は事実上、弾力的であり、人的能力（女子、高齢者など）の活用は先行している。それに対して、大企業の労働組合（労働貴族）と大企業が共謀して反対しているという現状がある。

労働市場の多様化と社会変化に即した生活保障政策を

ワーキングプア問題すなわち、フルタイムで働いても貧困から抜け出せない人々の出現の背景には、日本経済の低迷のほかに、経済・社会の変化によってライフコースの不確実性というリスクが高まったことがあげられる。

第一に、正社員になれないリスクである。雇用労働の約3分の1が非正社員になることはできないのである。第二に、自営業がうまく行かなくなるリスクである。産業構造の変化、廃業や農村過疎化などによって、自営業が成り立たなくなり、衰退している。第三は、結婚できないリスクである。一生結婚しない若者はいまや25％に達している。第四は、離婚のリスクである。いま日本では、結婚した3組に1組が離婚していて、欧米とほぼ同水準になっている。

このようにみてくると、特別の理由がなくても貧困状態に陥るリスクが高まっていることがわかる。まじめに働き、まじめに生活していても貧困に陥るリスクが高まれば、不安も増大する。

しかし、現在のセーフティネットは、ワーキングプアのニーズや不安に対応していない。

安定雇用やモデル家族からはずれる人が、生涯にわたって「人並み」の生活を送ることができる社会保障制度にはなっていないのである。

正社員になれないリスクが高まり、結婚できない人が増え、離婚比率が高くなると、「夫・正社員フルタイム、妻・専業主婦」というモデルはそもそも成立しない。すでに何度も指摘したようなメガトレンドが、大きな地殻変動として起きているので、どんなに頑張っても生活維持できない人が千数百万人も出てしまうのである。

政策対応として考えられるのは、多様で複雑なコースの中を歩んでいるけれどもうまくいかない人たちを救う制度の創設である。「婚活」や「パラサイトシングル」という言葉をつくった中央大学の山田昌弘教授は、ワーキングプアを「職に就いて真面目に働いても、人並みの生活ができる収入を得られない」人々と規定し、ワーキングプア問題を改善、解決するために社会保障制度を根底から見直すことを提言している。具体的には、ベーシックインカム補償（資力調査なし）と負の所得税、ライフコースが変わっても損しない年金マイレージ制、子育て期の親を助ける保険などの充実、若者が自立できるまでのサポートシステムなどである。

キャリア形成支援の新たな雇用政策のすすめ

要するに、日本の制度あるいは政策は、メガトレンドの変化にあまりにも遅れ過ぎていて、たくさんの矛盾が出てきている。そういう中で、それを小手先の政策で糊塗しようとして、さらに間違いを重ねている。それが日本の雇用・労働政策の現状である。このような全体像をきちんと理解した上で新しい政策提言を行ない、アベノミクスの中の成長戦略の議論に乗せていくことが求められている。

そこで最後に、「キャリア形成支援」の新たな雇用政策を提案したい。

すでに述べたように、高度経済成長期以降の雇用政策は、企業に依存し企業を単位とするものだった。しかし、労働供給やキャリアが多様化し、転職が常態化していることから考えると、企業ではなく個人を起点とする雇用政策が必要であることがわかる。つまり、一人一人のキャリアを形成していくことが重要な時代になっていることを踏まえて、個人を起点とするキャリア形成支援政策に変えていくのである。

また、個人を起点とした雇用政策を的確に行なうためには、個人のキャリア形成支援を総合的に行なうことが求められる。ＩＴなどの情報インフラや個人番号制などをフルに活用し、個人の教育・訓練、仕事探し、就業データなどを効果的に使えば、個人に則した雇用支援が可能になる。いわば、「キャリア支援の総合政策」である。キャリア形成の必要な段階で個別的に総合支援を行なうことができれば、若者が必要なスキルや能力を身につける上で大きな効力を発揮するはずである。

若者が次の労働を担えない社会は確実に崩壊していく。若者の「安心と希望」を取り戻すために、新たな雇用環境のメガトレンドを踏まえた合理的な雇用制度、雇用慣行、そして雇用政策への転換が求められている。

第 III 部

社会はどう変ったか

検証8　ＩＴ政策とインターネットの発展

インターネット前提社会の出発
――バブル崩壊とインターネット・バブル、そしてこれから――

慶應義塾大学環境情報学部長・教授
村井 純

はじめに

インターネットが一般的に使われ始めたのは、Internet Explorerがバンドルされたウィンドウズ95が発売された１９９５年以降。アメリカのＯＳやＵＮＩＸなどの開発者のほぼ全員がビジネスの世界に移ってしまい、90年台の後半は「インターネット・バブル」の時代となった。開発を担う米国大学の研究は留守状態で、代わりにＩＴベンチャーが台頭した。日本の私は慶應義塾大学で、研究者として欧州組や米国国研組と世界の開発の中心的役割を担っていた。

当時、日本はアメリカに次ぐインターネット人口を有し、両国の技術開発と連携がインターネットの発展を牽引していた。

そうした中、バブル崩壊に対応する社会システムにインターネットが利用されていない点を竹中平蔵教授などから指摘され、私は政府のIT政策策定に深く関わるようになった。こうして2000年から数年で充実した情報通信インフラが実現された。2013年には、第二次安倍内閣の新たなIT戦略として「世界最先端IT国家創造宣言」が閣議決定され、IT政策は全省庁の使命となった。行政が持っている公共データの公開と横断的検索を可能にする「オープンデータ」の施策は、2015年以降のIT政策の導入となった。

インターネット上で大量のデジタルデータ（ビッグデータ）を利用して産業の新しい姿を模索する動きは、IoT（Internet of Things）やAI（Artificial Intelligence）などの技術が基盤となり、人の知をどのように経済や社会創造に使うかを問う新しい局面を迎えている。

インターネットの世界では、「グローバル」は前提であり、インターネットで世界が繋がったことでグローバル社会が機能し始めた。ところが、いまインターネットはいろいろな意味で「ローカル」の側面を持ちつつあり、「ソーシャル」も欠かせない要素になっている。

さらに、インターネットは「パーソナル」で、個人の知が存分に生かされ、個の力が全く新しい意味を持つ。「モバイル」による移動は、当初ほとんど予想しなかったことで、通信機とコンピュータが人間の体の一部のようになり、ＩｏＴは自動的に人と社会からデータを収集する。このような時代が訪れたことは１９９０年から考えればまさに驚きである。また、サイバーセキュリティやプライバシーへの不安を解消する「安心安全」への大きな要求が高まっている。

１９８０年代後半からの学術環境でのインターネットの発展を経て、基礎技術の開発としては１９８９年のＷＷＷ（World Wide Web）の実現で完成度が高まった。

１９９０年代は前述のように前半にはバブルの崩壊があり、後半にインターネット・バブルでのベンチャーの台頭、そして、真のグローバル環境への開発が行なわれた。

２００１年には世界同時多発テロが起き、航空ネットワークが遮断されてアメリカは孤立化した。この事件を契機に、インターネットを規制する法律が続々と議会を通過した。そのような動きに対して「インターネットの中立性」が重要視されるようになった。２０１２年には国連が、インターネットへのアクセスは「人間の権利」であるという議論を開始し、２０１３年には、グローバルなインターネットの政策調整を行なうすべての団体が共同で「モンテビデオ声明」を発表した。

２０２０年に世界人口80億人の80％がインターネットを使うようになる。インターネットが前提となり、新しい重点技術要素は「人」「位置」「時刻」「実時間」「開放」「安全」

「品質」の7つとなる。これらのインターネットの要素に関わる課題を解決するためには事前規制だけでなく事後規制的な調整機構も重要だ。「北風」政策ではなく「太陽」政策がもとめられる。もう一つのイソップ寓話、食べたい一心で懸命に葡萄に跳びつくキツネのように、夢の実現と課題の解決をめざすすべての人の足元の台となること、それがインターネットの役割である。

「インターネット」を前提とした社会の構築を始めることができるようになった。世界がインターネットで繋がっていることが当然となった社会で全人類が生き始めた。だれでもどこでもインターネットを利用できる社会、そこから出発して何をするのかということ、すなわち「After Internet」の世界の創造が着実に始まっている。

インターネットの草創期

図8―1はインターネット利用者数の変化を示したものである。図が2000年から始まっているのは、それ以前の数字は学術コミュニティでの発展期で、経済社会へのインパクトが認識されたのが1990年終盤のインターネット・バブル以降だからである。

インターネットが一般的に使われ始めたのは1995年以降のことである。

図8-1 インターネット利用者数の推移

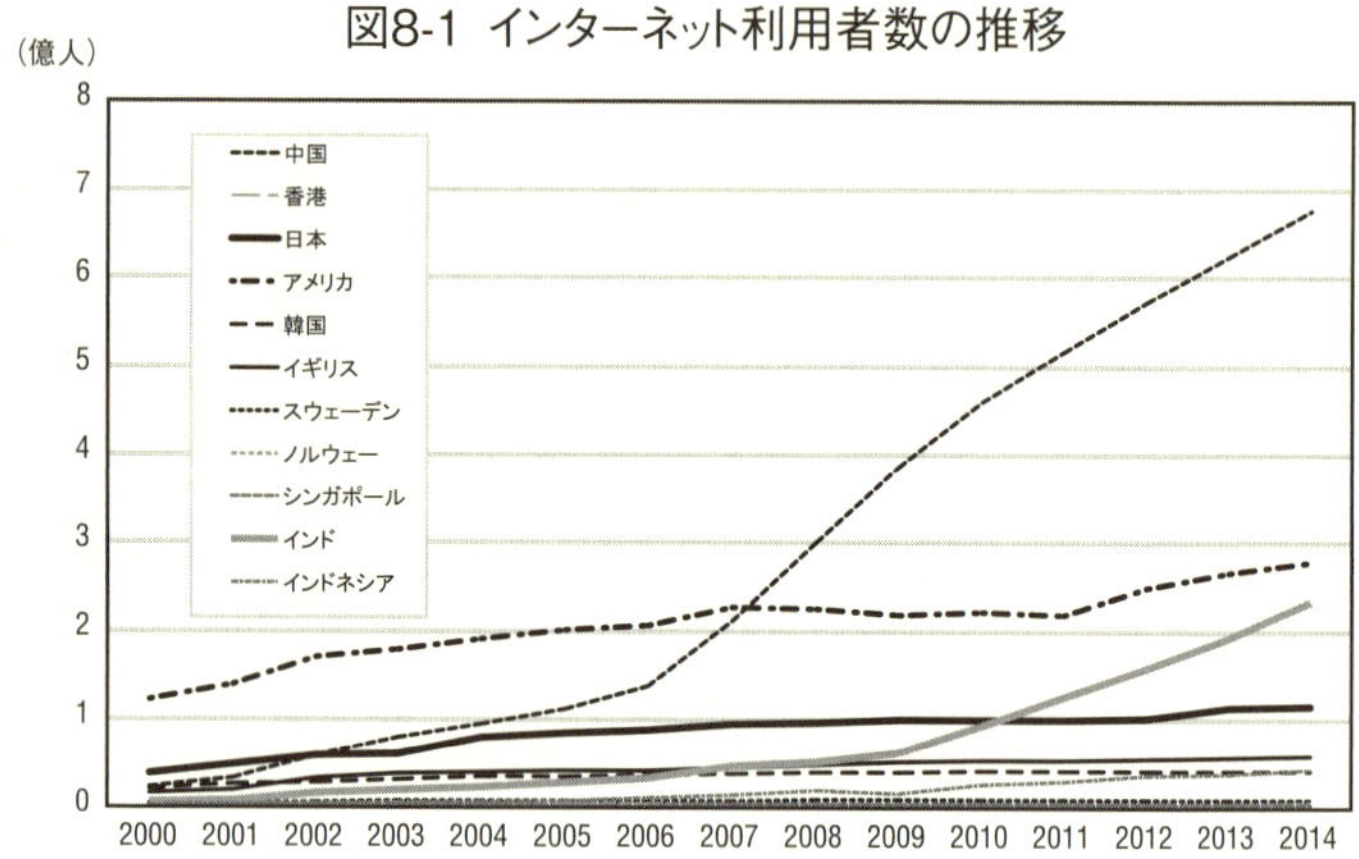

１９９５年１月に阪神・淡路大震災が起こり、同じ年にウィンドウズ95が発売された。ウィンドウズ95はInternet Explorerがバンドルされていた。つまり無料でインターネット機能が付いていたので、それ以降、普通の人のコンピュータでインターネットが使えるようになった。阪神・淡路大震災は、多くの人々がインターネットを認識する一つのきっかけになり、「インターネット」という言葉は、「がんばろう、ＫＯＢＥ」が年間大賞になった１９９５年の流行語大賞ではトップテンに選出された。

　１９９５年以降、楽天やヤフーの創業があり、インターネットがビジネスとして成立することが認識された時期でもある。それ以前に、サービスプロバイダができてインターネットが商品として出現したのは１９９３年であり、それからの5年間にいわゆるITバブルの時代があった。

私は米国でもオペレーティング・システム（OS）やコンピュータの開発をしていたが、そのころになると、OSやUNIX、インターネットなどの開発者のほぼ全員がビジネスの世界に移ってしまった。ビル・ゲイツ、スティーブ・ジョブズ、グーグル社長のエリック・シュミット、サン・マイクロシステムズの共同創業者のビル・ジョイやアンディ・ベクトルシャイム、JAVAを作ったジェームズ・ゴスリンはすべて当時の同年代の仲間たちだった。彼らがビジネスの世界に移ってしまったので、90年の終わりにはアメリカの大学は留守状態になった。スタンフォード大学のアンディ・ベクトルシャイムとカリフォルニア大学バークレイ校のビル・ジョイを中心として創立されたサン・マイクロシステムズ社は、歴史的に見て、シリコンバレーベンチャーの最も大きな成功例として認知された。大学発ベンチャー、ITテクノロジーベースの企業、シリコンバレーという場所での経済発展、そして、すべての関係者がお祭りのように移動していく様子。当時は語彙としても持っていなかった、「ITバブル」の実態を間近で観察していたことになる。

私は慶應義塾大学で研究者として残っていたので、このようなアメリカの状態の補完的な活動として、主要なインターネット技術の開発を日本で中心的に担っていた。90年代後半は、日本は世界最高水準の技術を生み出していて、こうした日本の技術も使ってアメリカと日本のマーケット主導で世界のインターネットは発展していた。

「日本のインターネットは、どうしてこんなに遅れているのか」？

1999年に、私は慶應義塾大学の同僚から「日本のインターネットは、どうしてこんなに遅れているのか」という疑問を投げかけられた。私にとって、それは大きな衝撃だった。なぜなら、当時のインターネット技術開発の中心は私たち日本勢が大きく担っていたし、利用者数からみたインターネットのマーケットは日本とアメリカが中心であり、日本がアメリカとともに世界をリードしていたという自負があったからである。研究開発者にとってそれは誇りでもあった。自信満々だった私に対して、「日本のインターネットは遅れている」という素朴な疑問を投げかけた大学の同僚は、後に小泉内閣の経済財政担当大臣や総務大臣に就任した竹中平蔵氏だった。

「いや、日本のインターネット技術は世界一だ」と答えた私に対して、「でも、行政もインターネットを使っていないし、金融や教育でも使われていない」と竹中氏は追い打ちをかけてきた。私たちは一所懸命に技術を作り、サイエンティストを繋いで最高の高速ネットワークを全国に作ったけれども、社会展開についての努力を十分にしていなかったことに気付かされた、というのが当時の私の本音だった。「武士は食わねど高楊枝」日本の理系アカデミズムが商業活動に直接結びつくべきでないという当時の教育理念にも原因があったかもしれない。

確かに、インターネットを使った金融ビジネスやインターネットバンキングは進んでいなかった。行政サービスのオンライン化も進んでいない。

ただ、それは制度の問題であり、そもそも納税の申告をインターネットで行なってもたいしたトラフィックを生むわけではないので、インフラを構築していた私たちはほとんど関心がなかった。アメリカではインターネット以前の80年代から納税の前になると納税用ソフトがたくさん売れていることは知っていたが、日本では納税のためにインターネットが使われていないことの危機感は理解していなかった。eTAXが開始された日本での状況は30年を経て、あのときのアメリカの状態になっているのかは疑わしい。行政サービスという一面での象徴的な課題である。

「じゃあ、どうすればいい？」と聞くと、竹中氏は「私と一緒に総理のところに行って、どういう進め方でコンピュータやインターネットが整備され利用するようになるかを議論してください」と言う。正直言って、科学アカデミズムに浸かった私は当惑した。どのようにしたら産業や行政がインターネットを使うようになのか、私なりに考えて、説明用のスライドセットを作った。アナログからデジタルへ、そして、電話やテレビの基盤から、すべての分野で貢献するインターネットの基盤追伸の方法をIT戦略会議で提言した。

インターネットとイノベーション

インターネット上で提供されるハイパーテキストシステムであるワールド・ワイド・ウェブ（WWW）が普及し始めたのは1990年であり、同じ年に慶應義塾大学湘南藤沢キャンパスが開設された。このころすでにインターネット技術は完成し、大学ではインターネットを利用していた。

1993年にはインターネットサービス・プロバイダー（ISP）によるサービスがスタートしたが、先述のように、当時は日本とアメリカが力を合わせてインターネットを開発中であり、日本は最先端を走っていた。そして、阪神・淡路大震災が起きた1995年にウィンドウズ95が発売される。そのころから日本でも、インターネットを前提としてビジネスをする人が現れるようになり、日本でも1996年にはヤフージャパン、1997年には楽天が営業を始めた。実は、開業当初の楽天で買物をする人はあまり多くはなかった。楽天の社内の壁には「そのうち人はインターネットで買い物をするようになる」と書いた紙が貼られ、社員はその紙に目をやりながら、全く利益を得られなくても、未来を信じて机に向かう毎日だったという。ヤフージャパンは一株1億円となり、楽天も順調に利益を伸ばしていった。それでもやはりとてつもない展開をしていたのは米国のインターネットベンチャーだった。こうしてITバブルの絶頂期となった。

２０００年に先立って、Ｙ２Ｋ（２０００年）問題がアメリカの新聞紙面をにぎわすようになった。Ｙ２Ｋとは、年号を二桁で扱っていた場合に、９９から００に変わるときに、コンピュータが誤動作するという課題である。このこと自体は対応が進んでいたのだが、Ｙ２Ｋの際にコンピュータでできているインターネットがうまく作動するかどうかという疑問が、『ワシントン・ポスト』紙に掲載された。これは「ルートサーバを13カ所壊せばインターネットは動作しない」という趣旨の記事で、ルートサーバの運用グループの議長として私は対応に追われたことを鮮明に記憶している。

興味深いのはＹ２Ｋの際の米国のマスコミやメディアの対応である。アメリカの報道は過熱気味で先のインターネット関連の記事もインターネットの構造を十分理解しない稚拙なものであり、コンピュータ技術者にとっては大きな記事の意味をはかりかねる部分があった。しかし、ことがベストセラーの小説やハリウッド映画にまで加熱してくると、次第に問題が明確になってきた。

日本ではこの課題はあまり報道されていない。Ｙ２Ｋの民間の動きはインターネット技術者や専門家の間では活発に検証され対応されたが、報道が加熱気味だったとは言えなかった。アメリカの報道と日本の報道の差の理由が明らかになるのは翌年の２００１年だった。

２００１年9月11日には世界同時多発テロが起きた。航空ネットワークが遮断されてアメリカは航空網を遮断し、米国は孤立化した。その瞬間に、ニューヨークのＪＦＫ空港で給油中継していた私も着の身着のままで長く空港周辺に足止めされた。そしてインターネットの運用に携わる者として、９・11関連の議論に巻き込まれることになった。例えば、9・11の昼にはアメリカは航空網を遮断し、アメリカを航空網から孤立させた。サイバーテロ対策としてインターネットを同じように遮断したら他の国は生きていけるのかという趣旨の質問をアメリカ政府から受けた。「インターネットを遮断して生きていけなくなるのはアメリカだ」というのが私の答えだった。

「アメリカは生き残れない」。「他の国は生き残れる」。という私の答えは、インターネットの設計理念の自律分散処理システム、すなわち、一部のシステムが故障しても、他の部分で稼働し続ける、という技術の問題を答えたつもりだった。しかし、そこには別の大きな意味があることに気がついた。当時アメリカはコンピュータとインターネットがなければ経済が成立しない、というもう一つの説明もアメリカに対しては行なった。この課題は、グローバル社会から孤立することが２０１５年以降の各国の経済などにどのような意味を持つのか、という命題の出発点だったと思う。それでは当時の日本はどのような状態だっただろう？

日本では行政サービスはオンライン化が遅れ、窓口業務はインターネットを利用していない。金融サービスも、教育も、コンピュータやインターネットへの依存性がはるかに少ないことを思い知らされた。つまり、２００１年時点での日本は技術インフラレベルは高く、社会での情報利活用が十分でなかった。

こうしてバブルが崩壊し10年後の社会の姿は日米で大きく変わっていた。90年代後半のデジタルテクノロジーを利用したグローバルな自律分散システムであるインターネットの上で、新しい力であるＩＴベンチャーを軸に発展したＩＴバブルの確立。そして、社会の基盤を形成する強靭さはＹ２Ｋや9・11を経て検証され、グローバル経済への体制が整備されていたアメリカ。１９９０年からの10年間にイノベーションの基盤となるデジタルコミュニケーションの環境が行政、基幹ビジネス、そして、消費者サービスで整備されなかった日本の大きな差は、２０００年代初頭のこの時期に強く意識され始めた。

一方、米国におけるインターネット社会での課題の萌芽は２００１年にある。

9・11を契機に、当局がインターネットを遮断したり、電子メールの中身を検閲したりすることが合法的にできる、と思わせるような法律が続々と米国議会を通過した。経済関係者やインターネット関係者は大きな危機感を抱くようになった。そして、そのような動きに対して「ネット・ニュートラリティ」（インターネットの中立性）が議論されるようになった。国の政治的干渉を否定し、人間は誰でも自由にインターネットを使う権利があるという原則が米国FCC（連邦通信委員会）などで採択された。一方で、2012年には国連が、インターネットへのアクセスは「人間の権利」（Human Right）であるとの議論を始めた。

実は、「人間の権利」という表現には二つの側面がある。一つは、インターネットの中立性の原則の実現により、個人のインターネットへの自由なアクセスが担保されるという側面。もう一つは、発展途上の国ではインターネットアクセスを国が提供しなければいけないことになり、結果としてインターネットは国の強い干渉や支配を促進することにもなるという側面である。国の強い干渉は、当局によるインターネットの分断化、フィルター、ブロックという手段での検閲や通信の秘密の侵害を引き起こしやすい。グローバル経済の基盤となったインターネット前提社会での大きな課題は、グローバル空間とナショナル空間の共存、別の言い方をすれば、サイバー空間と実空間の融合という視点で議論され始めた。

地球人口80億人の8割がインターネットを使う時代

また、2000年当時の安倍晋三・官房副長官から、日本での未来に向けたインターネットの技術開発は誰のために行なうのかと聞かれたときに、私は「やがて本格的に参加する中国やインドのため」と答えたのを覚えている。IPv6という日本で中心的に開発をリードした技術標準は、爆発的に増加するインターネット利用者を見据えて取り組んでいたことである。日本はこの技術の発展に中心的な役割を果たし、日本が開発したIPv6のソフトウェアはアップルのMac OS Xなどでも採用された。現在のIoT（モノのインターネット）のような、インターネットに繋がるコンピュータの数が発展するために必須の仕組みである。

2002年には中国のインターネット利用者数が日本を抜き、2007年にはアメリカを抜いて世界一になった。結果として、今日の規模の世界のインターネットを支えた技術は1990年からの20年間の日本の貢献によるところが大きい。マーケットが技術選択の意思決定をするという仕組みは、2000年ころは日米中心のマーケットだったので健全に機能した。現在はマーケットのバランスが違う形になっている。しかし、技術を最もよ

図8-2 インターネット利用率の推移(単位:%)

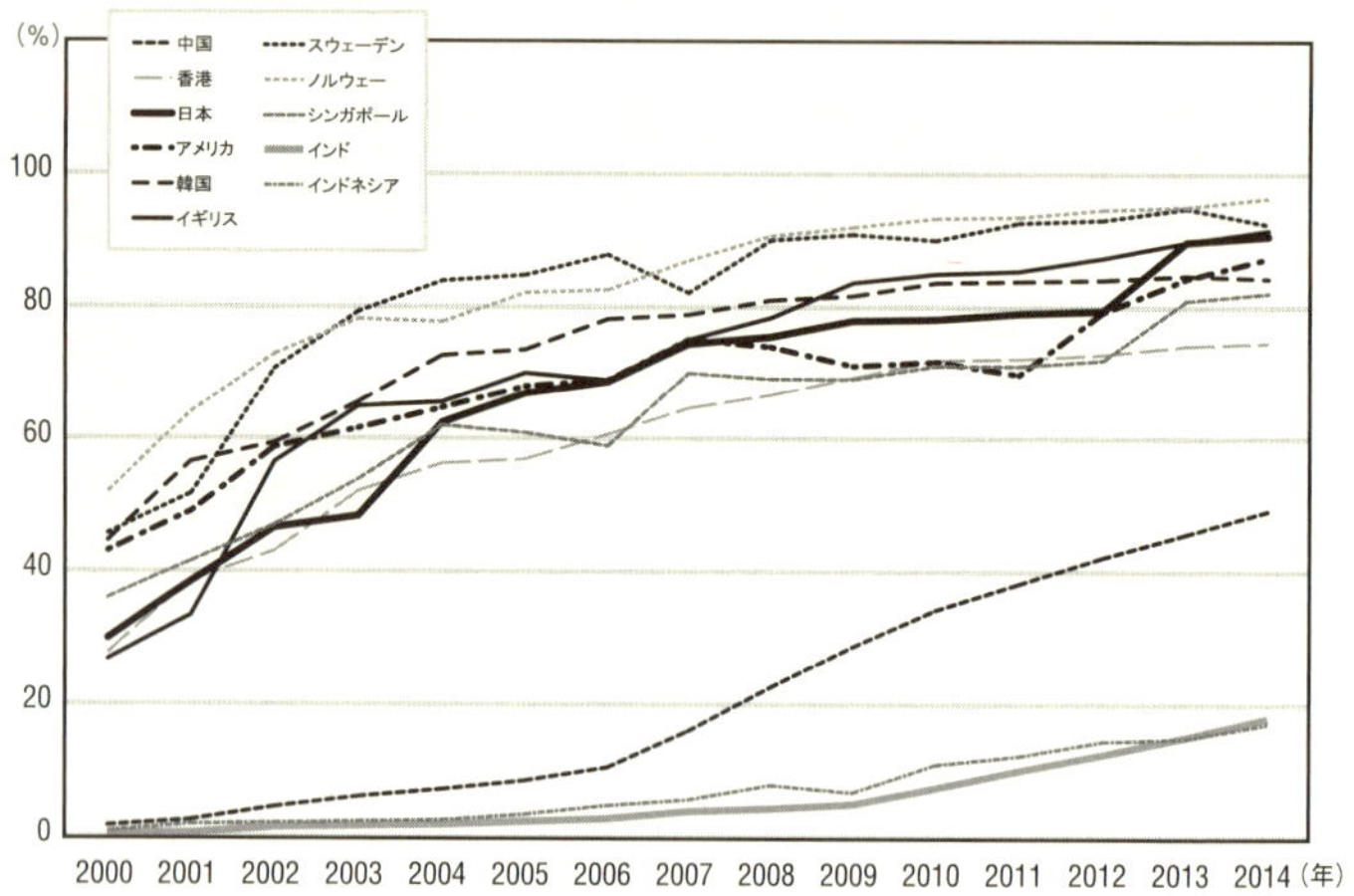

く知っている人間たちが、きちんと未来の技術を作る責任があることに変わりはない。インターネット技術の意思決定の方法も改善しながら進める必要がある。

世界各国のインターネット利用率の推移を示した**図8－2**を見ると、先進各国ともインターネット利用率が8割程度であることがわかる。先進諸国はほとんどインターネットで繋がっているので、このような状況が生まれ、日本のインターネット利用率もすでに8割に達している。

また、中国のインターネット利用率は図の下にある右上がりの線で示されているが、現在では40%を突破している。世界全体で見るとインターネット利用率は約46%であり、中国は世界の平均値を急速に突破した。

私たちの試算では、2020年には地球人口80億人の8割がインターネットを使う時代になる。現実にはその数字に届かないかもしれないが、いずれやってくるその時代に向けた環境整備が着々と進められている。

「世界最先端IT国家創造」宣言

2000年7月には「情報通信技術戦略本部」（IT戦略本部）とIT戦略会議が内閣に設置された。さらに、同年11月に成立した「高度情報通信ネットワーク社会形成基本法」（IT基本法）に基づいて、翌2001年1月に「高度情報通信ネットワーク社会推進戦略本部」（IT戦略本部）が内閣に設置された。そしてそれ以降、政権交代劇の一時期を除いて約15年間にわたって、私は有識者の一人として政府のIT政策策定に関わってきた。

IT戦略本部には担当大臣が定められている。総理がIT戦略本部議長を務め、関係大臣が参加するという組織である。したがって、IT戦略本部決定の意味は大きい。総務大臣も構成メンバーだったので、インフラ整備はかなり進めることができた。が、できなかったことも少なくない。例えば、医療の情報化は、厚生労働大臣がその場にいないこともあったのか、あまり進んでいなかったのが現状である。

そして2013年には、13年目にして初めて、まったく新しいことを行なった。第二次安倍内閣の新たなIT戦略として「世界最先端IT国家創造宣言」を作成して閣議決定としたのである。閣議決定したということは、各省庁の大臣全員が賛成して決議したことを意味する。

「世界最先端IT国家創造宣言」は、「世界最高水準のIT利活用社会」を実現するために、革新的な新産業・新サービスの創出と全産業の成長を促進するとして、公共データの民間開放（オープンデータ）とビッグデータの活用を推進するとしている。具体的には、各省庁が持っている公共データの公開と横断的検索を可能にする「データカタログサイト」の試行版を2013年度中に立ち上げて2014年度から本格運用を行なうことになった。行政の透明化が推進し、オープンな監査を誰もができる体制が整う。

また、ITを活用して日本の農業および周辺産業を高度化・知識産業化して、「Made in Japan 農業」を展開することや、適切な地域医療・介護等の提供、健康増進等を通じて健康長寿社会を実現するために、医療・健康情報等の各種データの活用を推進するとしている。要するに、今後重要となる農業のIT化と医療のIT化などを正面から推進するということである。

インターネットのビジネスリーダーが気にしているキーワード

いまインターネットのビジネスリーダーたちが気にしているキーワードは、「グローバル」「ローカル」「ソーシャル」「パーソナル」「モバイル」「安心・安全」である。

インターネットでは「グローバル」は当たり前のことであり、インターネットで世界が繋がったので実質的にグローバル社会が機能し始めた。以前に、福澤諭吉記念文明塾で「国際社会とグローバル社会の違いを述べよ」という宿題を出したことがある。インターネット以前に国際社会はあったけれどもグローバルな社会が機能するための基盤はなかった。インターネットは国境をいっさい考えずに、地球という惑星の上に作った通信網なので、「グローバル」を前提とする空間が初めて出来上がったことになる。

一方、技術の進歩でインターネットはいろいろな意味で「ローカル」の利点を使いつつある。ビジネスで言えば、アメリカで人気のレストランレビューサイト「Yelp」や日本の同様サービス「食べログ」は、「ローカル」を正面で捉えたビジネスである。「ローカル」には位置情報が必要であり、GPSなどの技術の普及とインターネットとの組み合わせで正確な位置を利用したサービスが可能となった。2011年の東日本大震災の時に調べたところ、日本の携帯すべてにGPSが入っていることがわかっている。

また、SNSという言葉からもわかるように、「ソーシャル」も欠かせない要素になっている。多くの人が利用しているLINEは、LINEに登録した人の輪を利用して作るソーシャルネットワークである。ネット上で自由なコミュニティを作るのが「ソーシャル」であり、ゲームからビジネス用途まで、大きなイノベーションの要素になっている。

さらに、インターネットは「パーソナル」であり、個人の感性、創造性、能力がインパクトを持つようになっている。急激に発展しているのがパーソナルファブリケーションで、3Dプリンタとインターネットの組み合わせで、個人やソーシャルでのモノ作りが自由にできるようになった。慶應SFCの図書館では、開設当初から書物だけではなくコンピュータを置くようにしてきたが、現在は1階に3Dプリンタや3Dスキャナー、デジタルミシンやペーパーカッターなど、インターネットに接続されたデジタルファブリケーターが設置され、学生が自由に利用できるようになっている。個人によるモノ作りの新しい展開が期待される。なお、「アラブの春」で象徴的に見られたように、個人の意見が世界の中で大きなインパクトを与えるようになったことも、インターネットの「パーソナル」な側面の見える効果である。新しいマーケティングには、「ソーシャル」と「パーソナル」を融合した環境が使われる。個々人から正確に集められる膨大なデータを分析して学び、個人にフィードバックする新しいサービスモデルが次々と作られている。

「モバイル」は、私たちがインターネットの開発を始めたときにはほとんど予想しなかった特徴である。Wi-Fiなどの無線LANの発達と3GやLTEなどの無線通信技術の成果である。この背景には洗練された公共空間での周波数割り当てが背景にある。

私たちがコンピュータを使い始めた当時の「スーパーコンピュータ」より優れた性能をもつ携帯電話を、ほとんどの人が毎日充電して、ポケットに入れて持ち歩いている。親に言われても歯を磨かないような子どもたちが、携帯の充電だけは毎晩欠かさないのは驚くべきことである。震災当時基地局には3時間の緊急用バッテリが整備されていた。その後24時間バッテリバックアップ体制を進めている。つまり停電になったとしても携帯電話はつながるライフラインとなっている。スマートフォンは携帯とコンピュータの融合であり、さらに、移動や明るさ、カメラやマイクなどをインターネットに繋ぐセンサーの集合で、これからのIoT時代の基盤である。通信機とコンピュータが人間の体の一部のようになり、インターネットに繋がっている。このような時代が訪れたことはまさに驚きである。

地球温暖化と遅延問題

近年、地球温暖化によって北極の氷が融けて、船が通る航路ができるようになった。私は以前から、地球儀に糸を張って、日本とヨーロッパを最短距離で結ぶルートを探していた。伝搬遅延を考慮せず信頼性のある通信技術として設計されたインターネットが、やがて遅延を小さくする使命を帯びてくると考えたからである。

当初は、ロシア大陸を横断してヨーロッパに直接繋ぐことを考えていた。北極海は氷で覆われているため、氷を砕いて海底に光ファイバーケーブルを張ることはできないかという議論が長い間なされてきたからである。しかし、いつの間にか砕氷しなくても通ることができるようになった。地球環境の面ではおおいに憂うべきことだが、日本からヨーロッパに向けてケーブルを真っすぐ張るという観点では新しい状況になっている。

光は理論的には133msecで地球を1周することができる。人間の脳で判断する反応速度はおおよそ400msecかかるので、200msec程度で地球を一周できれば、人間はほぼ自然な対話ができると考えて良い。つまり地球は地球上の人類が対話できる大きさだと言える。それを実現するために、重要な対地と最短経路で光ファイバーケーブルを、可能であれば冗長性を確保しつつ整備することが重要である。

「遅延」に厳しいのは、医者と金融関係者とゲーマーである。「インターネットが遅い」と最初に文句をつけるのはゲーマーで、最近では金融関係のトレーダーからの要求も大きい。さらに、最近は画面やデータを見ながら手術に参加する場面も増えているので、ネットワークの遅延に対して医療関係者からの要求も高まっている。こうした新しい要求が発生し、技術は格段に進歩することになる。

インターネットを支える光ファイバー

このようにして地球上に光ファイバーが張りめぐらされているが、一方で、日本は地震から逃れることができないことも事実である。そして、地震が起こると海底に張られた光ファイバーケーブルの切断の可能性が高まる。2011年3月11日の東日本大震災の時も、多くの太平洋ケーブルが切れてしまい、切れずに残ったわずかな光ファイバーケーブルでかろうじてインターネットを使うことができる状況だった。一般的な利用者は迂回によりインターネットを順調に使えていたが、大手のグローバル金融企業など大口ユーザーは迂回できなかったので、結果として国外に移転した企業も少なくない。

地震による海底ケーブル切断に対しては、陸揚局を何カ所かに分散するということで対応できる。いまは陸揚局が千葉や三重に集中している。北海道や日本海側の関西、九州にも陸揚局をつくり分散すべきである。千葉（あるいは北海道）から真っすぐロンドンに向かうためには、氷が溶けている北極海を通ればいい。ロンドンからニューヨークを繋ぐことができれば、地球を一周するケーブルが完成する。海底ケーブルは、大陸横断ケーブルに比べて、通過大陸国との外交調整などが不要な部分でも安定している。地球全体の視点で、冗長性があり、安全なケーブルは毎年のように増加している。従来のような通信基盤としてだけでなく、あらゆる分野の情報化とビッグデータの時代を担ってケーブル敷設が進むことは、２０１５年に敷設された太平洋ケーブルにグーグル社の資本が入っていたことからも伺うことができる。今ハワイやグアムを通る太平洋のケーブルが重要視され始めているのは、東シナ海の緊張と無縁ではあるまい。インターネット関連の技術は、経済や安全保障などすべての重要課題の要として考えなければいけない。

電子メールと「ローカライズ」

ところで、Ｃ言語やＵＮＩＸのファイルシステムを開発した科学者として知られているデニス・リッチーは、C言語の中で「char」という変数の型を定義している。「char」は文字(character)を意味する名前である。しかし、この型は8ビットで、255通りの文字しか表わせない。つまり、C言語は英語のアルファベットを想定して設計したことになる。コンピュータが計算に使われているときには多言語が問われることはなかった。UNIXのようにコンピュータの技術を人間のさまざまな活動に利用するようになると、多言語対応の必要性が上がってきた。

インターネットの電子メールの標準RFC(Request for Comments)822には、電子メール本文は「イングリッシュ・アスキー」、つまり英文字でASCIIのコードを使うと書かれていて、電子メールで日本語を使うことはできなかった。当初は、コンピュータサイエンティストは英語で会話しているので、それでもかまわないと思って日本で英語の電子メールを始めた。ところが、多くの人たちは英語ではなく日本語をローマ字表記していた。これはまずいということになり、日本語をはじめとする多言語で電子メールを利用できるようにした。

これが「ローカライズ」のきっかけになった。インターネットは国境を越えてグローバルにつくっていたのに、国と国との関係というインターナショナルな匂いが立ち込め始めたのである。言語の問題で多大な貢献をしたことが、結果として、国としてのプレゼンスをインターネットの中に入れてしまったと考えることもできる。インターネットは本来的にはグローバルなものを作りながら、アプリケーションでは国や文化への対応が必要となる。

「モンテビデオ声明」

国連の母体である国際電気通信連合（International Telecommunication Union;ITU）は世界最古の国際機関であり、現在は国連の専門機関の一つとなっている。もともとのＩＴＵは通話の料金を双方の国に分配する機関で、国連はその仕組みを使って、富める国から貧しい国への富の再分配を行なってきた。しかし、インターネットには、課金の仕組みがないので、富の分配は機能しない。国による連携をインターネットの意思決定の主体とするためにＩＴＵの場が検討されてきた。

この動きを警戒する既存のインターネット関連組織は、２０１３年10月に、グローバルなインターネットの技術調整を行なうすべての団体（ＩＡＢ（Internet Architecture Board)、ＩＣＡＮＮ（The Internet Corporation for Assigned Names and Numbers)、ＩＥＴＦ（Internet Engineering Task Force)、ＩＳＯＣ（Internet Society)、Ｗ３Ｃ

（World Wide Web Consortium）および5つの地域インターネットレジストリの計10団体）が共同で、「今後のインターネット協力体制に関するモンテビデオ声明」と題した声明文を発表した。「モンテビデオ声明」は、「グローバルに調和の取れたインターネット運営」「インターネットガバナンス」「ＩＣＡＮＮとＩＡＮＡ（Internet Assigned Numbers Authority）機能のグローバル化」「ＩＰｖ６移行」の4点に対する10団体共通の姿勢の表明である。

まず、「グローバルに調和の取れたインターネット」の運営が重要であることをあらためて強調している。グローバルに意思決定するということであり、国連による国家レベルでのインターネットの分断に警鐘を鳴らし、広範に浸透している監視活動により、インターネットに対する信頼と信任が損なわれていることに強い懸念を表明している。

また、インターネットガバナンスの諸課題に対処する努力を続ける必要性を確認するとともに、すべての政府を含むすべてのステークホルダーが対等の関係で参加する環境に向けてＩＣＡＮＮとＩＡＮＡ機能のグローバル化の加速を呼びかけること、そして技術的にはグローバルな最優先課題であるＩＰｖ６への移行を呼びかけるとしている。ＩＡＮＡへの法的な米国政府の関与を見直し、グローバル化へのプロセスが進んでいる。一方で、モンテビデオ声明からの新しいインターネットガバナンスの確立への議論も進んでいる。しかし、グローバルな社会基盤の管理が誰によってどのように運用されるかの課題は、インターネットが社会基盤として認識されたからこそ、簡単な結論はでない。グローバル経済のステークホルダーとしての、グローバル・ビジネスの担い手、国、市民の関与の中で慎重に議論されるべきことであり、我が国の役割と責任も重いと考えるべきだ。

これまで手をつけてこなかったこと

さて、2020年に世界人口80億人の80%がインターネットを使うようになるとしたら、インターネットはどうなるだろうか。以下では、インターネットが前提となる社会において、これから重要となる技術について触れておきたい。

第一は「人間の抽象化」である。コンピュータの利用者である人は、単純な識別子で識別されてきた。電子メールアドレスもその識別子の一つであるが、人には性別、年齢から始まって、健康状態や経済状態まで限りないメタデータがある。これをどのような構造で表現するかという課題を、プライバシーやセキュリティを含め議論していくことが求められる。

第二は「位置（Geo-location)」。現在、すべての携帯電話にはGPSが搭載されている。

GPSは経度と緯度を計算して位置を特定する。しかし、衛星からの測定によるGPSでは「高さ」の精度は悪く、道路の段差を表現することもできない。

第三は「時刻」。4Kテレビの次は8Kテレビで、これをインターネット上で送ると言われている。8Kの映像は膨大なデータであり、この連続データをインターネット上で流すことになる。周知のように、デジタル放送になって以降、テレビは時報を行なわなくなった。映像を圧縮するコンピュータ処理をして放送しているので、受信機によってはデコードに時間がかかり、イメージが戻るまでに時間がかかってバラツキが出るので時報を送らないことにした。今後のメディア転送には、正確な到着時の時刻に同期し、8Kのような膨大なデータの転送が複数箇所から一箇所に同期できる技術が必要となる。このような技術は「Glass to Glass」とも呼ばれる。テレビカメラのガラスが、地球上の別のテレビのガラスに映し出される、カメラは同じ事象の中継に複数あるかもしれない。これを正確に再現できるためにはたくさんの課題がある。最も重要な技術として正確な時計の技術ということだ。

第四は「実時間（リアルタイム）」。最近、テレビ会議がよく使われるようになったが、医学の現場では、顕微鏡を見ながら手術をするという要求を持っている人も多いので、より正確で高精細の映像で対話をすることが重要になっている。対話のアプリケーションをインターネット上で展開するためには遅延を最小限に抑えるリアルタイム通信が必要となる。そのためには、低遅延で高速な処理が必要となる。

第五は「開放」。オープンにアクセスしてシェアできるプラットフォームは、ある意味ではまだ完成していない。技術発展は、まず所有権のある技術ができて、それがある程度一般化してくるとオープンになるというプロセスをとる。オープンなプラットフォームは創造的な開発と健全な競争の基板となる。また、オープンな技術の標準化は、普及により製造コストが劇的に下がるというコンピュータ技術の特徴を牽引する。標準化によってコモディティ化した技術は、開発当初は予想していなかった応用を導く。イノベーションと創造性の原点でもある重要な施策である。

第六は「安心安全」。インターネットが必要なデータの保護と、安定した運用を持続できるものでなければいけない。「安全」は技術の基準であり、「安心」はその技術の社会での信頼を意味する。

第七は、「品質」。あらゆるサービスがインターネットで変化する時代に、サービスの品質が問われるのは当然で、このことが、安心安全の確立に直結する。我が国は長い間製造物やサービスの品質管理を育んできた経験と自信がある。このことは日本のインターネットサービスの特徴として捉えられているとはまだ言えない。今後のＩｏＴによる新しいインターネットサービスにサービス品質が問われるときに、日本の役割は大きいと考えている。

インターネットの役割と使命

以上のように、インターネットには多くの課題がある。そして、その課題を一つ一つ解決していかなければならないが、その方法も議論する必要がある。

インターネットが出現した当初、これは新しい技術であり、電話や放送があるのに何故こんなことをやらなければいけないのかとの議論があった。その時に、「必要だからやりましょう」とか、「いままでのやり方ではもう駄目です」とか、「電話としての技術はなくなるので、先に進まないと駄目だ」という強行策はとらなかった。

それに対して、インターネットの有用性を実証し、ベストプラクティスによって発展が牽引された。

インターネットによって放送のビジネスモデルも変わり、CMも変わる。先例を探すと、1928（昭和3）年に相撲人気が下火になったとき、木戸銭を稼いで商売をしていた相撲協会は、ラジオの実況中継に反対した。タダで相撲の実況中継を聞かせたら、会場に足を運ぶ客が減ると考えたからである。しかし、相撲の取組みをラジオ中継するために「制限時間」を設けるなどしたこともあって、それ以降、相撲人気が盛り返したという。

インターネットはこれに似ていて、ヤフーにしてもグーグルにしても、すべて無料で説得力のあるサービスができ、回収や分析は後からついてくるというビジネスモデルである。これはサービスの創出の範囲が、少ない投資、すなわち、少ないリスクで拡大できるソフトウェアとデータによって成立しているからである。リスクを可能な限り小さく、イノベーションを大きく展開したい。ＩｏＴやビッグデータ、クラウド、そして、その膨大なインターネット上のデータを使うＡＩ、そこから派生する３Ｄプリンタによるもの創りや、ロボットによる新しい世界を考えると、たくさんのリスクが見えてくる。リスクが正しく認識され、把握されつつも、イノベーションの目を摘まずに、ベンチャーや若い力が挑戦できる社会を作らなければならない。バブルの崩壊からの出発は、１９９５年からのインターネットの発展と同期している。ＩＴ戦略としてのコンピュータとインターネットの利用がベンチャーによって推進されたアメリカと、利用を躊躇した日本への評価は明らかである。After Internet の今、ＩＴ戦略は、コンピュータの利用から、データの利用へと変化した。

バブル崩壊以降の我が国の25年で、情報通信基盤の質は一定の水準に達していると総括できる。今後は新しい日本を創造する各方面の担い手がデータを活用し、創造的な発展を遂げることが必要だ。そのためにはリスクをとりつつ、思い切った前進ができる、躊躇の連鎖が起こらないための社会環境の確立が使命となる。

最後にイソップ寓話の「キツネと葡萄」を紹介したい。たわわに実ったおいしそうな葡萄を見つけたキツネは、食べようとして跳び上がるが、何度跳んでも高い所に実っている葡萄に届かない。そこでキツネは、「どうせ、すっぱくてまずい葡萄だろう。食べてやるものか」と捨て台詞を残して去る。

葡萄を食べたい一心で懸命に跳びつくキツネの姿は、夢や課題に挑戦している未来を担う人間たちの姿とダブって見える。

インターネットは、葡萄棚の下に台を置いて、キツネが葡萄に届きやすくすることを担ってきた。インターネットは、人類が今までできなかった課題を解き、叶えられなかった夢を実現する人間とそれを支える社会状況があれば、役に立つテクノロジーの基盤である。わが国には最高水準の「台」はできている。挑戦する人間がいる。グローバル社会の今後の創造と発展の大きな使命と責任はこれらを活かす体制にある。

検証9　国土・都市政策

都市政策の転換
――国土の均衡ある発展の終焉と東京の役割

明治大学専門職大学院長・公共政策大学院ガバナンス研究科長／森記念財団理事
市川宏雄

はじめに

日本では戦後一貫して、「分散」の考え方を前提として国土計画と都市政策が策定されてきた。しかし、バブル経済で都市開発が活発化したことで、都市計画法の改正が行なわれ、用途地域容積比率についての規制緩和が行なわれた。これによって、東京をはじめ大都市の都心部での新たな開発が促進されていく。

しかし、90年代に入って、バブル経済の崩壊後に策定された第5次の全総計画「21世紀の国土のグランドデザイン」では、「多軸型国土構造の形成」というそれまでの「分散政策」ではない曖昧な基本目標へと変わった。

2001年に発足した小泉内閣は、「国土の均衡ある発展」から「個性ある地域の発展」へと大きく舵を切った。日本全体では2009年から人口減少の局面に移行し、依然として人口増加の進む東京圏でも2020年代半ばには減少に向かう。こうした状況において、いかにしてコンパクトな国家を形成していくのかが今後の課題とならざるを得ない。

1．バブル経済期の都市と国土の政策

「第4次首都圏基本計画」と「多極分散型国土形成促進法」

日本では戦後一貫して、「分散」の考え方を前提として国土と都市の政策が策定されてきた。1958年に策定された「第1次首都圏基本計画」もその流れの中で都心への集中を避ける政策を提案し、バブル期が始まる1986年につくられた「第4次首都圏基本計画」でも、東京都区部への一極依存構造を是正して分散政策を推進するために「業務核都市」を構想するという計画だった。

この計画で示された「業務核都市」構想は、「第3次首都圏基本計画」ですでに出されていた「核都市」の考え方を発展させたもので、これを東京周辺の郊外部に育成し、都心に

集中する機能の受け皿になることが期待されていた。この業務核都市を中心に自立都市圏を形成し、広域東京圏を多核多圏域型地域構造として再構築し、周辺地域については、中核都市圏等を中心に諸機能の集積を促進するという方向を目指したのである。

国土計画においても1988年には「多極分散型国土形成促進法」が制定され、具体的に政府機関の一部が都心から郊外へ移り始めた。まずは、関東通産局や関東郵政局など関東のブロック機関でありながら東京に立地するものをさいたま新都心などに移す作業を政府は始めた。そして、これまでの分散政策を継続して、東京都心に集まる業務集積を、業務核都市である川崎、横浜、立川・八王子、大宮・浦和、筑波・土浦、千葉・幕張に分散させようとした。

「第4次首都圏基本計画」の考え方では、業務核都市には必ず業務施設の集積地区があり、さらにその中には中核的な施設としてシンボル性を有するものを含めた様々なものが必要だとされている。しかし、実際にはこれが構想どおりにいかなかった。なぜなら首都圏計画で示された計画が実行されるだけの強力な政策における担保、すなわち具体化への強制力がほとんど組み込まれていなかったのである。

「第4次全国総合開発計画」と東京一極集中是正の動き

1986年頃にはバブル景気が本格的なものとなっていった。不動産取引は活発化し、資産価格が高騰し始め、東京と都心の姿が急激に変わり始めた。都市や国土の視点から見れば、「バブル」とは好景気によって引き起こされる資産価格の上昇と、それに付随して起こるさまざまな社会現象のことである。ちなみに、多くの人が好景気の雰囲気を実際に感じ始めたのは1988年頃からであり、1991年2月のバブル崩壊のきざし以降もバブルの余韻は残っていた。実体の経済の動きと人々の実感にはタイムラグがあるのである。

通常、「首都圏基本計画」の翌年かそれ以降に、それといわば表裏一体で「全国総合開発計画」（全総）がつくられている。「全総」の基本的理念は第1次の計画で示された「国土の均衡ある発展」であり、その後、新たに全総が策定されるごとにテーマが具体化されることになっていく。

1980年代当時はすでに第2次産業から第3次産業へと日本の中心となる産業構造の流れが変わり、国際金融業を中心とした第3次産業の東京一極集中が顕著になっていた。そこで、「第4次全国総合開発計画」（4全総）では、「東京一極集中の是正」がキーワードになり、その実現のために東京型の都市を全国につくることを目指した。つまり、ブロックごとのレベルで、地方の中枢都市を小東京化しようとしたのである。具体的には、「多極分散型国土の構築」を基本目標として、小東京という「極」を全国に散りばめ、それぞれの地域がその都市を中心にして発展するという計画だった。国土の均衡ある発展の理念を、当初考えた第2次産業の拠点育成から、第3次産業の拠点を全国に育成することによって実現しようとしたのである。

規制緩和型の大規模都市計画

1988年には再開発地区計画制度が施行された。そもそも4全総は中曽根民活との絡みでつくられたものであり、いわゆる「計画」をつくるサイドから見れば一つの大きな転換点だった。4全総を巡る開発抑制と推進のせめぎ合いは、最終的には、活発的な都市開発と国土の開発を行なうという中曽根首相の意向が盛り込まれることになったという経緯がある。

たとえば、「再開発地区計画」制度によって、規制緩和型の大規模都市開発ができるようになったのである。「再開発地区計画」は公共施設の整備による規制緩和型の都市開発制度として広く普及し、都市部の遊休地活用の促進につながった。ちなみに、都内の代表的プロジェクトとしては、大崎駅周辺再開発、六本木ヒルズ、臨海部副都心各街区、東京ミッドタウン、霞が関中央合同庁舎第7号館、虎ノ門ヒルズなど多数あり、その後2013年に至るまで、東京都で68地区が都市計画決定されている。バブル景気のなかで、都市開発は、再開発地区計画によって規制緩和が押し進められたのである。

こうした状況のなかで、1990年以降、株価が下落を始めていくのであるが、バブル景気で不動産投資が急激に増えたことの対処として、不動産向け融資の抑制策が講じられた。1990年3月に大蔵省が「不動産向け融資の伸び率を総貸出の伸び率以下に抑える」という内容の通達（大蔵省銀行局長通達「土地関連融資の抑制について」）を出したのである。

この不動産融資の総量規制は、行き過ぎた不動産価格の高騰を沈静化させることを目的とする政策だったが、結果的にはその後のバブル崩壊の引き金にもなったのである。また、住宅分野が総量規制の対象外だったことから、住宅金融会社に金が流れるという現象が起き、その後の住宅金融専門会社の不良債権問題の悪化へとつながった。

2. バブル経済崩壊による東京の政策の変化

開発促進の方向へ

バブル経済が崩壊し始めた1992年に、都市計画は重要な転換点を迎えることになる。1969年以来の都市計画法の改正が行なわれたのである。実は、バブル経済の進行で都市開発における規制緩和が求められたことから計画の改定作業に着手したのであるが、それが実施される時期にはすでにバブル崩壊の局面に移行していたのである。

具体的には、二つの改正が行なわれた。一つは、用途地域容積比率についての規制緩和である。それまで用途地域は第一種住専、第二種住専、近隣商業、商業など8地域に分かれていてそれぞれに容積率が決められていた。が、開発意欲が高いためにこれでは対応できない地域もあったため、第一種住専を低層と中高層に分けるなど用途地域容積率の詳細化を行なって、用途地域を12地域に変更した。一方、商業地域については低容積比率を導入するなどして、高度利用の進まない市街地の実状に合うようにダウンゾーニングを可能にした。

もう一つは、市町村都市計画マスタープランの導入である。都市計画の地方分権化であり、一定規模であれば基礎自治体で開発計画を出せるようにした。都市計画立案・決定における市町村の主権強化である。

要するに、都市計画の法制度はそれまでの規制基調から開発促進の方向に向かった。バブル景気は規制緩和に大きな影響を与えたのである。

東京における「多心型都市構造」と都市博中止

戦後の東京で最も長く知事を務めたのは鈴木俊一だった。知事のなかで唯一4期16年を務めた彼は、東京内での分散政策を推進し、その具体的な政策として「多心型都市構造」計画を策定した。この計画は、鈴木が1981年に知事に就任していち早く着手した政策である。

東京に6つの副都心（新宿、渋谷、大崎、錦糸町・亀戸、上野・浅草、池袋）を整備し、さらに7つ目となる臨海開発（臨海副都心）を行なう一方で、出身地である立川とのバランスを考えて「多摩の心」をつくって東西バランスをとるというかたちで、東京の中での機能分散を図ろうとした。多摩地域で核となるのが立川・八王子・多摩ニュータウンで、さらに南北方向の利便性を高めるために立川と多摩ニュータウンをモノレールでつなぐ作業を始めた。

また、これに合わせて東京の重心を西に移すために丸の内にあった都庁を1989年に新宿に移し、その見返りに東側の墨田区には江戸東京博物館、足立区には東京武道館、江戸川区には臨海公園を作った。なお、このような政策実施が可能だったのは、バブル経済のおかげで、資金が豊富にあったからである。

そして、最後の仕上げが1980年代終わりから90年代にかけての臨海開発であり、そのスターターとして1994年に世界都市博覧会（都市博）を実行する予定だった。しかし、バブル崩壊による財政逼迫ため、2年先に延期して、1996年3月24日〜10月13日の204日間にわたって都市博を開催することにした。

ところが4期目の鈴木都知事の任期は1995年までであり、都市博は自らの後継者と目した石原信雄に託す予定だった。しかし、都知事選では青島幸男が本人も驚く勝利となった。青島の都知事選での公約は都市博中止と東京都の破たんしかかった二つの信用金庫救済の税金投入の二つだけであった。これに対して、東京都議会は臨海副都心開発を見直したうえで都市博の開催を求める決議を賛成多数で可決した。しかし、青島新都知事は、選挙公約に挙げていた「都市博中止」を議会の反対を押して実行した。その一方で、信金への税金投入は行なわないという一貫性のない姿勢であった。

皮肉なことに都市博を2年間遅らせた鈴木の判断が都市博の中止に結びついてしまった。都市博の中止によってそれまで鈴木俊一知事が手掛けてきた臨海副都心開発は頓挫し、当初のもくろみとは異なる都市構造を持ってしまうことになる。さらに、この都市博中止は当時のバブル経済の崩壊に拍車をかける一因ともなった。

都市再生と「第5次首都圏基本計画」

バブル経済崩壊後の経済の低迷が長期化するに伴い、その課題解決の政策が必要となっていた。１９９９年2月には小渕内閣のもとで、日本経済の再生のためには都市を再生させて土地を流動化させることが重要な戦略的課題であるという内容を含む答申(「日本経済再生への戦略」)がとりまとめられた。答申では、政策重要課題としての「都市再生」がクローズアップされ、今後の政策の重要項目として「都市再生の具体化」が掲げられた。都市再生委員会の設置とともに、戦略的に取り組むべきプロジェクトの指摘が行なわれている。

実は、都市再生に自民党が積極的になったのには理由がある。それは１９９０年代後半から、選挙を行なうたびに、主として都市部で民主党が勝ち始めるようになったからである。

東京では1999年3月に「第5次首都圏基本計画」が策定され、それまでの分散政策から「ネットワーク型都市圏」への転換がはかられることになった。

拠点的な都市相互の機能分担と連携・交流を行なうための都市構造の実現を目指した。一定規模を持った郊外都市間のネットワークにその重点を移したのである。また、従来は東京、神奈川、千葉、埼玉の1都3県を「東京圏」としていたのを、都心から約40～50㎞を「東京都市圏」としてより密集した市街地エリアを定義し、首都圏全体を中核部の「東京都市圏」と周辺の「関東北部地域」「関東東部地域」「内陸部地域」、そして「島嶼地域」の5地域に分けて地域整備を推進するとした。

具体的には、東京都市圏では都市構造の再編整備を行ない、とりわけ東京中心部では都心居住等都市空間を再編・整備し、一方バブルが崩壊して郊外の衰退が始まった近郊地域では、あらためて自立性の高い地域の形成と、それらをつなげる環状拠点都市群を形成することとした。

分散政策の要の業務核都市

バブル経済真っ只中の第4次首都圏基本計画では、東京圏の西部に横浜、川崎、厚木、八

図9-1　目指すべき地域構造–分散型ネットワーク構造の実現

［東京中心部への一極依存構造］

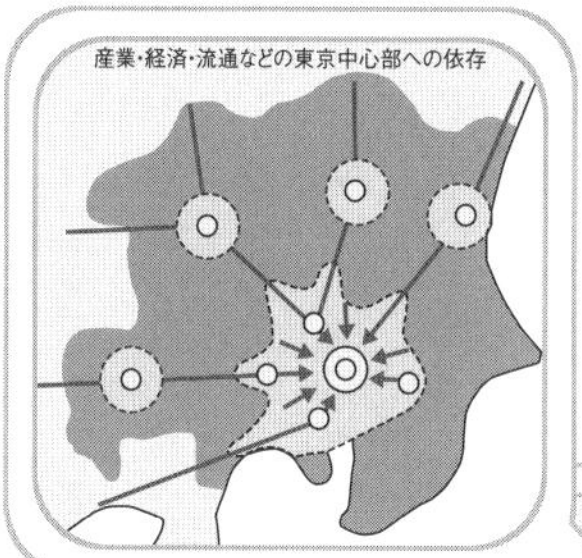

分散型ネットワーク構造

・拠点的な都市を中心に自立性の高い地域を形成し、相互の機能分担と連携・交流を行なう地域構造です。
・首都圏内外との広域的な連携の拠点となる「広域連携拠点」と、地域における諸活動の中心となる「地域の拠点」の育成・整備を推進します。
・拠点相互の連携・交流により、東京都市圏では「環状拠点都市群」、関東北部・東部、内陸西部地域では「首都圏における大環状連携軸」を形成します。

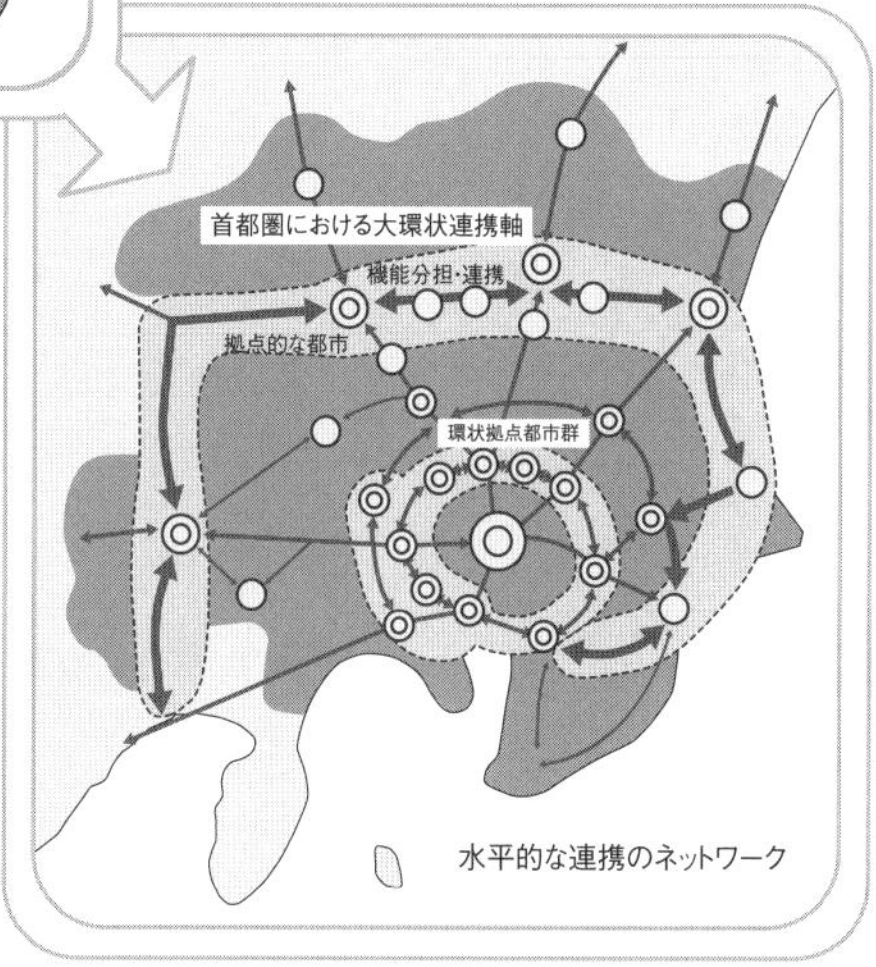

［地域整備の方策］

地域整備の推進に当たっては、それぞれの地域の状況に応じて既成市街地、近郊整備地帯、都市開発地域について講じられている施策を有効に活用するとともに、業務核都市制度等の積極的活用、交通、情報通信体系広域的基盤施設の整備を推進していきます。

広域連携拠点や地域の拠点においては、拠点性を高めるため、都市機能の更新と集積、都市基盤の整備を総合的に行う都市空間の再編成整備を積極的に推進していきます。

出所）国土交通省

王子・立川、青梅、北部に熊谷・深谷、浦和・大宮、土浦・つくば・牛久、東部に成田・千葉ニュータウン、千葉、木更津をそれぞれ業務核都市として育成することを目指した。しかし、バブル崩壊後の第5次首都圏基本計画では上述のように「業務核都市の育成」を断念し、当時すでに核都市的な性格をもっていた都市を追認するというかたちに変わり、町田・相模原、川越、春日部・越谷、柏が業務核都市として位置づけられることとなった。

ところが、新たに追認した諸都市は「業務核」ではなく、「商業核」である。とりわけ春日部・越谷や柏は、郊外の急激な住宅開発で住民が増えて商業核ができた都市であり、本来的には「業務核」という言葉にはなじまない。しかし、分散政策という計画の流れのなかで、最後の基本計画である第5次首都圏基本計画で、上述のかたちで決着を付けたのである。

ちなみに、「業務核」の形成がなぜうまくいかなかったのかといえば、民間企業のヘッドクオーター機能、すなわち本社の立地を前提に業務核を考えていたのに、いくら政府のブロック機関を移しても、民間企業は都心から簡単には離れなかったからなのである。

東京の都市政策の変換――石原慎太郎東京都知事就任

バブル経済の崩壊による日本全体の経済の低迷は、分散政策の方向転換を余儀なくさせた。その時期、東京では1999年4月に石原慎太郎知事が誕生し、それまでの青島知事とは違って、首都移転反対、環境規制の強化など、特徴的な政策を実行に移すことになった。

石原都知事は東京都庁のすべての部局に対して首都移転反対に限らず、「言いたいことはすべて言え」と伝えたといわれている。それまでの国の政策と現実に起きている東京一極集中の現況に対して、東京はここでいよいよ一歩前に足を出して、分散政策からの急激な転換を図ることになった。

青島都政の失敗による東京の停滞とさらにはバブル崩壊の日本全体の低迷のなかで、石原都知事は広く国民的に受け入れられ、さまざまな新しい政策を一気に行なっていった。特に石原政権1期目の前半2年間で約40の政策が実行に移された。主な都市政策としては、筆者も関わった首都機能移転反対、「東京構想2000」、「新しい都市づくりビジョン」のほか、横田基地の民間利用の要求、ディーゼル車排ガス規制、羽田空港再拡張事業、東京マラソン、カジノ構想、東京オリンピック誘致、築地市場移転計画など、現在の東京における主要政策課題につながるものが少なくない。

分散政策の終焉と「環状メガロポリス構造」の構築

現在でも東京の都市づくりの根幹の思想になっている2001年10月策定の東京都「都市づくりビジョン」の作成に筆者は携わった。第5次首都圏基本計画で国が分散政策を断念することが明確になるなかで、東京の都心部に相当な負荷がかかることが現実に起きつつあった。「都市づくりビジョン」の根底にあったのは、それに対する具体的な政策作りだった。

分散政策は終焉を迎えつつあり、鈴木都政下で策定された「多心型都市構造」の限界が明らかになっていた。確かに、都心への過度の集中を抑制するための副都心や多摩の「心」への業務機能の分散は、一定の成果をあげたともいえるが、一方で、日本全体で成熟型・都市型社会への移行が進むなかで、大都市における業務機能分散に重点を置いた新しい考え方に基づいた都市構造の構想だけでは不十分であり、多様な都市機能のあり方、環境意識の高まり等に対応した都市構造が必要になっていた。

さらに1都3県の東京圏（当時、3300万人）全体の広域的な視点に立つと、東京都の区域に限定したこれまでの「多心型都市構造」の考え方には無理があった。そこから生まれてきたのが東京圏全体を視野に入れた、集積のメリットを生かす多機能集約型の「環状メガロポリス構造」の構築を目指すことであった。
「環状メガロポリス構造」は次の4つの特徴を持っている。
・国際交通アクセスに不可欠な空港・港湾、環状交通基盤を強化
・多様な都市機能を地域や拠点が分担し、広域連携により東京圏が機能を発揮
・自然、都市の環境資源を一体として、環境と共生する都市構造を形成
・活発な都市活動を担うコアと都市軸が都市構造の骨格となり、東京圏の集積のメリットを生かす多機能集約型の都市構造

この「環状メガロポリス構造」からできているのが「首都圏メガロポリス構想」(図9−2)である。この構想では、「センターコア・エリア」と「東京湾ウォーターフロント都市軸」を東京の成長の要と位置付けている。センターコアは環状6号の内側一帯である。それまでの都心は千代田、中央、港の3区という考え方であったが、環状6号線の内側のおよそ9区が新しい都心であると位置づけた。また、ウォーターフロント(臨海部)はそれまでの重厚長大産業の工場等跡地を利用して、これからの国際競争を生む主たる場所と期待したのである。

「首都圏メガロポリス構想」では、それまでの「都心」「副都心」という概念を使うことをやめた。秋葉原、汐留、六本木、恵比寿、品川などの新拠点がたくさんできていて、「都

図9-2　首都圏メガロポリス構想

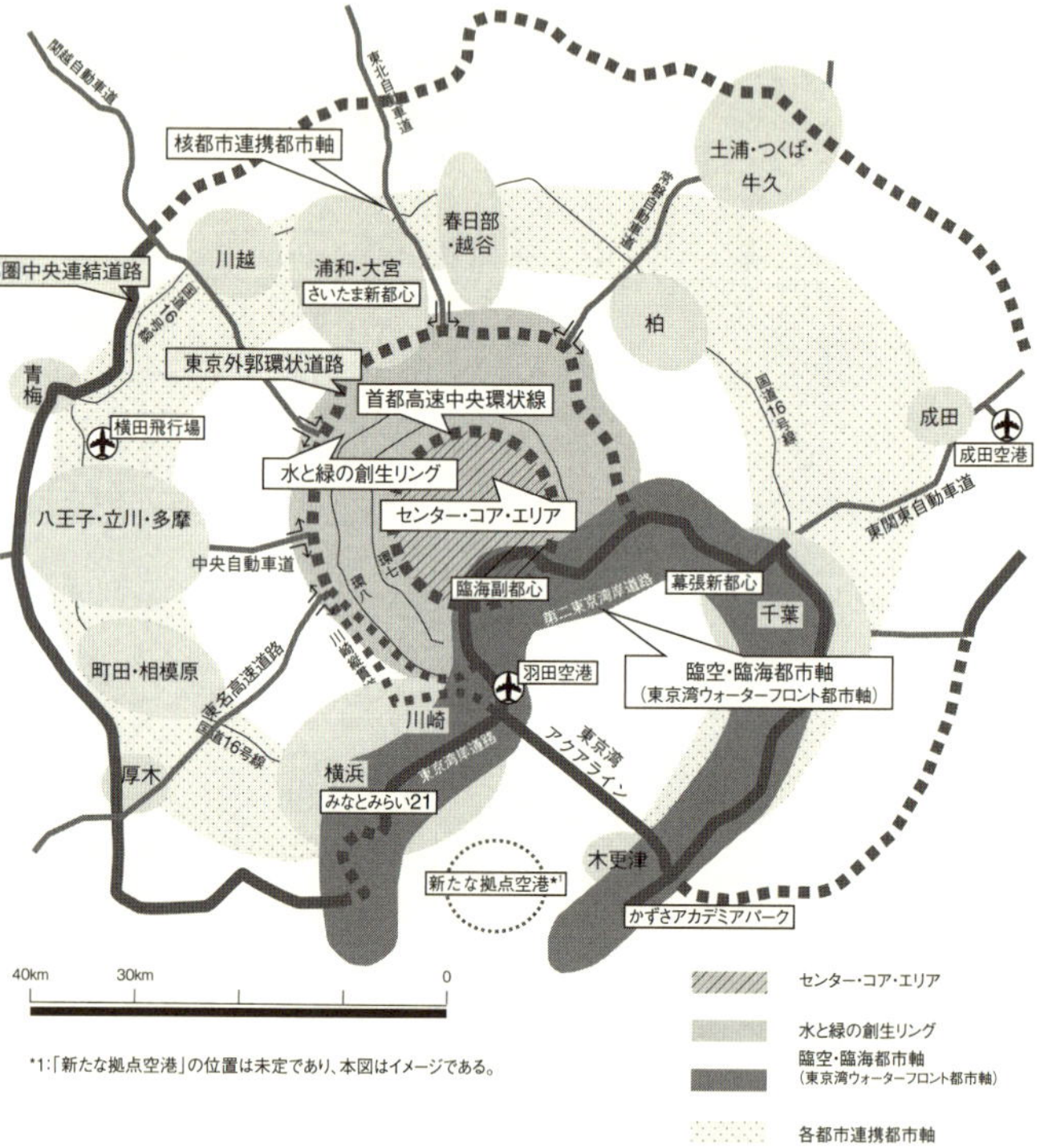

*1:「新たな拠点空港」の位置は未定であり、本図はイメージである。

出所）東京都

心」「副都心」という考え方がもはや意味を持たなくなっているからである。

このセンターコアを中核として、八王子・立川・多摩などのウエストコア・エリア、浦和・大宮などのノースコア・エリア、千葉、成田などのイーストコア・エリア、そして川崎、横浜などのサウスコア・エリアによって、新たな東京都市圏の都市構造の骨格を形成していく。それまでの「業務核都市」との整合性もあるが、都市圏運営にあたっての明確な拠点として位置づけたのである。この首都圏メガロポリス構想では、初めて東京都が周辺3県まで踏み込んで絵を描くという異例の内容となったのである。その背景には、首都移転反対の活動を東京都だけでなく、東京圏全体で押し進めようとした石原都知事の思惑があったのである。

3.バブル経済崩壊による国土政策の変化

21世紀の国土のグランドデザイン（5全総）

バブルが崩壊するなかで首都圏計画だけでなく全総計画も変わった。第1次から第4次までは先に首都圏計画を作っていたが、この時、1998年に先に全総計画を作成した。また、5回目の全総計画だったにもかかわらず「5全総」ではなく「21世紀の国土のグランドデザイン」という名前をつけている。省庁再編のなかで国土庁が消滅することがすでに明らかになっていたため、最後の計画として「21世紀」について描くことにしたのである。「21世紀の国土のグランドデザイン」は、それまでの全総計画から大きく変換した。これまでのような極端な分散政策を強く打ち出さずに、「多軸型国土構造の形成」という曖昧な基本目標に変えたのである。4全総では全国に小東京を作るために全国の中枢都市の育成を図るとしたが、それを放棄して、日本海側、中間の西日本国土軸、太平洋といった海に関わるいくつかの軸をつくるという意味で「多軸型国土構造」とした。

また、開発方式としては、多様な主体の参加と連携による国土づくりを目指し、多自然居住地域（小都市、農山漁村、）の創造、大都市のリノベーション（大都市空間の修復、更新、有効利用）、地域連携軸（軸上に連なる地域連携のまとまり）の展開、広域国際交流圏（世界的な交流機能を有する圏域等の形成）などを挙げている。

さらに、「21世紀の国土のグランドデザイン」では資金的な見積りをやめている。それまでの全総計画では、計画実行に関するおおよその見積りを出し、それを根拠として日本全国でおカネの取り合いが行われ、結果として地方に予算を分配する仕組みがあった。バブルの崩壊で原資がなくなり、国土計画での具体的なプロジェクトが担保されなくなったという意味で大きな変換点であった。

「国土の均衡ある発展」から「個性ある地域の発展」へ

２００１年4月に発足した小泉内閣は、6月に出した「骨太の方針」のなかで、「国土の均衡ある発展」から「個性ある地域の発展」へと大きく舵を切った。「今後の経済財政運営及び経済社会の構造改革に関する基本方針」（骨太の方針）の第4章（「個性ある地方の競争――自立した国・地方関係の確立」）では次のように記されている。

「これまで『均衡ある発展』が重視されてきた。今後は、『均衡ある発展』の本来の考え方を活かすためにも、『個性ある地域の発展』『知恵と工夫の競争による活性化』を重視する方向へと転換していくことが求められる。国が地方に対して、広範な関与をすると同時に、その財源も手当てし、画一的な行政サービスを確保する時代から、次の時代へと歩を進めていくべきである。」

「国土の均衡ある発展」という考え方は、戦後日本の政治の仕組みを引っ張ってきた大前提だった。しかし、それをあえて否定したのである。

このような国土政策、都市政策の大転換を可能にした背景として、二つのことが指摘できる。一つは、バブル崩壊で先行きが不透明であり、どのような政策でも受容されやすい状況にあったこと。もう一つは、分散政策が事実上破綻していて、すでに東京への集中は止められない状況になっていたことである。

全国総合開発計画の推移

ここで、「全総計画」について振り返っておこう（表9－1）。

まず、1962年に「地域間の均衡ある発展」を目標として「全国総合計画」（全総）がつくられた。全総の背景には、日本の国力を高めるために東京、大阪、名古屋の太平洋ベルト地帯を強化するということがあり、その結果生ずる地方との格差を減らすために新産業都市を全国10数カ所に作ることとした。

さらに、その分散政策の流れのなかで、日本の主要な産業が製造業からサービス業に変わったことで、4全総では、全国に小東京（サービス業の集積）を育成することが目標とされた。しかし、その目論見はうまくいかず、第5次計画（「21世紀の国土のグランドデザイン」）では東京都市圏をリノベーションするという政策が入れられた。その背景にあるのが、特に1980年代に急激に高まった人口と諸機能の東京一極集中だった。

戦後の日本の経済成長にともなって、国際化が進展するなかで、多くの工場はコストの安い海外に立地するようになる。均衡ある発展の思想で日本全国に工業団地を作っても入

表9-1 全国総合開発計画の推移（1962年～1999年）

	全国総合開発計画（全総）	新全国総合開発計画（新全総）	第三次全国総合開発計画（三全総）	第四次全国総合開発計画（四全総）	21世紀の国土のグランドデザイン
閣議決定	昭和37年10月5日	昭和44年5月30日	昭和52年11月4日	昭和62年6月30日	平成10年3月31日
策定時の内閣	池田内閣	佐藤内閣	福田内閣	中曽根内閣	橋本内閣
背景	1. 高度成長経済への移行 2. 過大都市問題、所得格差の拡大 3. 所得倍増計画（太平洋ベルト地帯構想） （東京・名古屋・大阪）	1. 高度成長経済 2. 人口、産業の大都市集中 3. 情報化、国際化、技術革新の進展	1. 安定成長経済 2. 人口、産業の地方分散の兆し 3. 国土資源、エネルギー等の有限性の顕在化 （主要産業・製造業→サービス産業）	1. 人口、諸機能の東京一極集中 2. 産業構造の急速な変化等により、地方圏での雇用問題の深刻化 3. 本格的国際化の進展	1. 地球時代（地域環境問題、大競争、アジア諸国との交流） 2. 人口減少、高齢化時代 3. 高度情報化時代
目標年次	昭和45年	昭和60年	昭和52年からおおむね10年間	おおむね平成12年（2000年）	平成22年～27年（2010年～2015年）
基本目標	地域間の均衡ある発展	豊かな環境の創造	人間居住の総合的環境の整備	多極分散型国土の構築（全国に小東京を育成）	多極国土構造形成の基礎づくり
開発方式等	〈拠点開発構想〉 目標達成のため工業の分散を図ることが必要であり、東京等の既成大集積と関連させつつ開発拠点を配置し、交通通信施設によりこれを有機的に連絡させ交互に影響させると同時に、周辺地域の特性を生かしながら連鎖反応的に開発をすすめ、地域間の均衡ある発展を実現する。	〈大規模プロジェクト構想〉 新幹線、高速道路等のネットワークを整備し、大規模プロジェクトを推進することにより、国土利用の偏在を是正し、過密過疎、地域格差を解消する。	〈定住構想〉 大都市への人口と産業の集中を抑制する一方、地方を振興し、過密過疎問題に対処しながら、全国土の利用の均衡を図りつつ人間居住の総合的環境の形成を図る。	〈交流ネットワーク構想〉 多極分散型国土を構築するため、①地域の特性を生かしつつ、創意と工夫により地域整備を推進 ②基幹的交通、情報・通信体系の整備を国自らあるいは国の先導的な指針に基づき全国にわたって推進 ③多様な交流の機会を国、地方、民間諸団体の連携により形成。	〈参加と連携〉 多極な主体の参加と地域連携による国土づくり （4つの戦略） ①多自然居住地域（小都市、農山漁村、中山間地域等）の創造 ②大都市のリノベーション（大都市空間の修復、更新、有効活用） （地域区分：東京都市圏） ③地域連携軸（軸状に連なる地域連携のまとまり）の展開 ④広域国際交流圏（世界的な交流機能を有する圏域）の形成。

出所）国土交通省国土局「全国総合開発計画の推移」より作成

居する工場は限られていた。そもそも全国総合開発計画は国内的な視点に基づいていた計画であり、グローバリゼーションが進展するなかでの衣替えがうまくできず、矛盾が表面化していったのである。

「三位一体改革」と「まちづくり3法」

2004年には「三位一体改革」が実行され、これによって分散政策は完全に終焉を迎えることになった。

「三位一体改革」とは、補助金・交付金削減と税源移譲を同時に行なうもので、日本の財政赤字が増加するなかで国庫支出金が1兆3000億円削減され、6600億円の税源移譲が決定された。しかし、税源移譲額よりも補助金削減額のほうが大きいため、地方自治体からは税源移譲が不十分だとの意見もあがった。加えて、地方交付税と財源対策債とを合わせて約2兆9000億円が削減された（削減率12%）ことで地方自治体に大きな衝撃を与えた。交付税削減により地方の財政不足が加速化したのである。

さらに、2006年には中心市街地に機能を集約させ、郊外開発を抑制するために「まちづくり3法（都市計画法、中活法、大店立地法）の改正」が行なわれた。すなわち、中心市街地における都市機能を充実させ、郊外への都市機能の拡大の抑制を狙い、1万平米以上の大規模集客施設の郊外での出店が規制されるなどの措置がとられた。かつて栄えた市街地中心部を復活させようとしたのである。

人口減少のなかでの地方の衰退を食い止めるためには、拡散したエリアを集積させ、中心部を活性化することが必要である。これは分散政策の終焉とも絡んでいる。地方のみならず大都市圏も同様に、あまりにも広がりすぎた開発域を縮小して効率化を図ることが目指されたのである。そして、分散政策の終焉のあと都市のコンパクト化へと向かうことになる。

一方、「まちづくり3法改正」に基づく規制によりイオングループなどは出店計画の凍結や見直しを迫られた。

4. バブル崩壊からの復活における東京の動き

「都市再生特区」によらない大規模開発

2002年6月には、「都市再生特別措置法」が小泉内閣によって施行され、内閣には都市再生本部が設置される。「都市再生特別地区」とは、都市再生緊急整備地域内において、既存の用途地域等に基づく用途、容積率等の規制の適用除外としたうえで、自由度の高い計画を定めることができる都市計画制度である。民間提案による経済再生に資する都市開発の推進を目指したもので、期限を区切った都市計画決定である。

実は、従来は都市計画決定を行なったあとで事業者が開発を行なうという2段階のステップがあったが、「都市再生特別措置法」でこれを同時に行なうことができるようになった。都市計画の変更と事業者提案を同時に行なうことによって、それまで2年8カ月かかっていた計画が6カ月ですむようになった。

ただし、「都市再生特区」に指定されて進められたプロジェクトは、東京よりも地方都市のほうが多かった。具体的なスキームを使ったケースは、2004年〜2008年では、東京（横浜を含む）は4件、2009年〜2013年では13件なのに対して、それを使わなかったプロジェクトは16件あった。例えば、東京の大規模開発で渋谷のヒカリエは「都市再生特区」を使っているが、六本木ヒルズは使っていない。

2002年に区画整理が完了した汐留シオサイトも「都市再生特区」によらない大規模開発で、2003年には電通ビル、日本テレビタワー、汐留シティセンターなど主要ビルが竣工し、その後も、汐留住友ビル、東京汐留ビルディング、汐留芝離宮ビル、汐留ビルディングが竣工している。東京においてはすでに多くのプロジェクトが動き始めていて、このスキームを使わなくても都市再生ができたということである。

「アジアヘッドクオーター特区」

２０１１年12月に総合特区区域法による「国際戦略総合特区」の指定が行なわれ、東京は「アジアヘッドクオーター特区」に指定された。

「国際戦略総合特区」とは、日本の経済成長のエンジンとなる産業や外資系企業などの集積の促進を目指して、国際競争力強化のための包括的かつ先駆的なチャレンジに対し、規制の特別措置、税制・財政・金融上の支援措置等により総合的に支援する制度である。

また、「アジアヘッドクオーター特区」の基本理念は、多くの企業が集積する東京に、欧米・アジアのグローバル企業のアジア本社・研究開発拠点を誘致し、民間投資を誘発するというもので、誘致した外国企業と都内・国内中小企業とのコラボレーションを促進し、日本全体への経済効果の波及を狙ったものである。しかし、必ずしも思いどおりには進展しなかった。

２０１３年9月には２０２０年東京オリンピック・パラリンピック開催が決まり、安倍政権による「国家戦略特区」提案の募集が行なわれ、東京は「アジアヘッドクオーター特区のバージョンアップ」提案を行なっている。

2013年12月には「国家戦略特区」法案が法制化された。「国家戦略特区」法では、「国が定めた国家戦略特別区域において、規制改革等の施策を総合的かつ集中的に推進するために必要な事項を定める」とされている。

「アジアヘッドクオーター特区」における特区エリアは、東京都心・臨海地域、品川駅・田町駅周辺地域、渋谷駅周辺地域、新宿駅周辺地域、そして羽田空港跡地の5エリアだが、なかでも都心・臨海エリアは巨大であり、この地域の再生がこれからの東京の盛衰に大きな影響を与えるのである。

センターコア内の拠点群

東京都心の拠点はどこにあるのか。実は、東京都心の活動拠点は歴史的に移動している。江戸時代は浅草、上野だったものが、明治以降は日本橋界隈から銀座に移り、戦後は新宿、東京オリンピックのあとには渋谷や六本木、赤坂などに移り、1980年代終わりの鈴木都政の時に臨海地域に新しい都心を作ろうとして失敗した。さらに、つい最近起きた現象としては、南に下がっていく東京の都心の中で、江東区にスカイツリーが出現しているが、ソラマチ以外に広がりを持っていないという不思議な現象が起きている。

全体としては南西方向に重心が下がっているが、最後の要に品川エリアがある。金融機関の集積を見ると、今までの流れは八重洲・日本橋エリア、大手町・丸の内エリア、そして六本木・赤坂エリアだったが、品川エリアをどうするかで東京の将来が決まると言っても過言ではない。

臨海エリアについては、東京オリンピックが決まって大きく動き始めた。具体的には、2015年度中に首都高10号線の晴海―豊洲間が開通し、2016年中には環状2号線の虎ノ門―新豊洲が延伸される。オリンピック開催時には、銀座―晴海間にBRTを走らせる。

さらに、羽田空港の発着枠拡大、2025年以降になるが田町から羽田空港までのJR貨物線を旅客線に変えて東京駅・新宿駅に接続、臨海地区内新交通システム、羽田空港第5滑走路の建設、臨海地区から品川・虎ノ門地区への地下鉄アクセス強化などが付加的インフラ整備として期待される。これらの地域がどうなるか、東京を含めて日本が変わる重大な局面にあると言える。

国家戦略特区と東京

国家戦略特区の規制改革検討方針を見ると、医療、雇用、教育、都市再生・まちづくり、歴史的建造物活用などの分野で、東京オリンピックの開催が追い風になっていることがわかる。

例えば、「医療」では、国際医療拠点における外国人医師の診察、外国人看護師の業務解禁や病床規制の特例による病床の新設・増設の容認である。また、「雇用」では、有期雇用の特例（有期雇用の期間延長を全国規模の規制改革として検討）であり、教育分野では、公立学校運営の民間への開放（公設民営学校の設置）などである。さらに、都市再生・まちづくりでは、都心居住促進のための容積率・用途等土地利用規制の見直し（都心におけるマンション建設に際し、オフィスビルに容積を移転するなどの特例措置を講ずる）、滞在施設の旅館業法の適用除外などであり、「歴史的建築物の活用」では、古民家などの歴史的建築物の活用のための建築基準法の適用除外などである。

要するに、5年後に開催される東京オリンピックまでに規制改革を実行に移さなければならないという形で、規制緩和を実行する。すなわちオリンピックがいかに重要かわかる。

5．バブル崩壊後の復活における国土政策

国家運営の仕組みの変更

戦後の経済成長下において、中央政府・大都市・地方という三者の関係は、国家運営の

仕組みでいえば、それぞれの関係は持ちつ持たれつの依存関係にあった。地方から大都市圏にヒトが流れ、大都市圏はカネを稼いで国に納め、国は交付税あるいは補助金で地方を助けるという構造である。そして、これがうまく回っている間は、全員がハッピーであり、そのような状態がバブルの時代まで続いた。

ところが、バブル崩壊後にこの国家運営の仕組みが破綻する。21世紀初頭に、3大都市圏（特に東京）の民間企業がリストラを始めたからである。大都市圏の税収でみると、2001年の所得税・法人税・消費税が29・8兆円であり、地方に回ったおカネ（地方交付税＋交付金）は33・4兆円だった。その後、リストラが進んでいろいろなかたちで無駄を排除した結果、2006年の税収は35・7兆円（約6兆円増）となり、三位一体改革等もあって地方へ回るおカネは26・1兆円（約7兆円減）になった。

その結果、それまで中央政府からのおカネに頼っていた地方はもはや運営できなくなった。大都市圏と地方の運営の仕組みを変えないかぎり、地方が破綻することは目に見えている。そこで、当面の措置として、2008年10月から地方法人特別譲与税を施行した。法人二税を中心とした税源の偏在を是正する観点から、法人事業税の一部を地方法人特別譲与税として地方に配分し、地方公共団体間の財政力の格差を是正する措置をとったのである。これは、いわば地方の衰退に対する「カンフル措置」であったが、これを恒久税制化

図9-3　大都市圏の人口動向と計画（1954年－2009年）

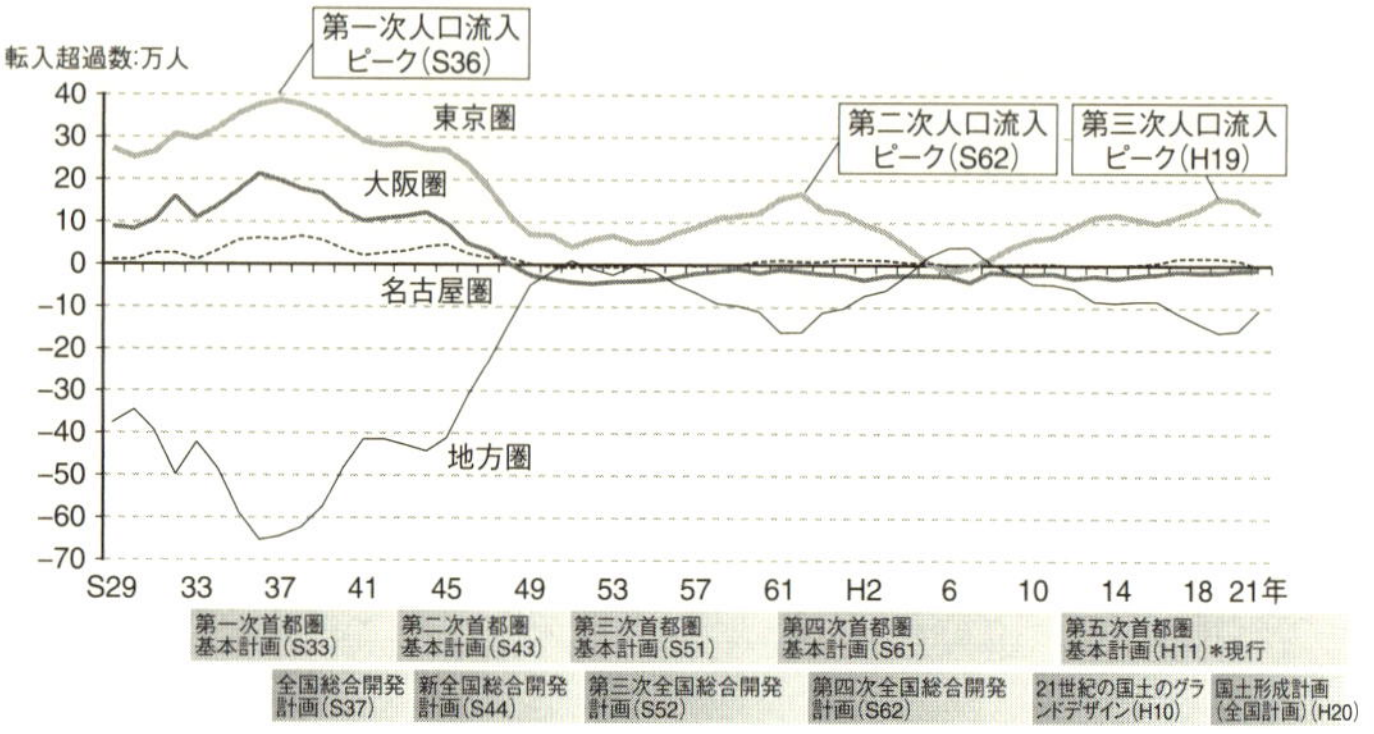

出所）国土交通省国土局資料

しようという動きになっている。

これからの国土の開発軸

戦後日本を引っ張ってきた3大都市圏の人口動向を見ると（図9－3）、1960年代の高度成長期には、東京、大阪、名古屋が戦後の第1回目の人口流入のピークを迎える。その後、オイルショックで地方の人口流出が止まるものの、1980年代のバブルの時には、名古屋、大阪ではなく東京だけが復活して、第二次人口流入のピークを迎える。そして、地方の減少分のすべてを東京が受けるということで、東京の次なるステージが見えてくる。すなわち、全総計画と首都圏基本計画では、東京への人口集中が起きているので、その一極集中を緩和するために東京型の地方都市を作るという政策を出すとい

図9-4　大都市への集中パターンと開発軸

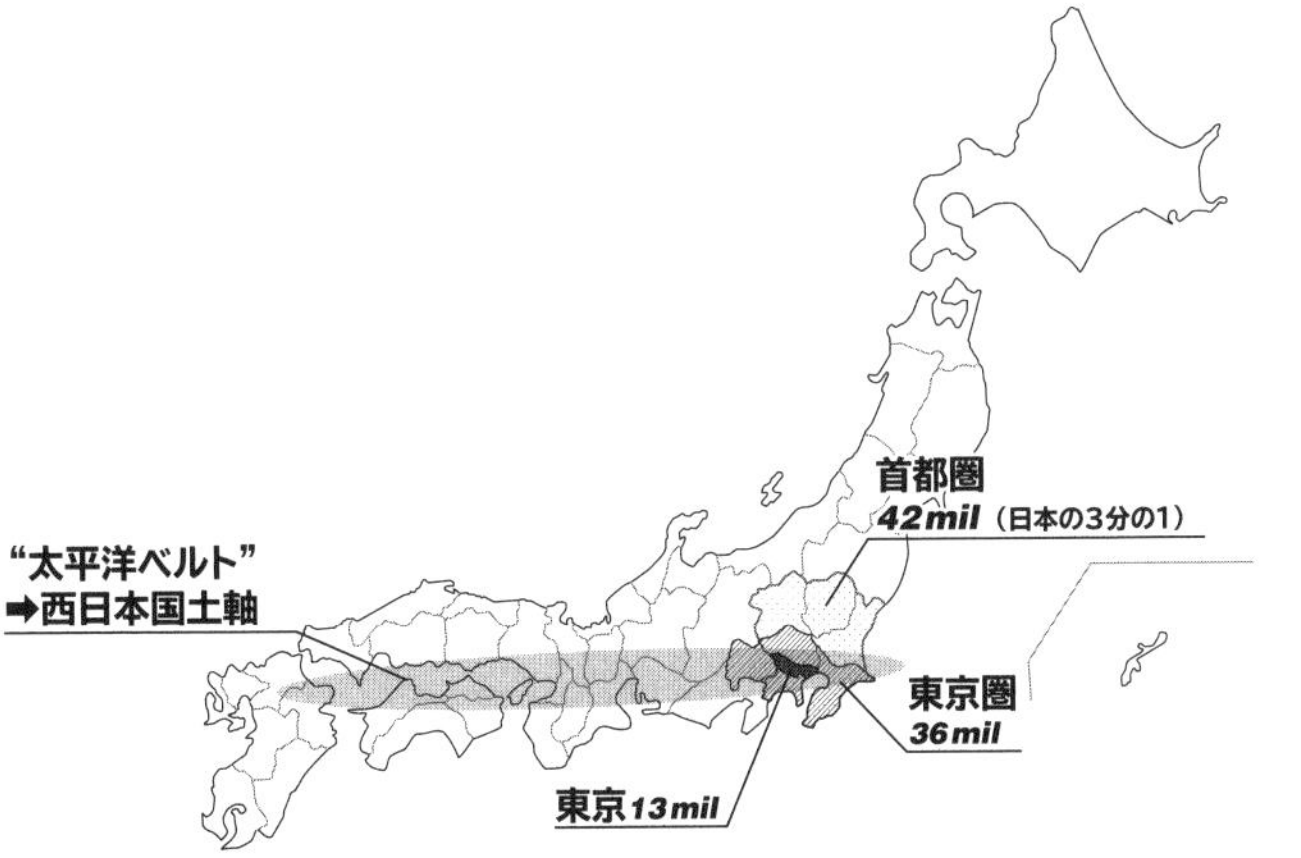

出所）筆者作成

う経緯になったのである。

そして、バブル崩壊で、戦後初めて東京圏が2年間だけ人口流出が起き、地方圏に人が戻るということが起きた。しかしバブル経済崩壊後の経済復活のなかで、東京への第三次人口流入のピークが起きており、その一方で名古屋と大阪は横這いの状態であり、地方はさらなる人口流出に直面している。

こうした日本の人口構造の下で有効になる国土の開発軸としては、第1次全総で示された太平洋ベルト地帯（東京、名古屋、大阪）を、第5次計画で西日本国土軸（瀬戸内海から福岡まで）として伸ばすことであった（図9－4）。この部分が日本のエンジンであり、その要に東京がある。仮に日本の人口が2050年以降に3分の2になっても、ここさえしっかりしていれば日本はもっというシナリオが必要であり、現実にその方向に向かっている。

地方都市のコンパクト化

全総計画の後継として、2008年7月には「国土形成計画」（全国計画＋広域地方計画）が策定された。「量的拡大『開発』基調から『成熟社会型の計画』へ」「国主導から二層の計画体系（分権型の計画づくり）へ」と銘打たれ、全国計画としては、長期的な国土づくりの指針（閣議決定）、地方公共団体から国への計画提案制度、広域地方計画として国と地方の協働による広域ブロックづくりが掲げられた。しかし、東京一極集中現象は依然として進行した。「全総後」の全国計画でありながら明快なビジョンはなく、世界に誇れるだけの崇高な理念に裏打ちされた全総とは無関係の、単なるバインディングにすぎない現状追認型の計画だった。

地方はコンパクト化しなければ持たない段階にきている。このことを筆者は4年前に国土交通省の社会資本整備審議会の都市政策小委員会でも主張した。このコンパクト化の政策を始めようとしたところで民主党政権になり、棚上げになってしまった。しかし、安倍政権になって4年振りに復活して、地方都市のコンパクト化のための作業に入ったと言える。

ちなみに、人口数万人の地方都市でのコンパクト化では、鉄道駅から半径1㎞以内を「中心拠点区域」として病院・商業施設を都心に誘導する。費用の8割を国と自治体が補助するとともに、税金負担を軽減するというモデルを国土交通省が提案している。

地方には大都市圏の傘のなかに入っている地方とそうでない地方という2種類があり、それぞれはまったく違う。したがって、地方の区分を明確にして、それぞれの地方の将来像を描いていく必要がある。

おわりに

「首都圏基本計画」と表裏一体でつくられている「全国総合開発計画」（全総）の基本的理念は「国土の均衡ある発展」であり、分散政策の考え方は1962年の第1次の計画で示されて以来、その後の4回の計画立案において貫かれたものである。それが戦後の日本の発展を導いてきたのであるが、現実には東京への都市機能の集積、一極集中がその原動力となっていたのである。

2014年秋に地方創生の政策が安倍政権によって示されると、再び、東京一極集中への批判が行なわれ、国土の均衡ある発展の意識が依然として人々の頭の中から消え去らないことを示したのである。

この呪縛から解き放たれなければ、21世紀に持続できる都市政策、国土政策が見えてこないことは明らかである。

検証10 消費者行動

バブル崩壊後の致命的なタイムロス

京都学園大学　教育開発センター教授
袖川芳之

1．バブル崩壊から対応までのタイムロス

バブル景気が崩壊した後に消費者はどのように行動し対応したのか。また、政府の国民の生活への対応はどのようなものだったのか。

いつの時代も、その時代の人が同時代に何が起きているのかを正確に把握することは困難である。だから未来から振り返っているからこそ言えることばかりなのだが、残念ながら、今から振り返るとどちらも適切なものではなかった。バブルが崩壊した後は消費者も政府もしばらくはそれまでの基調が続くと期待していたので、対応が行われるまで3～5年のタイムロスが生じてしまったのである。そのタイムロスは、少子化や高齢化、人口減少への対応を先送りしていた日本にとっては致命的なものとなった。後にも述べるように、

問題を先送りしていると、その間に問題の期限がより差し迫ってきているので、社会の調子が悪くなった時に一気に問題が噴出し、選択肢のない中で対応せざるを得なくなるからである。

そうならないうちに、バブルの崩壊が社会の不可逆な変化であることを示すシグナルになぜ気づかなかったのか。同時代を生きながら、時代のシグナルに気づき、リアルタイムで対応することはできないのだろうか。それを同時代人の視点に戻りながらその経緯をたどり、今後のための教訓を指摘したいと思う。

2.「消費社会」の絶頂としてのバブル消費

バブル景気を支えたのは87年に40歳になった団塊の世代（47〜49年生まれ）である。団塊の世代は一般に思われているほど華々しい世代ではなく、時代の先頭を切り拓いてきた人々でもない。学生運動にしろ、三種の神器、３Ｃの消費ブームにしろ、それらをリードしていたのは団塊の世代よりも少し上の世代である。婚姻件数がピークとなった72年、出生数のピークとなった73年は、団塊の世代は23歳〜25歳であり、女性は結婚し始めていたにしろ子どもの出産を経験していた人はまだ少数であった。団塊の世代が婚姻、出産をするのはそのピークの後＝第一次オイルショック後であり、上の世代が結婚と子育てを楽しんでいるのをしり目に、低成長時代に新婚生活と長子の誕生を経験した世代である。そんな彼らに自分たちの消費の時代がやってきたのがバブル景気だった。さらにその下の60年代前半生まれで当時20代の新人類世代（後に「ハナコ世代」とも呼ばれる）を伴い、バブル景気を盛り立てたのである。

80年代の消費の特徴は、従来の消費が物を所有することで欠乏感を充足するものであったのに対し、生活を楽しんでライフスタイルを創造し、自己のフロンティアを探索するような消費になったことであった。その消費は、「発見」「冒険」と「自己拡張」のキーワードを通して見るとわかりやすい。

(1)「発見」の消費

80年代の消費が発見しようとしたのは「自分らしさ」である。50年代の三種の神器の消費がアメリカの文化的な電化生活に憧れ、60年代の3種の神器の消費は家族形成競争に導かれていたのに対し、バブル消費は他人からの差別化と消費のソフト化（今の言葉で言うと、消費の〝コト〟化）が原動力となっていた。どこかにモデルがあるわけではなく、未開拓の自分の世界を探索し発見していったのである。

自分らしさを表現するためには差別化は欠かせない要素である。差別化は凡庸な大衆に埋没せず他人といかに異なるかを競うことである。それまでは商品の優劣を決める尺度は値段や性能、大きさであったが、80年代になると自分の感性を表現するために自分らしさの尺度を持つようになったのである。消費者はニーズを満たすために消費するだけではなく、消費によって自分らしい生活を〝発見〟していった。西武百貨店の「おいしい生活」(82年)に見られるように、生活の高級と低級という上下だけではなく、自分らしい生活という別の尺度を示唆してくれた。クルマは移動の手段や隣との大きさ自慢のためではなく、自己表現の道具であり、感性の発揮という形で他人との差別化を目指した。それはもはや生活必需品ではなくファッションの一部となった。人々は大衆の凡庸性の中に埋没することを何よりも恐れたのである。これが消費の原動力となり、消費の嗜好は多様化していったのである。

(2)「冒険」の消費

自分らしさと他人との差別化を追求していくと、必然的に未開拓の領域、他人がまだ経験していない分野への探索に向かうことになる。

79年に創刊された、あまり人の行かない場所を案内する冒険旅行のためのガイドブック

『地球の歩き方』と、バックパッカーのために格安航空券を販売するＨＩＳの登場は、そのような冒険心にフィットした。テレビでギアナ高地が紹介されるなど、秘境ツアーが人気となり、地球上のフロンティアに目が向けられ、人々の消費志向は外向きになっていった。

また、80年代当時は内外価格差が顕著であり、並行輸入品の割安感に驚いた消費者は、自ら海外に行って直接購入するための買物旅行にも出かけた。85年のプラザ合意で急激に円高にふれたことと、86年から施行された男女雇用均等法によって購買力のある女性が消費者として登場したことで、80年代後半には海外旅行者数が伸びはじめた。

80年代には週休二日制を導入する企業も増え、平日と週末の区切りをつけた余暇・レジャーブームが生活の力点として重視されるようになった（内閣府「国民生活に関する世論調査」生活の力点）。今までのモノを所有するための消費ではなく、生活の密度を高め体験を求める躍動的な消費に人々が目覚めていったのである。

(3)「自己拡張」の消費

バブル時代はお金があれば何でも手に入り、何者にでもなれるという風潮の時代であった。それが「自己拡張」の消費である。自分の身の丈を伸ばすためワンランク上の商品を選んだ結果、高ければ高いほど売れるという時代になっていた。

お金を出せば誰でも高級ブランドに身を包むことができたし、ちょっとしゃれたイタリアンレストランでコース料理を楽しむこともでき、BMWやコルベットに乗ることもできた。普通の車であれば若者でも車を持つことができたので、夜のロードサイドのレストランが盛況となり、電車やバスの時間に拘束されることなく、楽しみたいだけ消費を楽しむことができたのである。

お嬢様ブームのように、自分にない憧れの存在に近づくためにお金を使い、近づいた気分になれたのがこの時代の消費である。消費は自己イメージを実像以上に大きく感じさせてくれたので、今の若者が求めているような他人からの承認や尊敬を消費によって受け取ることができたのである。

一言でいうと、80年代の消費は「消費社会」の絶頂であった。ここでいう「消費社会」とは、消費によって自分の生きがいを求めていく社会である。貧しくても働く喜びを糧に充実した人生をおくる社会ではなく、週末の余暇・レジャーのために平日は我慢して自分を抑え、その見返りとして週末にはじけたのである。そのはじける直前の最高の時間が「花《はな》金《きん》」と呼ばれる金曜日のアフター5の時間であった。

戦後の「消費社会」の中で慣らされてきた現在の私たちは、消費をすることが無条件に喜びであると感じているし、消費ができなくなることが生活の不安である。『幸福論』を書いた心理学者ジグムンド・バウマンが言うように、生きていくために十分なお金がなくなることが不安なのではなく、将来にわたって同じような消費ができなくなることが不安なのである。消費に依存し、消費の満足を人生の真ん中に置いた社会が「消費社会」なのである。

しかし、歴史的に見れば、大衆がこのような「消費社会」を生きた時代はほとんどない。多くは全員が生産に関わる共同体的な社会か、一部の貴族階級のみが消費を楽しみ、一般人は農作業を中心とする仕事に従事する社会であった。それが、戦後の日本では働きながら消費を楽しむという歴史上なかったような大消費享楽時代となった。一般人が「消費社会」を満喫できる興奮が経済のドライブになってきた。

80年代の消費は「消費社会」のスピードがマックスにまで高まっていたのである。そのために、バブルが崩壊したときに、「消費社会」のカーブを曲がり切ることができず、「消費社会は続く」という興奮にも似た願いの中で仮想のハイウェイを突き進み転落してしまったのである。

3. バブル崩壊になぜ気づけなかったのか

(1) 個人のマインド・セット

「消費社会」の絶頂にいた人々は、90年の年明けから株価が暴落し始めたとしても、すぐにそれを悟って生活や働き方を変えることはできなかった。

消費行動は人のマインド・セットに規定される。土地神話や終身雇用、年功序列、成長神話などによって当時の人のマインド・セットは構成されており、それを前提として消費行動が行なわれていた。その時の所得額が多少変動しても、今後期待できる生涯賃金の期待額に基づいて消費レベルを決定し、ローンを組んで不動産や車を購入する。そのため、社会のあり方が変わってもイナーシャ（慣性力）が働き、消費者はそれまでの消費行動を変えられない。人々の認識は、この消費ブームが終わって次の時代に備えるということではなく、今の消費ブームの速度は落ちるけれども緩やかな成長時代に戻るという認識であった。

内閣府の「国民生活に関する世論調査」でみると、「今後の生活の見通し」が低下したピークは94年（図10－1）で、「生活の向上感」は95年をピークに生活に安定を感じる人が減少に転じている（図10－2）。94年から95年の間で意識の変化が起きたと考えられる。90年の年初以降株価や地価が暴落していたにもかかわらず、家計調査の世帯支出額（二人以上

図10-1　今後の生活の見通し

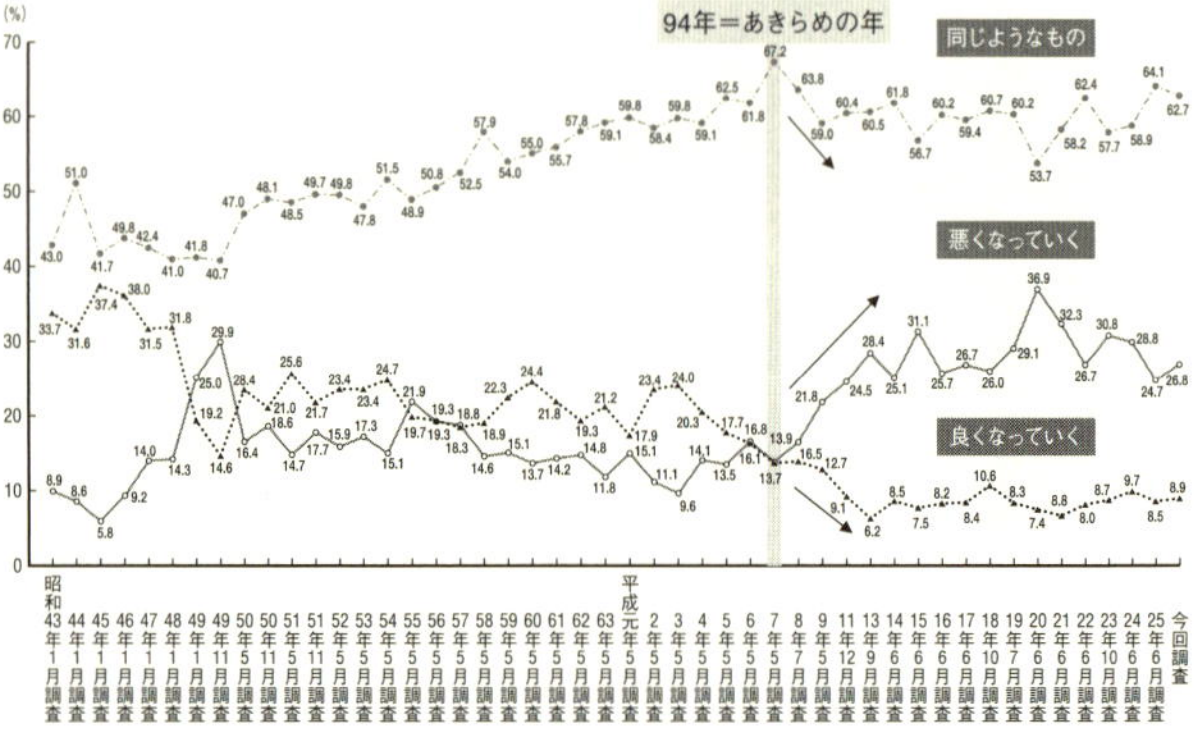

出所）内閣府『国民経済計算』

図10-2　昨年に比べた生活の向上感

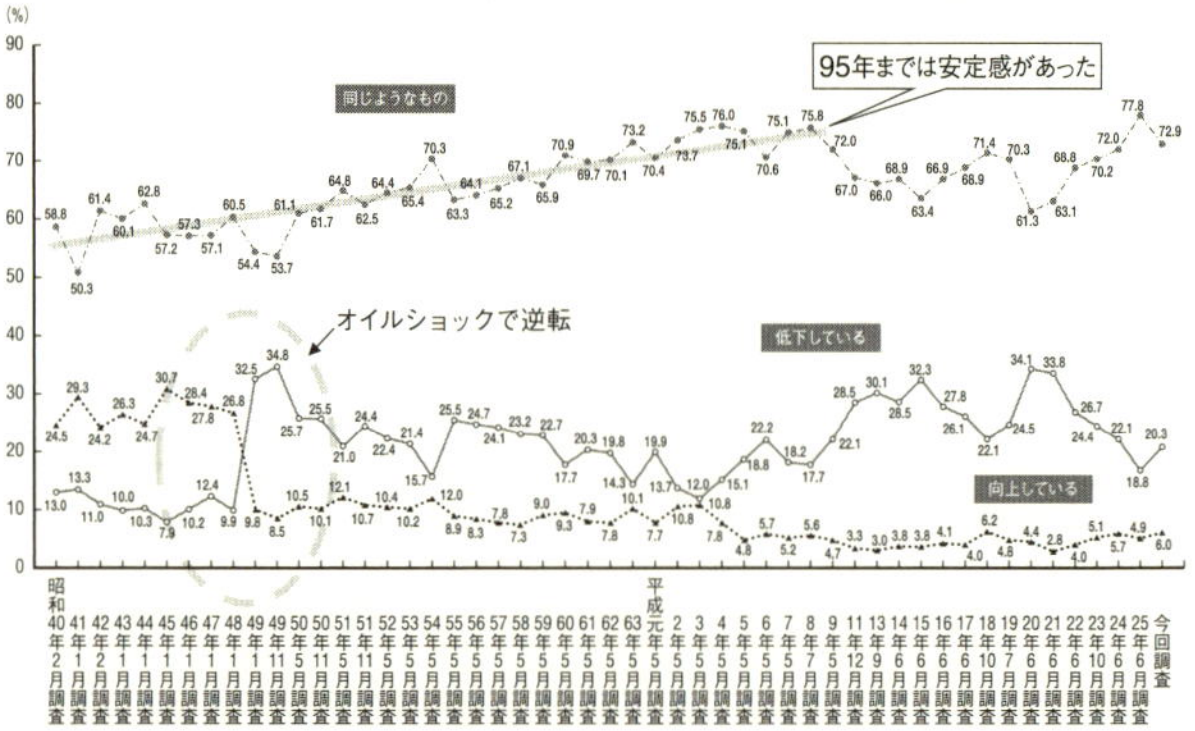

出所）内閣府『国民生活に関する世論調査』

図10-3　世帯支出のピーク

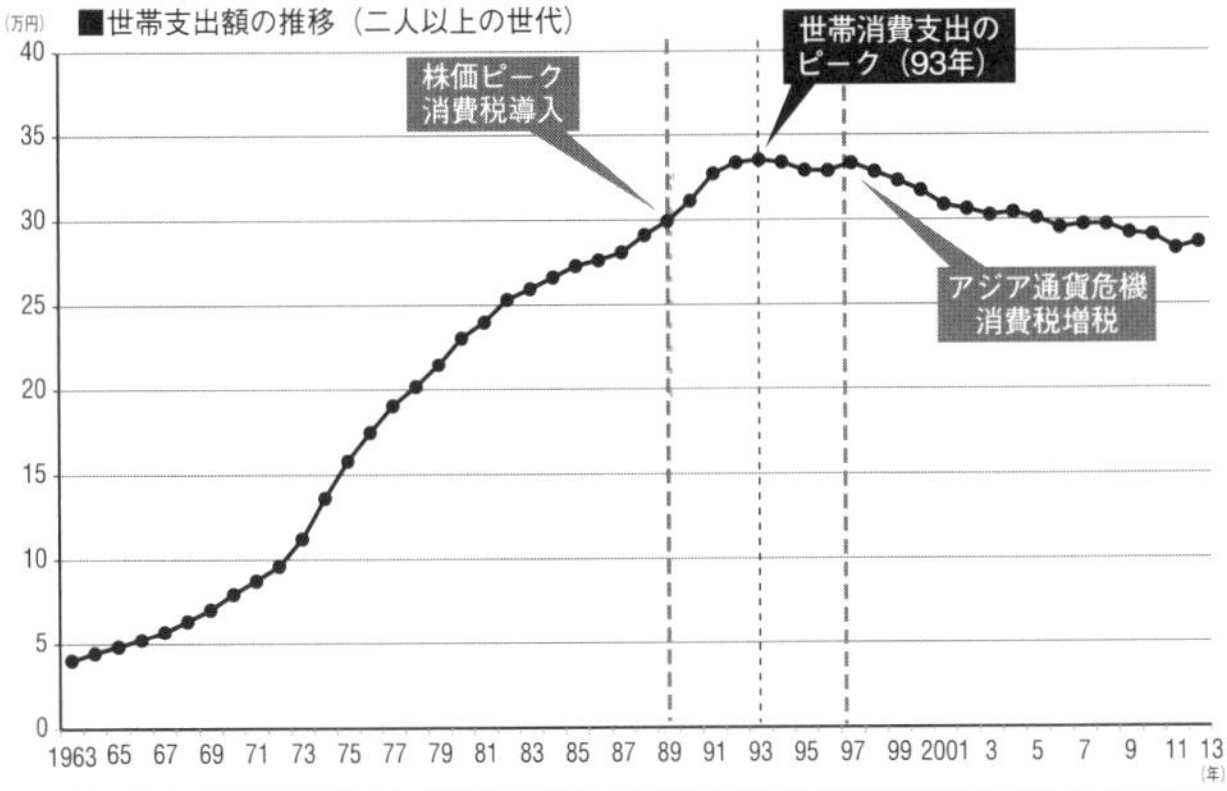

出所）『総務省家計調査』より作成

の世帯）をみると世帯支出額のピークは93年であり、消費者はその後にようやく節約を始めたこととも一致する（図10－3）。

このように、人々がバブル景気は不可逆的に変化したのだと理解するまでに3～5年がかかっており、この期間の政府や消費者の対応がバブル後の不況を長引かせることになったのである。

(2) 政府のマインド・セット

一方、政府では89年から続けていた日米構造協議（SII）が90年に妥結し、日本はこれ以上貿易黒字を増やすような産業への投資を抑え、代わりに内需拡大のために今後10年間にわたってGDPの10パーセント程度、430兆円を公共投資に使うことが盛り込まれた（実際には使われたのは100兆円程度と言われている）。

政府がバブル景気の崩壊を受けて採った政策は、①世界的な環境問題への対応、②ソ連崩壊後の国際的なリーダーとしての貢献、③生活大国への取り組みであった。

ここで重要なのは③であるが、当時の政府も消費者も、80年代はあまりに忙しすぎ、お金があっても消費をする時間がない人も多かった。また、消費をすれば幸せになれるという〝消費神話〟を追求してみたが、どこまで行っても「豊さの実感」が得られなかった。戦後、猛烈に働いてきた、特に高度経済成長期に仕事をしてきた人々は、人生の最もよい時間を仕事や家族のために犠牲にしてきたという思いが強く、バブルが崩壊して労働時間が減り、自らの定年も見えてきたこともあり、穏やかな生活を人生の中心に置いた〝本当の生活〟が始まると希望的に捉えていた。

それに呼応するように出されたのが、1992年宮沢政権で閣議決定された「生活大国5か年計画～地球社会との共存をめざして」である。経済企画庁から出されたこの計画は、92年から96年までの経済運営の指針となるもので「環境と調和した内需主導型の経済構造を定着させることを我が国の政策運営の基本方向とする」と書かれている。

内容としては、まず「ゆとりのための労働時間の短縮」で、89年には2120時間だった総労働時間を「計画期間中に年間総労働時間1800時間を達成することを目標とする」

としている。実際には99年から07年までほぼ1800時間前半で推移し、リーマン・ショックのあった08年に1800時間を切ることになる。内容としてはその他にも、余暇の充実のためのリクリエーションやスポーツ施設の整備、女性の活躍しやすい社会の実現、不安のない老後生活、など多岐にわたるが、住宅については特に章を設けており、「年収の5倍程度を目安に良質な住宅の取得が可能となることを目指」すよう「適正な地価水準の実現を図る」としている。

このように、バブル崩壊直後の政府の施策の方向は、行き過ぎた消費熱狂から適切な消費社会への移行による「豊かさの実感」の創造にあり、バブル後の社会に向けてスクラップ・アンド・ビルトではなく、従来の路線のクールダウンにとどまったのである。

4. 変化のシグナルはどこに表れたか

それにしてもそのタイムロスの間、株価の暴落や地価の下落はバブル経済が不可逆的に崩壊したと気づくシグナルはなかったのだろうか。

当初、バブルに出遅れて不動産を購入できなかった消費者には地価の下落はむしろ買い時として歓迎されていた。特に土地や住宅は、金利の段階的な低下もあり年々買い時感が増す状況だった。株や土地は今まで上昇し続けるのが常であり、その時は下がったとしてもいずれ上昇に転じると思われていたので、シグナルとはなりにくかったのである。

このような中、実際にシグナルとなったのは、デジタル化とインターネットの普及であった。93年末に米国クリントン政権の副大統領であったアル・ゴア氏が「米国情報網整備計画（ＮＩＩ）通称：情報スーパーハイウェイ構想」を発表し、94年にインターネットブームに、そして95年にマイクロソフト社がウィンドウズ95を発売し、その年はインターネット元年と言われた。この流れの中でビジネスのルールが不可逆的に変わったことを意識せざるを得なかった。

この変化を如実に表わしていたのが、スイスにあるビジネススクールＩＭＤが毎年発表している「国際競争力ランキング」である（図10－4）。このランキングではランキングが始まった88年以降、日本はアメリカを上回って世界1位を続けていたのだが、94年に初めて3位に後退し、その後02年には30位にまで後退した。その後若干持ち直し、最近では20位後半が定位置になっている。

日本が順位を下げた背景は、ＩＭＤの国際競争力を評価する定義が以下のように変わったからである。

図10-4　日本の国際競争力の低下（IMD）

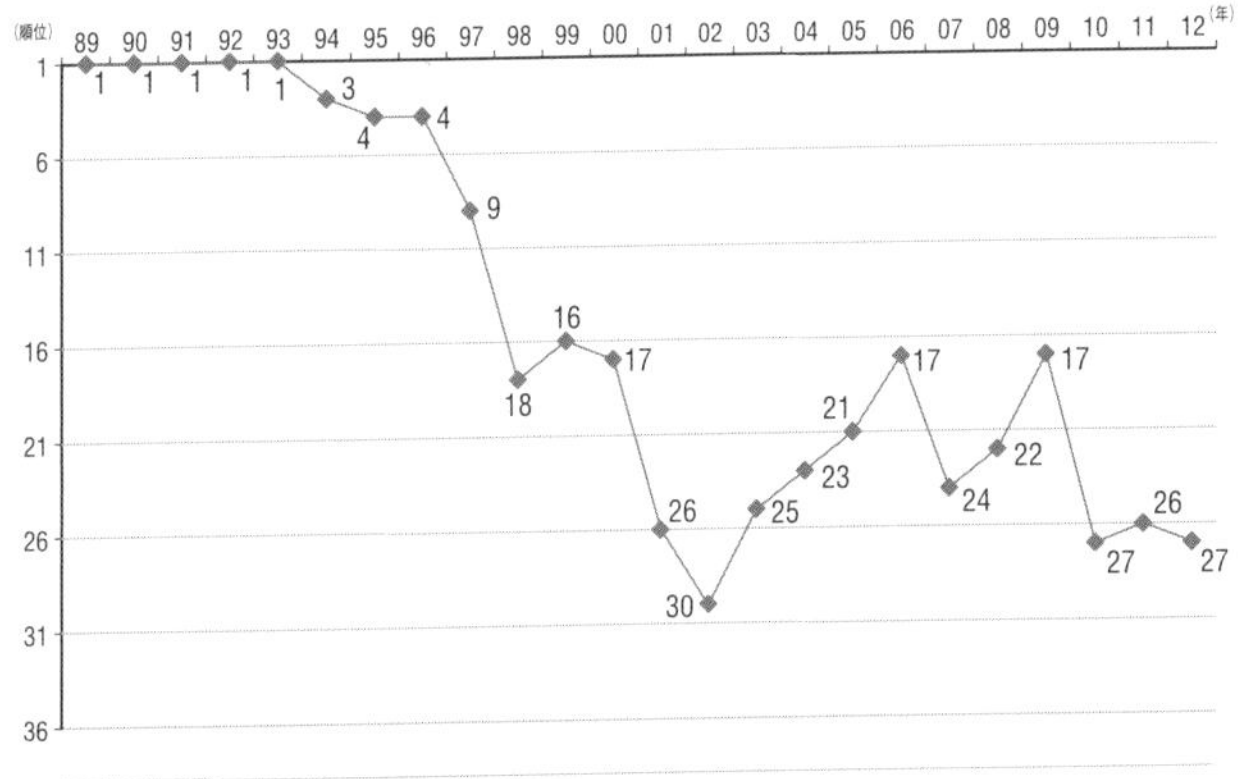

出所）IMD

①「対外的競争力」から「優秀な人材や資金を引きつける魅力（attractiveness）」へ

②「地域密着」から「グローバルに活動する能力」へ

③「資産の額」から「自他の資源を活用するプロセスの能力」へ

④「社会の同質性」から「個人がリスクに挑戦する意欲」へ

①は、自国内で優秀なものをつくる能力よりも、世界中から人、モノ、金、情報を集めて優秀なものをつくる能力である。②は、自国内の市場を中心に受け入れられている企業よりも、グローバルに通用する企業の能力を重視したものである。③は、どれだけ資産を抱え込んでいるかではなく、その資産をどれだけ活用する能

力があるかである。最近のROEを高める議論がここで先取りされている。④は同質な人が集まって安定的に企業を運営する能力よりも、多様な人材やアイデアの中でリスクを取って成果を挙げられる能力である。

筆者は、その当時、電通総研に在籍してIMDの日本の拠点（ブランチ）として担当をしていた関係で、日本のランキングが最悪の30位をつけた02年、自民党の外交調査会に呼ばれて尺度が変更されたことに対する説明を求められたことがある。当時はバブルが崩壊したとはいえ、世界第2位の経済大国である日本が30位というのはIMDの尺度がおかしいのではないかという感覚であった（今では、20代の日本人にかつて日本はIMDのランキングでアメリカをしのいで1位を続けていたと話すと、逆にランキングの作り方がおかしいのではないかという顔をされるのである）。

このように、93年から97年にかけて様々なシグナルが感知され、バブル景気は不可逆的に戻ってこないことが理解されたが、その間3〜5年のタイムロスを被ってしまった。そして、97年に消費増税による消費の減速とアジア通貨危機によって、15年に及ぶデフレ時代に突入していくことになる。その時には、既に財政赤字が膨らみ、攻めの選択肢がない中で後ろ向きな政策対応に追われることになる。高齢化対応は生産年齢人口がマイナスになり、総人口減少まであと10年という切羽詰まったところで改革を求められた。これが先に述べた、問題を先送りしてきた社会では、何年か後に調子が悪くなった時には、問題が一気に噴出し待ったなしの状況に追い込まれるということである。当時の日本も少子化、高齢化、人口減少、マイナス成長に一気に向き合わねばならなくなったのである。

今から振り返ると、95年は生産年齢人口が減少に転じる年でもあった。しかしこの頃は、生産年齢人口よりは07年ごろに訪れると予測されていた総人口減少をより重視しており、大きな危機感は表明されなかった。しかし結果としては、既に消費額が減少しているシニア層を中心に人口が減る総人口減少よりも、消費額の貢献度が高い生産年齢人口が減少に転じることの方が、経済へのインパクトは大きかったのである。

5. 若者問題というシグナル

社会の課題に対応するときには、常に時間の経過を織り込まねばならない。問題が意識された時のままで施策を考えていると、数年後には人が歳を取ることで人口構成が変化し、その時に想定していなかった問題が現れる。5年後にはすべての人が5つ歳を取るので、状況が変わったり、その時には存在しなかった問題も現れてくる。バブル崩壊当時は課題とは認識されていなかった若者は、そうして視野の隅からじわじわと問題の中心へと移動してきたのである。

バブル崩壊後に就職を迎えた世代は団塊ジュニア世代と呼ばれているが、彼らは正規社員になれる人が限定され、非正規社員が急増した世代である。学生時代にはその上の人々と同じようにバブル景気の中で余裕で就職できると思っていたのに、バブル崩壊後に急に採用数が減少したために目の前で採用が締め切られ、「シャッター世代」とも呼ばれる。彼らは自立するだけの生活費を得ることができないので、学校を卒業しても親元から会社に通い、住居や生活基盤を親の世代に依存する、いわゆる〝パラサイト・シングル〟となっていく。パラサイト・シングルが山田昌弘教授に指摘されたのは97年で、その著書『パラサイト・シングルの時代』（1999年）で一気に認識が広まった。

彼らは生活面で自立できないので、結婚に踏み切れず、初婚年齢が上昇し、晩婚化が進み、さらに少子化に拍車がかかることになる。彼らは日常の生活には満足しているものの、常に将来への不安を抱え、消費にも消極的な世代である。

このような中で、若者は「酒も飲まない」「車はいらない」「遠出せず」という「巣ごもる20代」（日経MJ2008年8月22日版）といわれ、消費しない若者像が定着し、企業はますます若者よりもお金にゆとりのあるシニア層をターゲットとして注目するようになった。

マーケティングでは、80年代までは当然のように20代の若者と消費額の大きい子育て世代をターゲットにしていたが、90年代半ばからはお金にゆとりのあるシニア世代をターゲットにしたシニア・マーケティングが中心になり今に至るのである。その一方で、若者に対する企業の商品・サービスの提供は低調になっていく。

90年代末から2000年代にブームになった大画面薄型テレビでは、シニア層が火をつけて値段が下がったのちに若者に広がっていくという逆転現象が生まれた。その他にも、高級一眼レフカメラ、銀座に旗艦店を置くラグジュアリー・ブランド、アウトレットモール、デパ地下の高級惣菜などの高額消費はシニア層が牽引した市場である。

政府が政策の選択肢として選んだ生活大国への道は、バブルで傷ついた既存の世代を救うことが主眼となっており、別の見方をすれば、戦後の家族を単位とした消費社会を守りながら、新たに市場に入ってきた若者には自活を促す選択でもあった。時代の変化を見据えて、次の10年は今の延長線上にないと見通せず、次の一手を打つ用意がなかった。それによって若者たちは非正規就業者が増え、晩婚化と生涯未婚率が増加し続けることになっている。社会に受け入れられない若者が年々増えていくことも、政府や国民にはバブル崩壊後に不可逆な変化が起きていることのシグナルとなった。

専門家以外にはあまり知られていないことだが、89年に一度少子化への危機が喚起されたことがある。これは66年の丙午（ひのえうま）の年に合計特殊出生率が一年だけ急落したのだが、75年以降低下し続けていた合計特殊出生率が89年に丙午の年の水準まで低下したためで「ひのえうまショック」と呼ばれている。この時であれば、夢のある少子化対策もできていたかもしれないと悔やまれる。

今から振り返れば日本の選択肢は国際貢献や生活大国以外にあったことがわかる。それは、新産業創生への投資である。しかし、日米構造協議のところで述べたように、当時は日本の産業力が強すぎるために貿易黒字が増し、それが国際問題化していたのである。日本が海外から非難を込めて求められていたのは、国内で作ったものを海外で売らないで国の中で消費する内需拡大であった。既存産業の競争力を高める投資ではなく、次の時代の競争力を作るための投資を政府が主導権をもって進めるという、細くて見つけにくい道はついに見つけられなかったのである。

5.「消費社会」から新・産業社会へのシフト

(1)覆い隠された「消費社会」の終焉

バブル崩壊が不可逆な景気の変化であることに気づいた後ですら、なぜ適切な対応ができず、失われた20年を経験してしまったのだろうか。

それはバブル崩壊という現象の下でさらに大きな社会のパラダイムシフトが起きていることに、誰も気づいていなかったからだ。恐らくは今でも気づいている人は少ないかもしれない。それは「消費社会」の終焉である。

日本の消費はバブル崩壊まで「消費社会」を順調に拡大してきたように思えるが、実は、日本の消費社会の頂点は60年代末から70年代初頭にある（図10－5）。72年に婚姻件数がピークになり、73年に出生数がピークを迎える。地方から三大都市圏への人口の流入も70年までがピークである（図10－6）。一般に、日本の経済はオイルショックで終止符を打たれたと言われるが、実体の経済は60年代末にピークを迎え、オイルショックは終わりつつあったことに終止符を打つ役割をしたのである。しかし、日本の市場では団塊の世代という男女800万人のボリューム層がオイルショック以降に結婚、出産のピークを迎えたために、落ち込みが覆い隠されてしまった。そして彼らが子育て世代になり、世帯支出が大きくなる40代に差し掛かる頃にバブル景気がやってきたのである。しかし、米国が黄金の60

図10-5　社会の活性化度のイメージ図

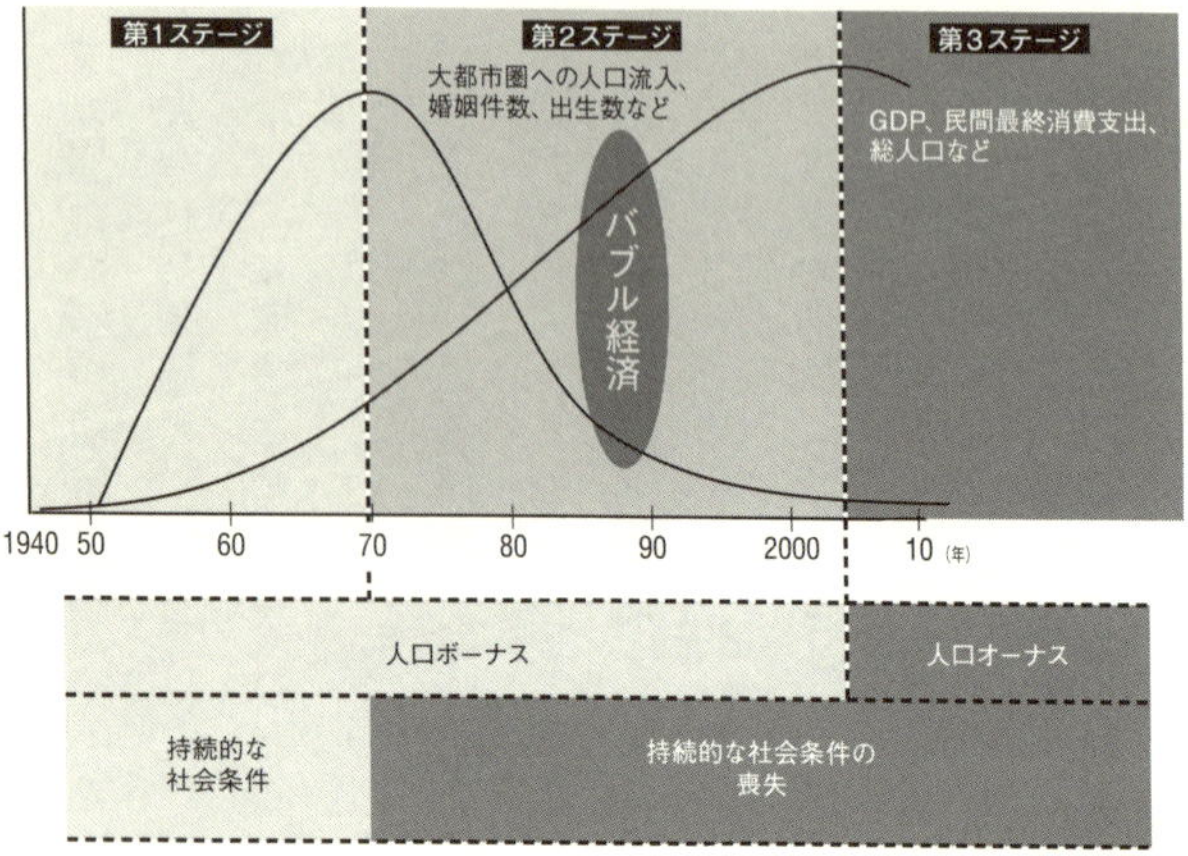

出所）筆者作成

図10-6　地方から都市への人口流入

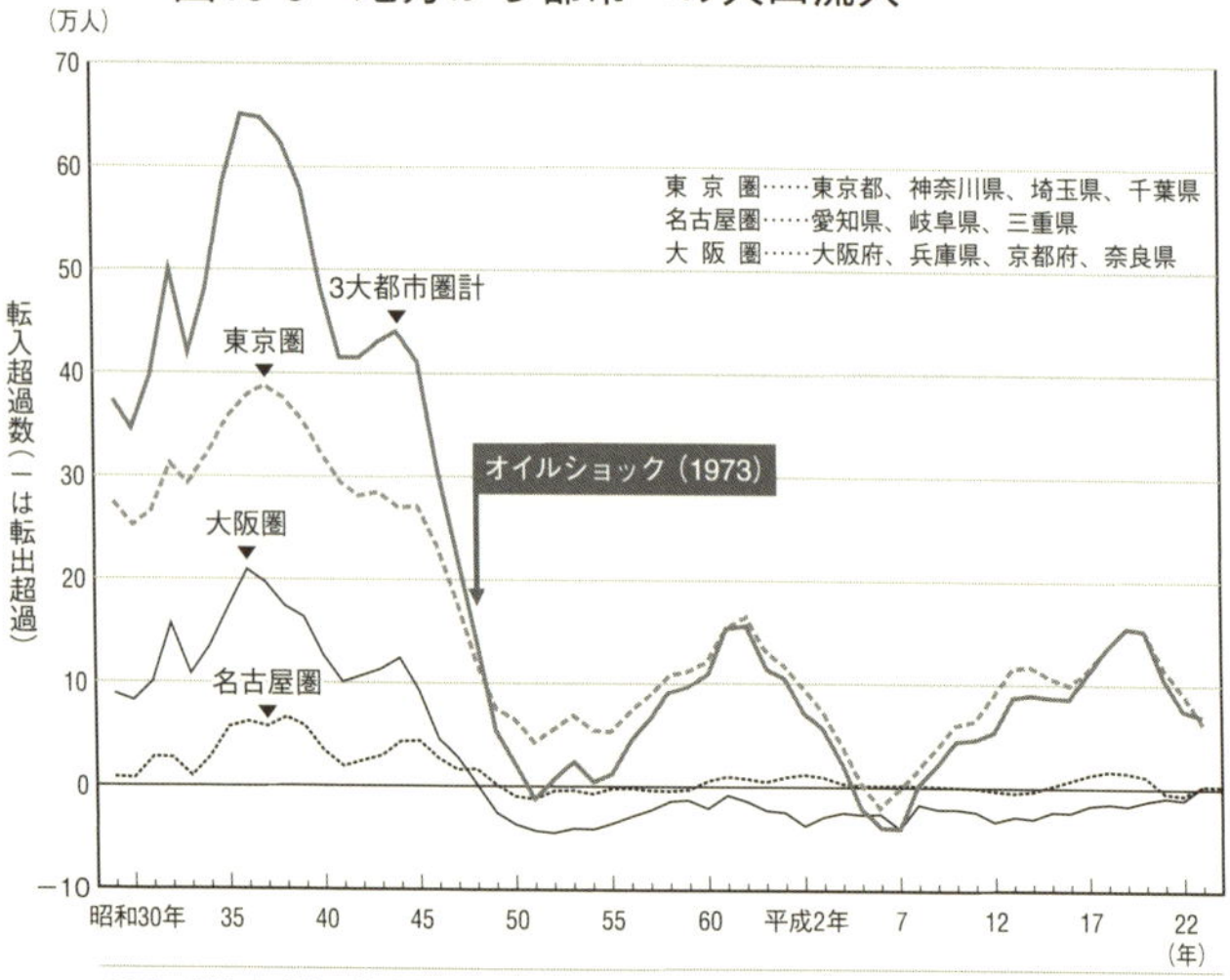

出所）総務省「住民基本台帳人口移動報告年報」

年代というように、日本も黄金期は60年代であり、本質的には、モノの所有と家族による世帯消費が支える「消費社会」は80年代にはすでに下降期に入っていたのである。

(2)「消費社会」の変質

「消費社会」の変質は、80年代の消費が方向性を見失い、大衆が「少衆」や「分衆」と呼ばれるようになったことから始まる。今から見るとそれは消費の衰退の一形態にも見えるが、当時は〝消費の多様化〟〝十人十色の消費〟としてポジティブに捉えられていたのである。

消費の多様化は「欲しいものがない」という若者の増加に表れ、それは現在に至るまで企業も「どこにニーズがあるのか消費者に訊いてもわからない」という状況に続いている。要するに、商品・サービスを売る側も買う側も、何を作ればよいか、何を買えばよいかがわからなくなっている。山崎正和は84年の著書『柔らかい個人主義の誕生』で、生産者は何が欲しいかを消費者と一緒に「合意形成」しながら「企業が消費者とともに自己発見をする」ようになると予言している。

何を消費すれば生活の満足や人生の目的にかなうのかわからないので、従来の伝統的な消費に生きがいを見出せる人は年々減少している。それは、ニーズを満たすための消費を超えた何かを求めているからである。その何かを、従来の市場は思いつくことも提供することもできなくなりつつある。このことは「消費社会」が徐々に役割を終えつつあり、消費を中心として人生の生きがいを作っていこうとする生き方に無理が生じてきたことを示している。

(3) 新・産業社会の始まり

それでは「消費社会」に代わって何が生まれてきているのだろうか。それが「新・産業社会」である。

この変化が示す現象のひとつは、消費によって自己実現をするのではなく、仕事によって自己実現をする人が社会的成功のモデルとして現れてきたことである。正確に言うと、団塊の世代を含むその上の世代の人々のように、仕事中毒になって仕事が生きがい、生き残るためには仕事に人生を賭けるしかないという時代の「労働」ではなく、内発的な動機により、自分が楽しいことを追求する「仕事」を生きがいにつなげるモデルである。マイクロソフトやアップルがガレージから起業したように、趣味的な活動が仕事になり、組織ではなく仲間やチームでビジネスを始めるタイプの仕事である。

2001年に出版されたリチャード・フロリダ教授の『クリエイティブ・クラスの台頭』

（邦訳題：『クリエイティブ資本主義』）でも、内発的な動機によって自分にしかできない仕事をしている人々を「クリエイティブ・クラス」と名付けている。クリエイティブ・クラスは、報酬の額よりも仕事のやりがいに従って仕事をする。肉体労働に従事するブルーカラーでも、サービス産業に従事するホワイトカラーでもなく、スティーブ・ジョブズ氏に代表されるように襟なしのセーターを着る「ノーカラー」である。彼らは報酬の額では動かされないが、報酬の額は自分の仕事の価値を測る尺度と考えるので、ユニークなスキルや製品ほど高い報酬が得られることは否定しない。そんな彼らのビジネスの生産性の高さが米国経済を支えているとフロリダ教授は指摘している。

日本の政府も産業界も消費者自身も、グローバリゼーションとデジタル化の中で消費よりも仕事が人生の生きがいを与え、やりがいのある仕事を持つことが人生の満足や将来不安を払拭することには思いいたらなかった。

しかし、前にも述べたように、日本の関心はグローバルな貢献と内需拡大であり、日米構造協議の主眼は、これ以上産業に投資をして独り勝ちしないようにするということなので、産業への投資は考えにくかったのである。

(4) 新・産業社会の姿

バブル崩壊から25年を経て、今の時点でこの「新・産業社会」がどのようなものであるかがようやく見えてきた。おそらく、これからの世代は従来の感覚では消費とは呼べないようなことを消費として楽しむことになるだろう。

既に84年に山崎正和氏は『柔らかい個人主義の誕生』の中で、仕事もお金を使ってモノを消費し、新たに何かを生み出すという意味では消費と等価であると指摘している。休日の予定も、一緒に行く人々とスケジュールを合わせ、待ち合わせ時間を決めて予定通りに行動し、予定時間(納期)までに戻ってきてミッションを完了するという意味で、仕事と同じ構造と責任感がある。だから、今の若者は、わざわざ計画して出かけるレジャーを億劫がり、それよりはのんびりと仕事をしていた方が気持ちが楽だと考えるのである。仕事も消費として捉えられるのがこれからの消費のカタチである。

だから、従来の「消費社会」の目で見ている人には、今の消費が見えないのである。若者が消費をしないという報道は後を絶たないが、久我尚子『若者は本当にお金がないのか?』(2014年)によると、今の20代の消費額は、トレンドを作っていたバブル期の若者よりも3万円程度多いという。若者もお金を使っているのである。しかし、その使い方が、「消費社会」を経験してきた40代以上の大人たちには消費のように見えないか、消費として認めにくいので、消費をしていないように見えてしまうのである。

SNSで発信する写真を撮るためにかき氷を注文して食べたり、話題のスポットに行って体験を載せたりする。自分がとても気に入ったお店や商品は、頼まれもしないのに他人に積極的に紹介する。このような消費を「キュレーション消費（応援消費）」という。

また、グラミン銀行のように、一般の金融機関から融資を受けるのが困難な事業主に対して、小口の資金を集めて融資をするマイクロファイナンスに参加するような投資も消費の一つのカタチである。ふるさと納税も、消費の新しいカタチである。

このように、従来のようなお金と商品・サービスを交換して効用を得るという形式ではなく、持ちだしであろうとリスクマネーであろうと寄付であろうと、自分が何らかの満足感を得る行為すべてが消費の範疇に入るようになる。

キャシー・デヴィドソンはマインド・シフトに寄せた11年の論文で、今年（11年）小学校に入学した人の65パーセントは、現在存在していない仕事につくだろう、と予言している。それは、〝消費のような仕事〟がこれから増えていくことを示唆しているのかもしれない。

7．今後への教訓

もし、日本の「消費社会」の歴史を、60年代にピークを迎え、その後は団塊の世代による人口ボーナスによって拡大しているように見えているだけで80年代には既に衰退に向かい、バブルの崩壊と共に本格的に終焉に向かうことが見通せていれば、バブルが崩壊したと気づいた後の対応は新産業の創造に向かえたであろう。しかし、政府も消費者もバブルが「消費社会」の絶頂であったと見ていたために、それをクールダウンして生活大国への選択肢を採ってしまったのである。

新・産業社会への変化は確かに見づらかった。同時代に社会で何が起きているのかを理解するための方策としては次のことを実践すべきだろう。

(1)マインド・セットを常に疑う（過去軸の洗練）

バブル崩壊時に起きた変化は、50年代から30年以上続いてきたメガ・トレンドのターニングポイントだった。が、当時はトレンドのちょっとした挫折か中断だと考えられていた。社会の前提になっている常識は、私たちの生活に安心を与えてくれるものであり、それが欠落した状況を想像することもできないし想像したくないという気持ちに支配されがちになる。が、常に何が起こるかわからないという前提を疑う柔軟性と現実を直視する勇気を持たなければならない。

日本でも、民主党政権が国民の圧倒的な支持で誕生したときには、自民党が政権に復帰することはしばらくないのではと思われた。が、わずか3年あまりで交代した。人口の減少する日本の株価はもう上がることはないと思われていたが、12年末からの株高はバブル経済期並みの上昇率をみせた。２０００年代の半ばの予測では12年代の後半（約10年後）には中国のＧＤＰが日本のＧＤＰを追い越すことがあるかもしれないと言われていた。が、実際にはそれから5年後には日本は世界第三位のＧＤＰに転落した。

前提が崩れた時のシナリオを常に点検しておくべきである。そのために、自国に有利なシナリオだけに固執せず、海外のフューチャリストと常に共同研究をして、時代の変化と未来の姿を予測しておく必要があるだろう。

(2)消費のグローバルな同調性（グローバル軸の洗練）

もう一つ、日本が対応を誤った要因は、日本の特殊性に捉われすぎていたことである。先進国が相対的に低迷する中で日本だけにバブル景気が起きた認識として、当時は日本の産業の優位性や団塊の世代という顕著な消費集団の存在など、日本の市場の特異性が意識されすぎていた。バブル期には世界の中で日本が独り勝ちをしていると意識しており、それは日本の市場が特別な存在だからだと考えられた。

79年に話題となったハーバード大学のエズラ・ヴォーゲル教授の『ジャパン・アズ・ナンバーワン』をはじめ、ハーバード大学のマイケル・ポーター教授も『国の競争優位』の中で、日本の自動車産業が優れているのは、品質にうるさい消費者がいるからだ、と結論付けた。たとえば、日本のクルマの塗装が頑丈なのは、少しの傷にも厳しい日本の消費者がいるからで、そのような消費力が日本の産業競争力をはぐくんだという論説に日本人は自信を高めた。

しかし、戦後の「消費社会」を振り返ってみると、世界の市場は想像以上に同調している。日本の団塊の世代の消費の嗜好は、米国のヒッピー文化を牽引した「ベビーブーマー」(46〜64年生まれ)とあまり変わらない。日本と同じころに、欧米で学生運動は起きていたし、同じようにビートルズに熱狂していた。70年代に米国でThe Whole Earth Catalogが若者のバイブルになった時には、日本にも西海岸文化として雑誌POPEYEやHot-Dog PRESSで紹介され、日本でもカタログ文化が流行した。The Whole Earth Catalogは市場や政府に依存せず、自給自足やＤＩＹの精神で自らの生活を営む志向を持っていたが、それを受けて日本でも76年に東急ハンズ（藤沢店）が開業している。

日本の新人類世代（60年代前半生まれ）に対応するのは米国の「X世代（65～80年生まれ）である。ニューアカデミズムも日米欧での同時流行であり、世代として同じ思想基盤を共有し、80年代後半からインターネットを基盤とした情報化社会の旗手が日本でも登場している。

90年代になると生まれた時からインターネットが存在している〝デジタル・ネイティブ世代〟となり、何でも手に入る時代になったため、欲求を持つ前に欲求が満たされ、その消費志向はモノの所有に対して淡白で、どちらかというとシェアの文化に入っていて、気まぐれで必ずしもモノの消費を中心に置いていない世代である。そんな彼らが00年代の半ばから日米で消費市場に台頭してくる。

日本がデフレ傾向を強めた一因は、彼らがワンランク上の生活を求める「最適化」志向に乏しく、身の丈であるもので間に合わせるという「満足化」志向が強かったからである。消費は、かつての団塊の世代以上の人々が行なっていたような、人生のライフコースを想定した計画的な消費ではなく、少額の衝動買いを中心にして、仲間とつながるための通信費があれば十分満足度の高い生活がおくれるのである。将来を見通して大きめの服や住宅を買うこともなく、現状でぴったりのものを購入し、合わなくなればまたその時の自分に合ったものを検討するという買い方である。米国でも80年から00年ごろに生まれた世代は「ミレニアル世代」と呼ばれ、彼らは「健康・身の丈・テレビなし」（日本経済新聞２０１５年7月28日）が特徴で、テレビの契約をせず、ヘルシーな食材にこだわり、マークが大きくデザインされたブランドは敬遠するのである。

戦後の「消費社会」の推移は、日本独自の変化というよりは世界の消費者もシンクロしながら進んできた道だといえる。海外で起きていることは必ず自国でも起こるという意識で海外市場をウォッチすべきなのである。

リスクは必ず現実化する。それを先延ばししていると、リスクのインパクトは蓄積される。リスクがどのように現実化するかは、変化をグローバルに見なければわからない。金融や産業だけでなく、消費や生活や意識も世界とシンクロしている。国内だけの特殊要因にあまりに目を奪われてはならない。同時代に、経験している変化を正確に見通すことは困難だが、過去軸とグローバル軸を慎重にウォッチすることで、より適切な対応が可能になるのである。

〈参考文献〉
山崎正和『柔らかい個人主義の誕生』中央公論社１９８４年
山田昌弘『パラサイト・シングルの誕生～』ちくま新書　１９９９年

検証10. 消費者行動

The Rise of the Creative Class 邦訳：リチャード・フロリダ『クリエイティブ資本主義』
内閣府「国民生活に関する世論調査」
閣議決定資料「生活大国５か年計画―地球社会との共存をめざして―」１９９２年６月３０日
IMD　World Competitiveness Yearbook　https://worldcompetitiveness.imd.org/
ジグムンド・バウマン『幸福論――〝生きづらい〟時代の社会学』山田昌弘（解説），高橋良輔（翻訳），海内文乃（翻訳）作品社　２００９年
マイケル・E・ポーター『国の競争優位　下』土岐坤他（翻訳）（ダイヤモンド社　１９９２年
Cathy Davidson Now You See It: How the Brain Science of Attention Will Transform the Way We Live, Work, and Learn　Mind/Shift
2011.11.7
GLOBAL EYE「『ミレニアル世代』米経済の主役」日本経済新聞２０１５年７月２８日
日経ＭＪ「ミニマムライフ　巣ごもる２０代」２００８年８月２２日

検証11　バブル崩壊後の政治

政治はバブルの発生とその崩壊にどう対処したのか

曽根泰教
政治学者、慶應義塾大学大学院教授

1. 問題の所在：「失敗の本質」と「ベスト・アンド・ブライテスト」

バブルの発生とその進行を正確に読み取ることは難しいことといわれている。通常は事後に「バブルだった」と認識されることが多い。[1] バブルの崩壊の認識の方は、バブル発生とは異なり、割と認識は共有されやすいが、バブル崩壊の対処となると、[2] 難問が待ち構えている。これらの判断と対処は、通常は個々の企業や金融機関でなされることであるが、時には政府が関与せざるを得ない。また、それは、一般的な財政・金融のマクロの政策判断に加え、ミクロの個別案件を判定しなければならない問題でもあり、時には、企業や金融機関に「退場」の命令を下さなければならないことが起きる。政治はこれらの問題にどう対処してきたのだろうか。すなわち、バブルの発生から、バブルの崩壊とそれの処理について、いかなる対応をしてきたのかが、バブル崩壊から25年経った今改めてここで問うべきことである。

すなわち、この間の日本は、「失われた10年」「失われた20年」といわれ続けてきた。失われたのが「時間」や「資産」だけではなく、「人材」も「信頼」も失った可能性がある。

もう一つの問が、この間の日本経済と政治は、旧日本軍の組織論的な欠陥を示した『失敗の本質』(3)にも比すべきことであるともいえる。決定責任を取らない欠陥と同時に、重要な決定の先送りも共通する。この戦前の「失敗の本質」の組織論と同様に、バブル崩壊期に関与した金融機関、大蔵省、政府の要人たちは、「失敗の本質」に参画した者やベトナム戦争に関与した者と同様に「ベスト・アンド・ブライテスト」(4)であった。少なくとも、出身大学や経歴を見る限りエリート呼ばれる人であるが、そのエリート達が対処できなかった問題とは何だったのだろうか。すなわち、意思決定論からみれば、なにゆえ、「先送り」という選択(自覚的に選択をしていたわけではないが)をしたのだろうか。また、認識論的にいえば、バブル崩壊の深刻さはなにゆえ認識されなかったのだろうか。

これらのことは、個々の企業でも金融機関でも共通することであるが、さらに、政治レベルのこととして、議論をすることにする。これは、政治家個人の資質だけの問題ではなく、政策決定過程を含む政治の問題として捉える必要があるからである。

さらに、失われた10年、20年の間は、手をこまねいて傍観していたのだろうか。実際はいくつもの改革が矢継ぎ早になされたのが1990年代である。「改革の10年」といってもいいくらいである。しかし、その改革とバブルの後始末の関係はどうだったのかの検証は必要であるだろう。すなわち、金融のガバナンスを確保するシステム的な改革に結びついたのかどうかが問われる。

時期的にいえば、1990年は、前年にベルリンの壁崩壊があり、世界は冷戦の終焉を経験する。しかし、同時に、日本経済の右肩上がり（成長）の終焉でもあった。[5] つまり、成長時代のビジネスモデルが通用しなくなる時期でもあり、バブル崩壊の処理を従来型の政策決定の方法で解決しようとしても限界があったのである。[6]

2003年4月28日に株価は7670・8円の最安値を記録した後、小泉純一郎内閣は、2003年5月17日、りそな銀行に2兆円規模の公的資金の投入を決定した。バブル崩壊への対処はこの時に一段落したという認識を私は持った。すなわち、時期区分をすれば、1990年から2003年まで長い時間がかかってしまったのがバブルの後始末であった。だが、2008年には、日本のバブル崩壊と同様のことが、世界規模で起きたのがリーマン・ショックであった。日本のバブル期に比べ、証券化の手法や金融工学の発達はめざましいものがあったが、世界の金融秩序をどう維持するのかは、依然として、ブレトンウッズ体制（ＩＭＦ体制）を引きずったままであり、[7]「ブレトンウッズⅡ」はまだ作られていない。アメリカのホワイトとイギリスのケインズが主導して作り上げた「ブレトンウッズ体制」は１９７１年にドルと金の交換を停止し、その役割は終わるが、それこそ「戦後レジーム」そのものである。国際的な公共財としての金融秩序の維持と、危機が生じたときの世界へ広がる「パンデミック化」を防ぐシステムの構築は、依然として残された課題である。

本論では、日本の政治がどのようにバブル[8]とバブルの崩壊に対処してきたのかという記述と、ほぼ同時代に、この問題に関与してきた私自身の個人的体験をも加えることで、問うべき問題は25年間でどのように変化してきたのかも合わせて論ずることにする。

2．政治家はバブル発生とバブル崩壊を知らなかったのか

一般論として、日本の政治家は財政（予算編成）や個別の産業政策に比べて、金融政策は詳しくないといえる。馴染みがないという一般的背景に加え、技術的に複雑な問題を含

むがゆえに、専門家に任せてしまう傾向はあるだろう。しかし、政治家は言い逃れなのか、事実なのか、次のようなことを述べる。特に、住専との絡みでは、大蔵省に対する恨み節が多い。

加藤紘一氏はバブル崩壊後初期の段階で、「あれを読んで、はじめて金融問題というものを意識した。」と述べている。[9]

官房長官だった梶山静六氏は、「大蔵省は、住専（住宅金融専門会社）さえ処理すれば、後は心配ありませんと説明してきた。しかし住専以外の真っ黒いもの、あらゆるものが先送りされてきた。」という。[10]

橋本龍太郎氏は、2001年4月の自民党総裁選に出馬した。小泉純一郎氏も出馬を表明したが、本命は橋本氏だった。そして、記者会見で不良債権の責任を問われた橋本氏は、「不良債権の実態を知らなかったことが、私の判断を誤らせた」と答えた。言外に、大蔵省が教えてくれなかったことを非難する言葉が隠れている。[11]

しかし、政治は、その時々で、原子力もエネルギー問題も遺伝子治療問題などの専門的な分野も扱わざるを得ない。つまり、刻々変化する事態をどれだけ把握できるかは、個人的な資質の問題でもあると言える。

ここに一つの事例がある。後藤田正晴官房長が述べた次の一節は、官房長官などの政府中枢にいる政治家は、どのような情報に接しているのかをうかがうことができる。ただし、上がってきた情報に疑問をもって問いただすところに後藤田の特徴がある。

『プラザ合意のとき、各国は、250円だった円ドル相場を220円ぐらいまでもっていくことを想定しておったようですよ。ところが、220円どころじゃないんですよ。1年経ったら180円くらいになったんじゃないですか。最後は150円くらいになった。そうすると、輸出も止まりますわな。そこで日本の国内は円高から来る不況に追い込まれた。そこで、景気対策に転じざるを得ない。それが今日になって、バブル経済を作ったのは中曽根内閣だと言われる。

なるほど言われてみれば、中曽根内閣の末期からそういう経済対策を講じ出したことは間違いないいんですが、問題は中曽根内閣がやったあと、引き締めに転じなければならない時期を間違って、金融緩和を行なってしまったということではないですか。

僕は中曽根内閣の最後の2年間（注1986〜87年）官房長官をやって、最後の1年くらい経ったときですかな、毎月の月例経済報告を聞いていたんです。ところが、M2（貨幣の流通残高）の伸びが2桁以上という状態が1年以上続いているんですよ。おそらく2年間くらい続いたと思いますよ。それで僕が、月例経済報告のときに1回だけ質問したことがあるんです。
「俺は素人でわからんけれど、こんなに金が出回っておって、しかも物価は上がっておらんよ、経済成長だってはるかに低いよ、だいたい4%前後でしょう、物価は2%以下ですよ、それでお金の分量は十数%増えているけれど、いったいどういうわけだ、この金はどこへ行っているんだ、これはおかしい。これは不動産融資だ、それから海外での不動産とかゴルフ場買いだ、国内は不動産投機だ、だから、金融の引き締めをやったらどうだ、どういうことですか、説明してくれ」と。
その当時の日銀総裁が大蔵省出身の澄田智君だ。澄田さんの返答はよく判らなかったね。それで大蔵省の銀行局長を呼んで聞いてみたんです。平沢貞昭君と言って、のちに次官もやって、横浜銀行の頭取になった人ですよ。銀行局長は、その通りなんです、と言うんだ。そんなものは処置しろと言った。そこで彼は通達を出したんです。通達は2回か3回くらい出しているんじゃないですか。私が注意するたびに出したんです。ところが、腰が引けとったんだな。大蔵省の態度が本格的でなかった。(12)』
これは、日銀が何をウォッチしなければいけないかという問題を示唆している。後藤田氏は、それに続けて、「澄田さん（当時の日銀総裁）の返答はよく判らなかった」ので、平沢貞昭氏（当時の大蔵省銀行局長）さんを呼んで聞いたところ、「その通りなんです」と言ったとしている。

ここには、一般的な月例経済報告のようなものに対する政治家が持つべき勘とある種の分析力を示している。

また、後藤田氏は、直感的にフローとストックの統計資料の齟齬に気がついている。すなわち、消費者物価の安定と資産インフレ（バブル）の発生の違いについてである。

ここから読み取ることができることは、内閣官房長官には、かなり正確な情報は上がっていると考えることはできる。ただし、不良債権についての個別の金融機関の情報は、通常の場合は、金融担当大臣が扱う範囲である。

宮澤喜一首相の公的資金注入論

一般の政治家は金融問題に疎いということを述べたが、この分野に土地勘がある宮澤喜一が「公的資金の投入の可能性」について１９９２年の段階で述べていることはよく知られている。この問題は、認識の問題ではなく、実際の政治の過程で、なぜ、それが実現されなかったのか実際を考察するための格好の材料である。

「８月の末に、軽井沢で自民党のセミナーがありました。そこで私は挨拶をしたんですが、その時に『いまの銀行の不良融資……当時はこう言っておりました……の状況の中で、場合によっては、何か政府が公的な関与をする必要があるのではないか』という演説をした覚えがございます。[13]」

この宮澤発言については、「さすが宮澤さんだ」と評価する声がある一方で、「なぜ、実際に公的資金注入までいかなかった」と疑問視する声もある。そして、宮澤『回顧録』から少し長いが引用すると次のような文章である。

『宮澤　話が飛びまして、今度は総理大臣になったときですが、今度はバブルがだんだん崩壊していくのに対応しなければならないわけです。1992（平成4）年の夏にダウが崩落しました。1992年8月、1万4309円ですが、もうこの時はバブル崩壊に対応するために、日銀がまた公定歩合を下げていっていますし、公共事業の前倒しを国もやったりしているわけです。それでも1万4309円に株が下がった。私は1万4000円を割るということになったら、軽井沢から東京に帰ろう、そして取引所を1日閉めるしかしょうがない、と思っていました。三重野康さんが日銀総裁でしたが、三重野さんには電話で話をしていまして、「『もし1万』4000円を割ったら、僕は東京へ帰るからね。総理大臣が帰ったら放っておくわけにもいかないから、みんななんとかしてくれるだろうと思うけれど」と言ったら、三重野さんが「わかりました。その時は何でもしますから」ということだったんです。

そうしているうちに私は大蔵省の秘書官に話をしたりして、大蔵省のほうで8月18日に、「金融行政の当面の運営方針」を発表してくれたものですから、これで相場が落ち着いたということがございました。

そしてその8月の末に、軽井沢で自民党のセミナーがありました。そこで私は挨拶をしたんですが、その時に「いまの銀行の不良融資……当時はこう言っておりました……の状況の中で、場合によっては、何か政府が公的な関与をする必要があるのではないか」という演説をした覚えがございます。これは役所が原稿を書いたわけでもなく、私が自分で思って言ったことだったのですが、大きく報道はされたものの、ほとんど支持を得ることはできませんでした。このことは、後年国会でこの話が出ると、よく引き合いに出される話なんですが、「おまえはなんでそれだけ気がついていたのに、ちゃんとそれを実行できなかったんだ」と何度も言われました。

しかし当時、第一、銀行を政府が助けるなんていうことは、産業界にとっては最も不愉快なことですし、金融界自身も、銀行によっては「うちはそんなに悪くない。悪いところもあるけれど、それはそういうところの話であって、政府が銀行に金を出して干渉するなんていうことはとんでもないことだ」という意見が強かった。経団連も、あの時は平岩［外四］さんでしたか、「経団連としてはむろん賛成でない」と言う。役人は、「もう少しすれば不動産の価格が回復するだろうから、いまはそんなことをする必要はない」というようなことであったり、あるいは、してきた仕事の連続の経緯があったりして、とてもそういう話に乗ってこないということで、結局、言っただけのことになってしまったんです。それは1992年の夏のことでございます。あの時に何かやりようがあったかということを、これもあとになって聞かれるんですが、しかし考えてみると、それだけの状況が整っていないんです。私が気がついて問題を指摘はしているものの、そうだ、そうだと言って、みんなでやろうというようなことにはならないというのが実情でございました。』

この宮澤発言は、首相が正しい認識をもてば、政策が実行できるという説を否定するものである。関係者の利害調整や合意がなければ、政治は動かないということを述べているし、その背後には、調整の上にのって政策を進める官僚機構があることを示している。

実は、公的資金注入については、経団連だけではなく、日経連も商工会議所も経済同友会も反対したし、産業界も金融界も反発した[14]。

当時、私自身も某銀行の頭取にヒヤリングしたこともあったが、公的資金の投入には賛同できないという立場であった。公的資金の注入に対する反対理由には、大蔵省（現・財務省）や日銀からの介入が強化されることを危惧し、さらに、大蔵省や日銀からの天下りを要求されることも恐れていたのである。

また、公的資金が注入されれば、実際の不良債権の実例、つまり「この銀行の○○支店がこのような愚かな融資をした」ことが白日の下にさらされてしまう恐れも抱いていた。それゆえ、不良債権問題はできるだけ内々で処理したいと思ったのである。

宮澤喜一首相が公的資金を述べただけで実行に移すことができなかったもっと大きな理由には、大蔵省が公的資金の注入は行わないことを早々と決めていたことをあげることもできる。(15)

3. 金融危機をめぐる政治の争点

金融破綻の始まりを、1992年10月、母体行がまるまる引き継ぐ前例を踏襲しなかった東洋信金と見る者も、1995年8月破綻した兵庫銀行と見る者もいるだろう。あるいは、1995年8月取り付け騒ぎが起きた木津信のテレビ映像で気がついた者もいるかもしれない。

しかし、不良債権の初期の問題はまだ国民的な関心を呼ぶところまではいっていない。1996年の通常国会は、不良債権処理のために6850億円の公的資金の投入を審議したため「住専国会」と呼ばれた。野党新進党はピケ戦術をとった。一方、1996年4月には、橋本龍太郎首相は米政府と1カ月半の交渉を経て米軍普天間基地の全面返還で合意している。この年の10月には総選挙があるのだが、野党が想定した住専でも、自民党が考えた普天間でもなく、行革が争点になるという歴史の皮肉もあった。

住専は前哨戦にしかすぎず[16]、本格的な危機がやってくるのが1997年から98年にかけての、日本の金融危機と呼ばれる時期である。同時期には、アジア金融危機も起き、原因も性格もまったく違うものの、海外からは一括りにされることもあった。

不良債権額は120兆円以上

不良債権額はどのくらいあるのか確定することは、簡単なようではあるが、そうではない。厳しい査定をすれば、不良債権額は増える。株価や地価は日ごとに変動する。また、不良債権を分類する方法にも何種類もあった。債務者区分の方法では、破綻先・実質破綻先、破綻懸念先、要注意先、(要管理先)、正常先となる。

分類債権としては、非分類、Ⅱ分類、Ⅲ分類、Ⅳ分類があった。さらには、国際統一基準を持ち出すときもある。

不良債権額の規模は、不良債権の処理の方法にも関係してくる。例えば、金融機関の業務純益が5兆円である時に、不良債権額が20兆円だとすると、単純計算すれば4年で償却ができるということになる。ところが、それが100兆円だとすると、通常の方法は取ることができないということになる。

当時の不良債権はどのくらいの金額だと見積もられていたのだろうか[17]。橋本内閣の官房長官だった梶山静六氏は、1997年に『週刊文春』に、次のように指摘している。

『目下、日本の銀行が抱える公表不良債権は、主要20行で16兆円(今年3月期)といわれています。しかし現実には、この何倍もの不良債権を抱えているのは明らかです。……経済企画庁の国民経済計算によると、バブル最盛期の90年には、日本全体の地価の総額は2365兆円。それがわずか5年後の95年には、1767兆円にまで下がってしまいました。……当時は、銀行をはじめ金融機関が土地を担保に不動産業者に対して目一杯貸し込んでいたわけですから、少なく見積もって2割が不良化しているとしても、実際の不良債権額は実に120兆円以上に達していると想定されます。

善し悪しはともかく「土地本位制」の日本では、経済企画庁の国民経済計算によると、バブル最盛期の90年には、日本全体の地価の総額は２３６５兆円。それがわずか5年後の95年には、１７６７兆円にまで下がってしまいました。実に６００兆円もの資産が宙に消えてしまったのです。

当時は、銀行をはじめ金融機関が土地を担保に不動産業者に対して目一杯貸し込んでいたわけですから、少なく見積もって2割が不良化しているとしても、実際の不良債権額は実に１２０兆円以上に達していると想定されます。

しかも、地価の下落はいまもって激しいですから、バブル崩壊後の貸し出し（きちんと担保掛け目を守っている貸し出し）に関しても、不良債権が発生している[18]』

日本の不良債権総額は１００兆円以上であることは、それ以前から外資系金融機関のデイヴィッド・アトキンソンなどが指摘していたが、これは政治家が公式に認めたはじめてのケースだった。

ソフトランディング対ハードランディング

不良債権額をめぐる議論が片方にあるとすると、もう一方では、「ソフトランディング路線」と「ハードランディング路線」の対立があったことはよく知られている。

その論争の第1ラウンドは、宮澤喜一対梶山静六だった。

朝日新聞編集委員・早野透氏は、「できれば穏便に金融再生を進めようというソフトランディング（軟着陸）に対し、銀行がたとえいくつかつぶれても、という気迫のハードランディング（強行着陸）は梶山静六氏、さらには自由党の小沢一郎氏らに特徴的だ」として、小渕・宮澤会談の次のようなやり取りを紹介している。(19)

『小渕「不良債権処理の法律を早く成立させたい。ハードランディングがいいとは思っていない」

宮澤「その通りだ。ハードランディングは素人のいうことです……この状況をどうカタストロフ（破滅）にならないように収拾するかが大切だ」

できれば穏便に金融再生を進めようというソフトランディング（軟着陸）に対し、銀行がたとえいくつかつぶれても、という気迫のハードランディング（強行着陸）は梶山静六氏、さらには自由党の小沢一郎氏らに特徴的だ。では「素人」と言い捨てた宮沢氏の言葉には、一体どういう政治的意味があるのか。

今回、小渕派を出て小渕氏と総裁を争った梶山氏の勢力を野中氏は厳しく排除しようとしている。梶山氏を推した与謝野馨、野田聖子両氏の閣僚起用は、むしろ梶山勢力の弱体化を図ったものとも受け取れる。野中氏と小沢氏とは長年の対立関係にある。官房長官就任は小渕氏から「小沢氏とは組まない」との言質をとってのことだろう。』

梶山氏がなぜハードランディングを主張したのか。小渕氏と宮澤氏がなぜハードランディングを避けようとしたのか、そして、なぜソフトランディングできると考えたのか。着陸の時に、ハードランディングとソフトランディングのどちらがいいかと聞かれれば、もちろん多くの人は「ソフトランディング」と答えるだろう。しかし、故障で機体から車輪が出なくなった時には、滑走路に胴体着陸もあるし、その余裕すらない緊急の時には、海上に着水することまで考えなければならない。政局との絡みがあって解釈は難しいが、なぜ「ハードランディングか、ソフトランディングか」の二者択一の選択肢だったのかは改めて検証する必要がある。

第2ラウンドは、2002年9月30日の内閣改造にともない、金融担当大臣が柳澤伯夫氏から竹中平蔵氏に代わるときである。小泉首相が竹中平蔵を起用したということは、不良債権を一気に処理しようとする決意があった上のことであるともいえる。

竹中平蔵氏は、いわゆる「竹中三原則」①資産査定の厳格化、②自己資本の確保、③銀行経営のガバナンス強化で銀行に迫った。

資産査定の厳格化を実務的にいえば、要管理先の大口債務者（与信額100億円以上）については、DCF（Discounted Cash Flow）方式を基礎とした個別引当を原則とする方針を打ち出した。DCF方式とは、貸出債権から生ずる元利払いなど将来生み出される現金収支（キャッシュフロー）から、債権の回収不能のリスクや金利などを考慮した「割引率」を用いて、その債権の現在価値を求める手法である。ハードランディングというよりも、ハードな方針を金融機関に迫ったといった方がいいかもしれない。

政策と政局

政策に政局がからむことはよくあることである。政策の主張は政局そのものである場合があり、その境目は区別がつきにくいことの方が多い。橋本政権が1998年の参議院選挙の敗北で小渕恵三内閣に代わる。参議院選挙の敗北とは、いわば「ねじれ」を招来したわけである。そのことは、野党に法案の丸投げをすることも一つの政治的出口としてあった。この金融国会でいわゆる「政策新人類」（自民党の石原伸晃・塩崎恭久・渡辺喜美、民主党の枝野幸男・池田元久・古川元久（当時））などが活躍した。金融機関の不良債権処理や破綻処理について、与野党で協議をして「金融再生法」を成立させた。

しかし、この与野党の組み合わせは、次の法案では、異なる組み合わせになる。すなわち、金融機関の破綻を未然に防ぐために公的資金を注入する「金融早期健全化法」が自由党の協力でできる。これが、それから続く、いわゆる「自自公」の連立にいたる転換点である。

一方、政策の内容に関してみれば、金融トータルプラン、金融3法、金融再生法、早期健全法、金融再生プログラムなどと、一見するとその内容は区別がつきにくい法律や政策プランが作成されてきた。それぞれに、政策決定過程があり、政局があったのだが、ここでは個々の過程には触れない。

「失われた10年」と「改革の10年」

また、政治固有の問題として、その時々の政策争点によって、関心が移り変わることがある。例えば、住専問題に焦点が当たると、こぞって住専が争点の中心になるというような例である。この議論の延長として、バブル崩壊の処理が遅れた理由に、1990年初頭は政治改革に「うつつを抜かしていたからだ」という説がある。これは、主として政治改革の批判派から出てくる議論であるが、政治改革ゆえの問題というよりも、一般的に金融問題への理解不足から説明した方が分かりやすいだろう。すなわち、加藤紘一氏、梶山静六氏、橋本龍太郎氏などは政治改革派ではなかったが、だからといって、金融問題への理解が人一倍高かったとはいえない。逆に、政治改革推進派[20]の小沢一郎、羽田孜、細川護熙の金融問題への理解も高いとはいえない。私自身は、1990年から、不良債権処理が重要な政策課題であると主張してきたが、日本の政治がこぞってそれを最重要争点と認識していたとは思えなかった。

例えば、橋本龍太郎が総理の時在任期間（1996年1月11日〜1998年7月30日）の時は、日本が金融危機に直面した時期であるが、橋本が掲げた改革は、きわめて手広いものであった。橋本6大改革とは、⑴行政改革、⑵財政構造改革、⑶社会保障構造改革、⑷経済構造改革、⑸金融システム改革、⑹教育改革であった。その中には金融システム改革が入っていたが、それは、バブル処理の方法についてではなく、「フリー・フェア・グローバル」で「金融ビッグバン」をおこすという金融構造改革はあったが、不良債権処理を扱うものではなかった。私はそのことに大きな不満を持っていたので、日本に対して辛口の批評をするカレル・ヴァン・ウォルフレンと対談をした時に、「橋本6大改革に不良債権処理が入っていないのは問題だ」と発言したところ、ウォルフレンは不良債権問題をほとんど気にかけてはいないようだった[21]。あれだけ日本のことを辛辣に言う人が、どうしてそれほど楽観的なのか不思議に思ったことを記憶している。

橋本行革の報告書をまとめる最終段階では、1997年11月の三洋証券[22]、11月27日の北海道拓殖銀行の破綻に直面し、1997年（平成9年）12月3日に最終報告書が提出されるが、11月24日には山一證券が自主廃業を発表し、人々の関心は行革どころではなくなっていた。

4．政策の評価

政治的手法としての不良債権処理の先送り

「先送り」手法は、政治的に考えれば、ある意味で合理的かもしれない。政治家は責任を取りたくないと考えるからである。官僚的には「その体力の範囲内で、計画的、段階的に処理[23]」というのが従来の枠組みからの答えでもある。

段階的な処理ができるということは、含み益があるということでもあり、その多さが日本の処理を遅らせる理由でもある。アジア金融危機では、外資が一斉に逃避することが起きて、一気に外貨不足になり、緊急対策をせざるを得なかったことと対称的である。

また、不良債権処理といっても、長銀や日債銀のような規模になると、そのスキームがなかったからである。官僚がよく用いる海外を含めて前例を参照する手法としては、S&Lの例がしばしばあげられていたが、それは、日本と規模が違って参考にはなりにくかった。1984年に連邦預金保険公社による不良債権の買取りや、追加出資などで救済されたコンチネンタル・イリノイ、あるいは、1991年に破綻したニューイングランド銀行が取り上げられることは多くはなかった。

しかし、先送りが定着するということは、日本全体にとってきわめて不幸なことだった。当時、私も、多額の不良債権を抱える金融機関に対して「政府の責任で、早い段階で、短期に大量の公的資金を投入して償却を一気に行ない、モラルハザードが起きないように経営責任を問うこと」[24]だと一貫して主張してきた。ということは、実際に行なわれたことは「貸倒引当金の不足、決定の先送り、責任回避、不十分な公的資金注入、短期ではなく長期の処理」であった。なぜ、不良債権の一般的処理法ができなかったのかは問うべきことである。

一つには、すでに見たように不良債権額の規模が大きかった。さらに、破綻行の不良債権処理をするためには、国有化するか、あるいは破綻宣言をするかしかないが、それは金融機関に対して死を宣告するようなものであり、政治家はなかなかその決断ができない。

もう一つの理由は、インフレ期とデフレ期の違いがあることである。仮に不良債権があっても、インフレ期であれば地価や不動産価格は上昇していくので不良債権は自然に解消する。例えば、1970年代後半の安宅産業の破綻や1980年代中盤に起きた平和相互銀行の破綻の際には、いずれも住友銀行が関与したが、不良債権問題は予想した年限よりも早く解決している。それはインフレ期であり、バブル期だったからである。

要するに、インフレ期には、市場が回復することによって不良債権問題は予想外に早く解決する。地価や価格が高騰して不良債権と言われていた不動産や資産などが不良債権ではなくなるからである。しかし、バブルが崩壊した90年代以降はデフレ期に入り、地価や不動産価格は下落の一途をたどった。「いずれは景気回復するだろう」という予測ははずれ、早期に解決すべき不良債権は、長期に引きずることで傷が深くなったのである。さらに、その処理のスキームがなかったのである。金融機関は期末に株の含み益を売却して決算してきたが、最終的にはその含み益でさえ枯渇した。それが2002年の竹中改革の時期と一致するのである。

その後の標準的処理策

小泉政権下の2002年に、竹中平蔵・金融担当大臣の「金融再生プログラム」によって、不良債権の標準的な処理策が実施された。金融危機に際しては、①取付などの金融パニックが起きないように十分な流動性を供給し、②預金者保護を行ない、③不良債権を買い取り、④金融機関には資本注入を行なうというスキームに基づくものである。リーマン・ショック以降、海外でも不良債権を抱えた金融機関に対して同じような処理策がとられている。

この標準的処理策のうち、流動性の供給や預金者保護については多くの人の賛同を得ることができるが、問題は不良債権の買い取りと資本注入である。不良債権を買い取り、それを売り払って債権を回収することはかなり難しい。また、どの程度の額の資本を、どのようにしてモラルハザードがない形で注入するのか、資本注入はもっと難しい問題だった。もっとも、不良債権処理のために支出した資金は、不良債権の売却時や株式によって事後的に回収されるので、実質的な赤字部分はそれほど大きくはない。したがって、長期で見れば、国民経済全体としては、公的資金を注入しても国民負担はそれほど大きくはないのが実情である。

しかしそれにしても、不良債権処理は大掛かりなオペレーション（外科手術）であり、それを迅速かつ誰の不満もなしに行なうのは不可能といってよい。患者（金融機関）は「痛い」と騒ぎ、利害関係者はできるだけ「かかわりたくない」と言うからである。

5．バブル後25年の総括

政治的総括（ガバナンス問題と危機管理）

なぜ「不良債権処理」が先送りされたのかという問いを突き詰めると、ガバナンス問題に行き当たる。バブルの途中で、個々の金融機関の内部で貸し出しに異論を唱えた者もいたはずだが、チェックは効かなかった。また、バブル後には不良債権処理を一気に行なうべきと唱えた者もいたはずであるが主流になり得なかった（飛ばされた者も多い）。つまり、現実には「先送り」が結論となった。政治の場でも、不良債権の処理で、説得的な案を作る際にも、それを実行する際にも、多くの抵抗を乗り越えて具体化することはシステム上の問題があった。それは、誤った政策を修正するメカニズムが内在化されているかというガバナンス問題である。

危機管理

もう一つの課題が、「危機管理」というキーワードが浮かび上がってくる。「橋本行政改革」の目的の一つは内閣機能の強化だった。阪神・淡路大震災（1995年）で明らかになった危機管理の問題を官邸機能の強化によって補強することがその背景にあった。結果的には、橋本行革の意義は経済財政諮問会議という司令塔機能を中枢に持たせることになった。橋本行革には中央省庁の再編と、内閣機能の強化という二つの側面があったが、大規模省庁をたくさん作ったことよりも内閣機能の強化の方が重要であったといえる。

危機管理に関して「国家安全保障会議」（日本版NSC）が設置されたが、実は「経済」の危機管理も重要な課題である。アメリカでのあるシンポジウムで、『ニューヨーク・タイムズ』紙のデビッド・サンガー記者が、かつてのIMF（国際通貨基金）の危機管理システムについて疑問を呈していた。なぜかといえば、ラテンアメリカで金曜日の夕方に金融破綻が起き、IMFに電話連絡したが守衛が出るだけで埒があかず、IMFの対応が月曜日までずれ込んでしまったからだった。

「危機管理」においては、24時間体制で情報が伝達されなければならない。日本でいえば消防（救急車）、警察、自衛隊や一部のマスコミが24時間体制になっている。果たして、それが金融の世界でできていたのかというと、おそらく一般的には金曜日の夕方以降は「休み」に入ってしまう(25)。

要するに、危機管理といえば、多くの場合、軍事的な安全保障（ナショナルセキュリティ）の問題に思われがちだが、経済のパニック現象に直面した時にどのように情報伝達し分析し処理するかという意味での危機管理が極めて重要になっているというのが、バブル後25年の一つの教訓といえる。

破綻処理策と公的資金注入

三つめの教訓は、破綻処理策は難しいということである。例えば、アメリカのS&L（貸付信用組合）のような規模の金融機関の破綻処理策は容易にできるかもしれないが、同じスキームを大規模な不良債権処理や金融破綻で使うことはできない。バブル後25年の経験でも、東洋信金、兵庫銀行など初期の金融破綻と、規模の大きな長銀・日債銀の不良債権の処理は同じではない。また、決済機能を持つ金融機関が破綻すると全経済システムの破綻につながる。そこで、金融機関は特別だというロジックで公的資金が注入される。つまり、それが、一般の民間企業の破綻に対する処理とは違うという理由であり、それはある程度の理解が得られるかもしれない。

しかし、公的資金を注入した金融機関の経営責任をどのようにとらせるのかという問題とモラルハザードの問題がある。特に、モラルハザードの問題については、2007－08にサブプライムローン問題で経営危機に直面したアメリカのAIG（American International

Group, Inc）で典型的に表われた。膨大な公的資金が注入されたにもかかわらず、ＡＩＧの幹部社員約４００人に対して１億６５００万ドルものボーナスが支払われ、１００万ドル以上支給された幹部が70人を超えたといわれているからである。
アメリカでは、ウォールストリートで働く人たち（全国民の１％）が99％の富を獲得しているとして批判の対象になっているが、不良債権で破綻した企業に公的資金が注入されているにもかかわらず多額の退職金が支払われたことは大きな問題だった。

国際的な金融版ＷＨＯがない

リーマン・ショックは、感染の流行が連鎖反応的に世界中に広まっていく、まさにパンデミックだった。２００７年７月から表面化したサブプライムローン問題に端を発した金融危機は、ＢＮＰパリバなど思わぬところに波及し、２００８年９月にアメリカのリーマン・ブラザーズを破綻に追い込み、すぐにヨーロッパの金融機関に波及し、やがて世界経済を混乱の渦に巻き込んでいったからである。

インフルエンザなどのパンデミックに対してはＷＨＯ（世界保健機関）が対応することになっている。しかし、金融の世界でのパンデミックに対応する国際機関はまだ存在しない。これが、バブル後25年の四つめの教訓である。

リーマン・ショック以降、当時のイギリス首相のゴードン・ブラウン氏がG20首脳会議による国際協調を呼びかけたものの、ヘッジファンドやアメリカの金融機関などの反対もあって、国際的な金融版WHOはいまだ存在していない[26]。

経済学的総括と金融危機発生の可能性

最後に、バブル後25年の経済学的な総括を行なうことにしたい。

まず、「ゼロ金利」政策と「量的緩和」政策の是非という問題は、依然として未解決のまま残されている。金融緩和によって増加したおカネは、当然のことながら不動産、株、債券などに向かうわけであり、その意味ではバブル発生の可能性は依然として存在している。

また、「インフレターゲット論」はいまや日銀の政策となり、CPI（消費者物価指数）をウォッチして物価上昇率が2％に達するまで通貨供給量を増やし続けようとしている。しかし、CPIではなく、フローとストックの関係を重視して、市場の「予想（期待）インフレ率」を見るべきだと思っている。また、日銀などは具体的には期待インフレ率をBEI「ブレーク・イーブン・インデックス」（普通国債利回りから物価連動国債利回りを差し引いたもの）で見ているが、それだけでいいのかという問題はある。

さらに、金融の「リスク・ヘッジ」に関しても、自分の庭先にあるリスクをヘッジするだけであり、その結果として〝ゴミ〟は世界に溜まってしまう。金融版WHOをつくることと共通しているが、国際的なマーケットをどのようにリスク・ヘッジできるかという問題は依然として残されている。中央銀行がマクロ・プルーデンスのアプローチを模索していることは、世界の金融秩序問題であるということができるだろう。

ウォールストリートでギャンブルをすることは当然でもある。それによって価格メカニズムが正常に働くという面もあるからである。しかし、ウォールストリートでのギャンブルは、ラスベガスでギャンブルして個人のおカネを全部なくしてしまうこととは意味が違う。ラスベガスでのギャンブルは個人の失敗で終わるが、ウォールストリートでのギャンブルに失敗すると、その影響が世界に波及してしまう。

世界的なファイアー・ウォールがないので、今後も金融危機が起きる可能性はおおいに残っている。仮に再び世界的な金融危機が起きたとしても、それを防ぐ方法は今のところない。金融危機を緩和する方法はほとんど進展していないので、せいぜいのところ、その影響を多少緩和させることができる程度にすぎないのである。インフルエンザの蔓延を防ぐには、「手を洗え、うがいをしろ」というごくごく単純な呪文を唱えるだけである。

1 １９８９年12月の大納会で日経平均株価は終値３万８９１５円のピークを付け、翌１９９０年1月4日の大発会で前年末終値比２０２円99銭安を付けた。これは、バブル崩壊の始まりだった。１９９２年に本格的なバブル崩壊が始まったと思っている人もいるが、バブルは１９９０年に崩壊したとして私は見ている。ちなみに、１９９０年10月には株価は2万円割れを経験する。この年には地価の下落も始まっている。

2 バブル発生とバブル崩壊という問題には、われわれは、早い時期から取り組んできた。曽根泰教研究会『政策提言～バブルと不況を超える途』（１９９３）

3 戸部良一他『失敗の本質―日本軍の組織論的研究』ダイヤモンド社、１９８４年

4 David Halberstam, The Best and the Brightest Random House,1972

5 Yasunori Sone, "Still the Decade of Japan's Growth Economy ?: Post-Cold War, the Bubble, and the Recession," Prepared Paper for Roundtable of the International Political Science Association (IPSA) . Kyoto, March 26-27, 1994)

6 曽根泰教「政治経済システムの変動と政治システム」経済政策学会、共通論題、１９９４年5月28日、愛知学院大学。（日本経済政策学会編『日本の社会経済システム』有斐閣、１９９５年5月所収）

7 Yasunori Sone,"Inter-Institutional Governance: Global and National Financial Architecture,"March 2, 1999, Program on US - Japan Relations, Harvard University)

8 バブル初期に日銀が長期に低金利を据え置いたこと、三重野総裁時代には一転して金利を引き上げ続けたこと、また、それに加えて、大蔵省の総量規制などの「バブル退治」のことについては、それ自体が一つのテーマであるので、ここでは詳論しない。

9 野村総研レポート、１９９２年7月31日　西野（２００３）、p.30

10 梶山静六『朝日新聞』１９９９年09月17日付朝刊

11 橋本龍太郎（２００１年4月総裁選）

12 後藤田正晴『情と理：後藤田正晴回顧録（下）』講談社、１９９８年p.122

13 宮澤喜一　自民党軽井沢セミナー　１９９２年8月30日
「市場経済が正常に機能しない時に、しかるべき方途を考えることは、政府、中央銀行の当然の責務だ。銀行が持っている不動産をどう流動化するか、金融機関が知恵や金を出し合ってやるのが一番好ましいが、必要ならば公的援助をすることにやぶさかではない」西野智彦『検証経済暗雲』（岩波書店、２００３年）p.44

14 平岩外四（経団連）「銀行には抵抗感がある」西野（２００３）p．39-40、永野健（日経連）「公的資金なら、経営情報の公開」を求め、石川六郎（商工会議所）、速水優（同友会）も支持する。西野（２００３）p.45

15 寺村伸行銀行局長　１９９２年8月15日　「この際、金融システムの安定と資金の円滑な供給のために金融機関が総力をあげて取り組むべきは当然であるが、当局としても、永年にわたって金融システムに寄せられてきた国民の信頼がいささかも損なわれることのないよう最大限の努力を傾注して参る所存である。」西野智彦『検証経済暗雲』p.36　この中の「最大限の努力」という表現に、公的資金の注入をもぐり込ませたつも

りであるという寺村銀行局長の事後説明は、説得力があるとはいえない。というのも、この年の7月中には「銀行局内の討議で、公的資金は当面導入しないという方針はすでに固まっている。」（西野（２００３）p.33）からである。

16 当時、コラムを担当していた週刊東洋経済に、「不良債権問題は６８５０億円で済むような簡単な話ではない」という趣旨の記事を出している（曽根泰教「『住専問題』の本質を問う」『週刊東洋経済』１９９６年3月23日号）。

17 われわれは、金融庁の資料を見ることができなかったので、簿価と時価の差を「不良債権」と定義して、帝国データバンクの倒産件数のデータを使って不良債権額の推定を行なった。その結果、主要行の不良債権総額は約15兆円であることがわかった。これは、当時一般に出ていた数字の約2倍だった。ただし、発表は韓国の雑誌にした。（曽根泰教「日本の不良債権はなぜ早期に解決しないのか」（韓国誌『時事ジャーナル』２００２年11月28日号）。

18 梶山静六「わが日本経済再生のシナリオ」１９９７年（平成9年）『週刊文春』12月4日号　これは、梶山静六『破綻と創造：日本再興の提言』（講談社、２０００年）には収録されていない。

19 早野透（編集委員）『朝日新聞』１９９８年08月01日朝刊

20 自民党「政治改革大綱」を作成した改革派としては、後藤田正晴、保岡興治をあげることができる。すでに見たように、後藤田が金融に疎いとはいえない。

21 （「〈対談：K・V・ウォルフレン〉「行政改革：改革を求めるエネルギーを政治家に向けよ」『Φ』１９９７年3月）

22 無担保のコール市場のデフォルトである。それまでの大蔵省の方針である、インターバンク取引保護の方針転換と受けとめられ、コール市場にパニックが走った。

23 西野（２００３）p.27

24 曽根泰教『日本ガバナンス』p.170

25 もっとも、その後ＩＭＦは24時間体制で情報伝達ができるシステムに変わったようである。

26 "Designing a 'Financial WHO' for the 'Market Pandemic': A Macroprudential Approach to Global Governance", The International Conference on Public Management in East Asia, School of Government of Sun Yat-sen University, Guangzhou, China, December 20-21, 2008) ちなみに、この英文ペーパーは中国語に翻訳され（Yasunori Sone「応対市場流行病、設計〝金融ＷＨＯ〟：宏視審慎的全球治理方法」『公共行政評論』２００９年2号）、刊行されている。私が右記英文論文を発表した直後にインフルエンザのパンデミックが起きていた。『ニューヨーク・タイムズ』のオンライン版に、ロンドンのＧ２０開催に際して、金融パンデミックが起きた時にはリスク・ヘッジが必要だという趣旨の記事（Yasunori Sone "Push for a New Global Financial System." New York Times, online edition, April 1, 2009）が掲載されたが、編集者は記事のタイトルに「パンデミック」という言葉を使っていない。

おわりに

本書では、バブル崩壊後四半世紀を経過した日本経済の検証を、幅広い視点から行なった。執筆に参加した専門家は、当該分野の実証研究の第一人者であると同時に、現実の政策プロセスに何らかの形で関与し、政策における『リアリズム』を理解している方々だ。近年の日本経済に関するエコノミストの著作には、往々にしてこうしたリアリズムが欠如しているように見える。それは、経済社会政策が極めて専門化するとともに、政策の決定プロセスにおける各プレーヤーの影響力が大きく変化しているからであろう。

白地のキャンバスに絵を描くような政策提言や批判を行なうことは、極めて容易い。しかし現実の政策決定は、民主主義の複雑な政治プロセスを経なければならない。本書ではこうした点も踏まえた、包括的な検証作業を目指したつもりである。

しかし、本書におけるバブル後日本経済の検証は、あくまで通過点でしかない。いまも経済活性化に向けて進行中の安倍内閣の経済政策が、どこまで成功するか……。この先の検証も必要になろう。

本書を通して、バブル後の経済政策に関するリアリティある分析がさらに活発化して欲しいと思う。同時に、こうした「検証」という概念そのものが広い分野に行き渡り、それが政策に反映されていくような好循環が生まれることを願っている。

2016年3月

竹中平蔵

肩書・団体名等は２０１６年３月現在のものです。
情報データ等は執筆時のものです。

松原聡（まつばら・さとる）
東海大学政治経済学部助手を経て、現在、東洋大学副学長。博士（経済学）。郵政三事業の在り方について考える懇談会（小泉内閣）委員、通信放送の在り方に関する懇談会（竹中総務大臣）座長、総務省参与、日本郵便取締役、日本公共政策学会会長、日本経済政策学会副会長などを歴任。現在、株式会社シンシア取締役、NPO法人マニフェスト評価機構代表理事を務めている。

島田晴雄（しまだ・はるお）
経済企画庁客員主任研究官、マサチューセッツ工科大学訪問教授、東京大学先端科学技術研究センター客員教授、株式会社富士通総研経済研究所理事長を経て、千葉商科大学学長、慶應義塾大学名誉教授。日本フィルハーモニー交響楽団会長・理事、移住・交流推進機構会長も兼任。小泉政権下では内閣府特命顧問として政策支援に携わった。

村井純（むらい・じゅん）
慶應義塾大学環境情報学部長・教授。日本初のネットワーク間接続「JUNET」設立者。インターネット研究コンソーシアム「WIDE プロジェクト」Founder。内閣高度情報通信ネットワーク社会推進戦略本部（IT 総合戦略本部）有識者本部員。内閣サイバーセキュリティセンターサイバーセキュリティ戦略本部本部員。「日本のインターネットの父」「インターネットサムライ」として知られる。

市川宏雄（いちかわ・ひろお）
ODAのシンクタンク㈶国際開発センター、富士総合研究所主席研究員を経て、明治大学政治経済学部教授。現在、明治大学専門職大学院長、並びに公共政策大学院ガバナンス研究科長。Ph.D（ウォータールー大学）。専門は都市政策、都市地域計画、危機管理、次世代構想。日本危機管理士機構理事長。森記念財団理事。町田市・未来づくり研究所長など。

袖川芳之（そでかわ・よしゆき）
電通マーケティング局、電通総研主任研究員、内閣府 経済社会総合研究所 政策企画調査官を歴任。広告会社勤務の傍ら、多摩美術大学、慶應義塾大学大学院で非常勤講師を務める。専門分野はマーケティング・コミュニケーション及び家族・世代論、ヒット商品を通したトレンド分析など。ソフトパワー指数、幸福度指数なども手がける。2015年4月より京都学園大学教育開発センター教授。

曽根泰教（そね・やすのり）
エセックス大学政治学部客員教授、ハーバード大学国際問題研究所客員研究員、慶應義塾大学法学部教授、同大学総合政策学部教授を経て、慶應義塾大学大学院教授（政策・メディア研究科）。「日本アカデメイア」運営幹事、「エネルギー・環境の選択肢に関する討論型世論調査」実行委員会委員長も兼任。

◉執筆者一覧

竹中平蔵（たけなか・へいぞう）
日本開発銀行入行後、大蔵省財政金融研究室主任研究官、大阪大学経済学部助教授、ハーバード大学客員准教授、慶應義塾大学総合政策学部助教授などを経て、現在、同教授。博士（経済学）。慶應義塾大学グローバルセキュリティ研究所所長。株式会社パソナグループ取締役会長など。小泉政権の下で経済財政政策担当大臣、金融担当大臣、郵政民営化担当大臣などを歴任。著書：『研究開発と設備投資の経済学』（東洋経済新報社、サントリー学芸賞受賞）、『対外不均衡のマクロ分析』（東洋経済新報社、エコノミスト賞受賞）、『構造改革の真実　竹中平蔵大臣日誌』（日本経済新聞社）など多数。

高橋洋一（たかはし・よういち）
大蔵省、経済財政諮問会議特命、総務大臣補佐官、総理大臣補佐官付参事官（官邸）を経て、嘉悦大学ビジネス創造学部教授、㈱政策工房会長。博士（政策研究）。研究分野は、財政・金融政策、年金数理、金融工学、統計学、会計、経済法、行政学、国際関係論。もともと数学。

原田泰（はらだ・ゆたか）
経済企画庁入庁後、国民民生生活調査課長、同海外調査課長、財務省財務総合政策研究所次長等を歴任し、内閣府退官後、大和総研専務理事チーフエコノミスト、早稲田大学政治経済学術院教授、2015年3月より日本銀行政策委員会審議委員。経済学博士。研究分野は経済政策。

真鍋雅史（まなべ・まさし）
兵庫県立大学大学院シミュレーション学研究科准教授などを経て、嘉悦大学ビジネス創造学部准教授。大阪大学大学院医学系研究科招聘准教授、北京大学日本研究中心客員研究員、一般社団法人日本看護質評価改善機構理事などを兼任。専門は、経済統計学、政策研究。大阪大学博士（応用経済学）。

藤田勉（ふじた・つとむ）
内閣官房経済部市場動向研究会委員、経済産業省企業価値研究会委員、環境省環境金融行動原則起草委員会委員、早稲田大学商学部講師、第20回日本証券アナリスト大会実行委員会委員長などを歴任。シティグループ証券株式会社取締役副会長。

跡田直澄（あとだ・なおすみ）
和歌山大学講師、経済企画庁経済研究所客員研究員、大蔵省財政金融研究所特別研究官、大阪大学大学院国際公共政策研究科教授、慶應義塾大学商学部教授、嘉悦大学副学長などを経て、嘉悦大学特任教授。専門は、財政学・金融論、公共経済学。大阪大学博士（経済学）。

慶應義塾大学総合政策学部教授、グローバルセキュリティ研究所所長
竹中平蔵

1951年 和歌山県生まれ。一橋大学経済学部卒。日本開発銀行入行後、大蔵省財政金融研究室主任研究官、大阪大学経済学部助教授、ハーバード大学客員准教授、慶應義塾大学総合政策学部助教授などを経て、現在、同教授。博士（経済学）。慶應義塾大学グローバルセキュリティ研究所所長。株式会社パソナグループ取締役会長など。小泉政権の下で経済財政政策担当大臣、金融担当大臣、郵政民営化担当大臣などを歴任。著書：『研究開発と設備投資の経済学』（東洋経済新報社、サントリー学芸賞受賞）、『対外不均衡のマクロ分析』（東洋経済新報社、エコノミスト賞受賞）、『構造改革の真実　竹中平蔵大臣日誌』（日本経済新聞社）など多数。

ブックデザイン　長谷川 理（phontage guild）
図版制作　サンプリント
編集協力　堀岡治男（堀岡編集事務所）
編集　金井亜由美（東京書籍）

バブル後《ご》25年《ねん》の検証《けんしょう》

2016年4月21日　第1刷発行

編著者 ――竹中平蔵《たけなかへいぞう》

発行者 ――千石雅仁
発行所 ――東京書籍株式会社
〒114-8524 東京都北区堀船2-17-1
電話　営業 03-5390-7531
　　　編集 03-5390-7512
URL＝http://www.tokyo-shoseki.co.jp

印刷・製本 ――図書印刷株式会社

ISBN 978-4-487-80989-9 C0095